全国高等教育自学考试指定教材

小学教师专业发展

（含：小学教师专业发展自学考试大纲）

（2024 年版）

课程代码　14444

全国高等教育自学考试指导委员会　组编

主编　刘　慧　魏　戈

中国教育出版传媒集团

高等教育出版社·北京

图书在版编目（CIP）数据

小学教师专业发展:2024年版／全国高等教育自学
考试指导委员会组编;刘慧,魏戈主编.--北京:高
等教育出版社,2024.7. --ISBN 978-7-04-062457-1

Ⅰ.G625.1

中国国家版本馆 CIP 数据核字第 2024NU4234 号

小学教师专业发展
Xiaoxue Jiaoshi Zhuanye Fazhan

| 策划编辑 雷旭波 | 责任编辑 袁 畅 | 封面设计 李小璐 | 版式设计 杜微言 |
| 责任绘图 马天驰 | 责任校对 陈 杨 | 责任印制 赵义民 | |

出版发行	高等教育出版社	网 址	http://www.hep.edu.cn
社 址	北京市西城区德外大街 4 号		http://www.hep.com.cn
邮政编码	100120	网上订购	http://www.hepmall.com.cn
印 刷	北京中科印刷有限公司		http://www.hepmall.com
开 本	787mm×1092mm 1/16		http://www.hepmall.cn
印 张	16.25		
字 数	360 千字	版 次	2024 年 7 月第 1 版
购书热线	010-58581118	印 次	2024 年 7 月第 1 次印刷
咨询电话	400-810-0598	定 价	49.00 元

组编前言

21世纪是一个变幻莫测的世纪，是一个催人奋进的时代。科学技术飞速发展，知识更替日新月异。希望、困惑、机遇、挑战，随时随地都有可能出现在每一个社会成员的生活之中。抓住机遇，寻求发展，迎接挑战，适应变化的制胜法宝就是学习——依靠自己学习、终身学习。

作为我国高等教育组成部分的自学考试，其职责就是在高等教育这个水平上倡导自学、鼓励自学、帮助自学、推动自学，为每一个自学者铺就成才之路。组织编写供读者学习的教材就是履行这个职责的重要环节。毫无疑问，这种教材应当适合自学，应当有利于学习者掌握和了解新知识、新信息；有利于学习者增强创新意识，培养实践能力，形成自学能力；也有利于学习者学以致用，解决实际工作中所遇到的问题。具有如此特点的书，我们虽然沿用了"教材"这个概念，但它与那种仅供教师讲、学生听，教师不讲、学生不懂，以"教"为中心的教科书相比，已经在内容安排、编写体例、行文风格等方面都大不相同了。希望读者对此有所了解，以便从一开始就树立起依靠自己学习的坚定信念，不断探索适合自己的学习方法，充分利用自己已有的知识基础和实际工作经验，最大限度地发挥自己的潜能，达到学习的目标。

欢迎读者提出意见和建议。

祝每一位读者自学成功。

全国高等教育自学考试指导委员会
2022年12月

目　录

全国高等教育自学考试

小学教师专业发展自学考试大纲

全国高等教育自学考试指导委员会　制定

大纲前言

为了适应社会主义现代化建设事业的需要,鼓励自学成才,我国在 20 世纪 80 年代初建立了高等教育自学考试制度。高等教育自学考试是个人自学、社会助学和国家考试相结合的一种高等教育形式。应考者通过规定的专业课程考试并经思想品德鉴定达到毕业要求的,可获得毕业证书;国家承认学历并按照规定享有与普通高等学校毕业生同等的有关待遇。经过 40 多年的发展,高等教育自学考试为国家培养造就了大批专门人才。

课程自学考试大纲是规范自学者学习范围、要求和考试标准的文件。它是按照专业考试计划的要求,具体指导个人自学、社会助学、国家考试及编写教材的依据。

为更新教育观念,深化教学内容方式、考试制度、质量评价制度改革,更好地提高自学考试人才培养的质量,全国高等教育自学考试指导委员会各专业委员会按照专业考试计划的要求,组织编写了课程自学考试大纲。

新编写的大纲,在层次上,本科参照一般普通高校本科水平,专科参照一般普通高校专科或高职院校的水平;在内容上,及时反映学科的发展变化以及自然科学和社会科学近年来研究的成果,以更好地指导应考者学习使用。

全国高等教育自学考试指导委员会

2023 年 12 月

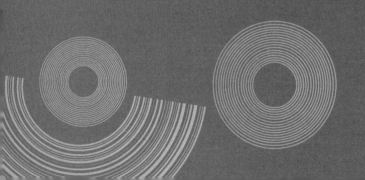

I 课程性质与课程目标

一、课程性质和特点

《小学教师专业发展》课程是高等教育自学考试小学教育(专升本)专业的一门课程,属于教师教育学课程,主要目的在于培养考生认识小学教育的学段特点,明确小学教师专业素养的结构要求,掌握小学教师专业发展的基本规律,增强考生对小学教师专业的认同感。

《小学教师专业发展》课程贯彻落实 2018 年《中共中央 国务院关于全面深化新时代教师队伍建设改革的意见》,充分体现 2022 年《新时代基础教育强师计划》的政策要求,课程目标是帮助学生学会运用历史唯物主义和辩证唯物主义的观点、方法,了解和分析小学教师专业发展的核心议题,全面理解小学教师专业发展的目标、内容、因素、路径、过程、方法、制度等。

本课程的主要特点是兼顾小学教师专业发展的微观视角与宏观视角,既关注到个体教师专业发展的素养结构与发展路径,又从教师教育体系层面关注小学教师专业发展一体化设计及相关制度环境的建设。

二、课程目标

《小学教师专业发展》课程设置的基本目标是:

(一)认识和把握小学教师专业发展的内涵与专业素养结构,充分理解我国《小学教师专业标准(试行)》的要求;

(二)理解不同职业阶段小学教师专业发展的特点,认识小学教师职前准备、入职适应、职后发展的一体化过程;

(三)了解影响小学教师专业发展的内外部因素,特别是外部制度环境、评价机制对小学教师提出的新要求;

(四)通过学习课程内容,结合我国当前教师队伍建设的政策方针,增强对小学教师的专业认同感。

三、与相关课程的联系与区别

《小学教师专业发展》课程属于教师教育学课程,考生需要具备一定的教育学、心理学和哲学基础。需要提前修读《教育学原理》《普通心理学》等相关课程。

四、课程的重点和难点

《小学教师专业发展》课程的重点是掌握小学教师专业发展的内涵与专业素养结构;认识不同阶段小学教师专业发展的特点及其一体化过程;了解影响小学教师专业发展的内外部因素。课程的难点是处理好小学教师专业发展与外部社会环境的关系,特别是辩证地看待主客观因素对小学教师专业发展的影响。

Ⅱ 考核目标

本大纲在考核目标中,按照识记、领会、应用三个层次规定考生应达到的能力层次要求。三个能力层次是递进关系,各能力层次的含义是:

识记(Ⅰ):要求考生能够识别和记忆小学教师专业发展的内涵、特点、路径,并根据考核的具体要求,做出正确的选择、判断和阐释。

领会(Ⅱ):要求考生能够在把握小学教师所处学段特点的基础上,根据考核的具体要求,对所给出的问题进行基本的理解和分析。

应用(Ⅲ):要求考生能够结合国家政策方针与改革前沿,对有关小学教师专业发展的现实问题进行较为深入的分析、比较、概括,给予合理的解释。

Ⅲ 课程内容与考核要求

第一章 小学教师专业发展概论

一、学习目的与要求

理解小学教师专业发展的历史演进,明确小学教师专业发展的内涵,了解小学教师的专业特性和小学教师专业发展的特点,领会小学教师专业发展的现实意义。

二、课程内容

第一节 小学教师专业的历史演进

(一)小学教师的非专业化阶段

1. 西方小学教师的非专业化阶段

"僧师一体""以僧为师"。

2. 我国小学教师的非专业化阶段

"学在官府""以吏为师"。

(二)小学教师的初期专业化阶段

1. 西方小学教师的初期专业化阶段

教育立法、教育拨款和师资培训等措施逐步普及初等教育。

2. 我国小学教师的初期专业化阶段

南洋公学师范院、壬子癸丑学制、壬戌学制、师范学校设立、师范教育法规颁布等推动小学教师专业化。

(三)小学教师的专业化阶段

1. 西方小学教师的专业化阶段

1966 年,联合国教科文组织和国际劳工组织提出《关于教师地位的建议》。

2. 我国小学教师的专业化阶段

自 20 世纪 80 年代起,我国师范院校的过渡、升级、转型,以及相关政策的颁布。

第二节 小学教师专业发展的内涵、特点与阶段

(一)小学教师专业发展的内涵

1. 专业内涵

专业的一般特征:(1)具有不可或缺的社会功能;(2)具有完善的专业理论和成熟的专业技能;(3)具有高度的专业自主权和权威性。

2. 小学教师专业发展内涵

小学教师专业发展是指小学教师作为专业人员,在专业道德、专业思想、专业知识、专业能力、专业品质等方面由不成熟到成熟的过程。

(二)小学教师的专业特性

1. 立足小学教育本质的向度

小学教师专业特性凸显教育性、复杂性、道德性、反思性、生活性和互动性等。

2. 立足儿童生命成长的向度

小学教师专业特性更在于对小学儿童生命状态的认识与理解。

（三）小学教师专业发展的特点

1. 自主性

2. 阶段性

3. 终身性

4. 情境性

5. 丰富性

（四）小学教师专业发展的阶段

1. 国外学者的阶段论

（1）富勒的小学教师专业发展四阶段论

（2）伯顿的小学教师专业发展三阶段论

（3）休伯曼的小学教师生涯五阶段论

（4）费斯勒的小学教师生涯循环论

2. 国内学者的阶段论

（1）王秋绒的小学教师专业发展三阶段论

（2）叶澜的小学教师专业发展五阶段论

第三节　小学教师专业发展的现实意义

（一）社会发展的向度

1. 与社会形成共生共存的发展关系

2. 回应社会赋予的时代责任与历史使命

（二）教师个体素质的向度

1. 凸显教师个体生命成长的主体性

2. 成就个人职业幸福的保障

（三）儿童生命成长的向度

1. 体现陶养儿童生命成长的内在价值

2. 助力实现儿童生命的健康成长

三、考核知识点与考核要求

（一）小学教师专业的历史演进

1. 识记：小学教师专业的历史演进阶段。

2. 应用：结合史料，能够解释说明小学教师专业在历史演进过程中不同阶段的特征。

（二）小学教师专业发展的内涵、特点与阶段

1. 识记：（1）小学教师专业发展的内涵；（2）小学教师专业发展的特点；（3）小学教师专业发展的阶段理论。

2. 领会：小学教师的专业特性。

3. 应用：能够结合具体的小学教师成长案例，分析小学教师专业发展的阶段及其主要特征。

（三）小学教师专业发展的现实意义

1. 识记:(1) 社会发展的向度;(2) 教师个体素质的向度;(3) 儿童生命成长的向度。

2. 领会:小学教师专业发展的现实意义。

3. 应用:结合自身对小学教师专业发展现实意义的思考,树立对小学教师专业的认同感。

四、本章重点、难点

本章重点:明确小学教师专业发展的内涵,了解小学教师的专业特性以及小学教师专业发展的特点与阶段。

本章难点:领会小学教师专业发展的现实意义。

第二章 小学教师专业素养结构

一、学习目的与要求

理解小学教师专业素养的内涵、基本特征与意义,明确小学教师专业素养的结构、主要表现。重点掌握小学教师专业素养的意义、小学教师专业素养的基本结构及其主要表现,理解我国小学教师专业素养的新时代特色。

二、课程内容

第一节 小学教师专业素养的内涵与基本特征

（一）小学教师专业素养的内涵

小学教师专业素养是小学教师在先天条件基础上,经历养育、教育和实践等各种后天途径逐步养成的,对小学教师的教育、教学活动有着显著影响的素质和修养,是小学教师从事符合时代发展的职业活动所需要的各种心理品质的总和。

（二）小学教师专业素养的基本特征

1. 专业性

2. 统领性

3. 发展性

（三）小学教师专业素养的意义

小学教师专业素养是有效开展教育教学的前提,是培养学生能力的关键,能促进专业理念和知识的发展,能提升教师的专业认同感和幸福感。

第二节 我国小学教师专业素养结构

（一）践行师德

1. 基本内涵

践行师德包括遵守师德规范、涵养教育情怀两方面要求,强调知行合一,从知、情、意、行等方面贯彻党的教育方针,努力成为"四有"好教师。

2. 主要表现

遵守师德规范主要包括树立理想信念、落实立德树人根本任务、遵守师德准则等要点,涵养教育情怀包含职业认同、关爱学生、用心从教、加强自身修养等要点。

（二）教学实践

1. 基本内涵

教学实践包括掌握专业知识、学会教学设计、实施课程教学三个方面，对小学教师教育教学实践所需的基本能力提出细化要求。

2. 主要表现

掌握专业知识主要包括奠定教育基础、提升学科素养、发展知识整合能力等要点，学会教学设计包括熟悉课标、掌握技能、分析学情、设计教案等要点，实施课程教学包括情境创设、教学组织、学习指导、教学评价等要点。

（三）综合育人

1. 基本内涵

综合育人主要从开展班级指导、实施课程育人、组织活动育人等方面强调教育"育人为本"的本质要求，落实立德树人根本任务。

2. 主要表现

开展班级指导主要包括培养育德意识、班级管理、心理辅导、家校沟通等要点，实施课程育人包括育人理念、育人实践等要点，组织活动育人包含课外活动、主题教育等要点。

（四）自主发展

1. 基本内涵

自主发展主要从注重专业成长、主动交流合作两方面，突出终身学习、自主发展，以及在学习共同体中不断提升专业意识和能力。

2. 主要表现

注重专业成长主要包括制定发展规划、反思改进、学会研究等要点，主动交流合作包含良好的沟通技能、共同学习等要点。

第三节　我国小学教师专业素养的新时代特色

（一）落实立德树人根本任务

（二）履行教书育人职责

（三）体现教育现代化的要求

（四）体现党和国家对小学教育的要求和小学教育类型特色

（五）体现深化新时代教育评价改革的要求

三、考核知识点与考核要求

（一）小学教师专业素养的内涵与基本特征

1. 识记：（1）小学教师专业素养；（2）小学教师专业素养的基本特征。

2. 领会：（1）小学教师专业素养的专业性；（2）小学教师专业素养的统领性；（3）小学教师专业素养的发展性。

3. 应用：结合实际案例，说明如何培养小学教师的专业素养。

（二）我国小学教师专业素养结构

1. 识记：（1）遵守师德规范及其要点；（2）涵养教育情怀及其要点；（3）掌握专业知识及其要点；（4）学会教学设计及其要点；（5）实施课程教学及其要点；（6）开展

班级指导及其要点;(7)实施课程育人及其要点;(8)组织活动育人及其要点;(9)注重专业成长及其要点;(10)主动交流合作及其要点。

2. 领会:我国小学教师专业素养的结构要点及其主要表现。

3. 应用:(1)结合实际,说明如何落实践行师德素养;(2)结合实际,谈谈如何提升教学实践素养;(3)结合实际,说明怎样提升综合育人素养;(4)结合实际,说明如何提升自主发展素养。

(三)我国小学教师专业素养的新时代特色

领会:新时代我国小学教师专业素养的核心要求。

四、 本章重点、难点

本章重点:理解小学教师专业素养的意义、小学教师专业的四大素养。

本章难点:理解我国小学教师专业素养的结构。

第三章 小学教师专业发展因素

一、学习目的与要求

理解影响小学教师专业发展的内外部因素,明确不同专业发展阶段的小学教师受到哪些主要因素影响,能够批判性地思考如何善用有利因素促进小学教师的专业发展。重点掌握小学教师专业发展的基本取向及其特征,理解每种取向的合理性与局限性。

二、课程内容

第一节 影响小学教师专业发展的内在因素

(一)个人专业素养

小学教师的教育信念、专业知识、专业能力、从业动机、专业认同等。

(二)个人生活经验

小学教师的家庭背景、重要他人、教育实习经历、受教育情况等。

(三)个人心理特质

小学教师的心理素质、人格特点、价值取向等。

第二节 影响小学教师专业发展的外在因素

(一)社会环境

社会期望、社会生产力、小学教师的社会地位、教师政策和初等师范教育制度等。

(二)学校环境

学校文化、学校与校长的管理制度、校本培训等。

第三节 小学教师专业发展的主要取向

(一)理智-知能取向

小学教师专业发展的核心任务是提升专业知识和能力,教师作为知识的传播者,应全面掌握所教学科知识。

(二)实践-反思取向

教师是终身学习者,教师应不断提升教育实践能力,并对自身的教育经验进行反思。反思自身的教育生活史是小学教师专业发展的有效途径。

（三）生态-文化取向

教师群体构成专业社群,群体的专业发展依靠组织文化的建构与教师身份认同的形成。生态-文化取向注重合作发展与教师群体提升。

（四）儿童-关爱取向

教师专业发展的最终目的是要关注儿童的幸福健康成长。儿童-关爱取向以儿童发展为中心,贴合小学教师的职业特点与对象性特征。

（五）小学教师专业发展取向评析

每种取向都有自身的优势,小学教师应在教育教学活动中贯彻儿童-关爱取向,职前侧重专业知识和技能的学习,职后侧重实践反思、合作创新。

三、考核知识点与考核要求

（一）影响小学教师专业发展的内在因素

1. 识记:(1) 专业知识;(2) 专业能力;(3) 专业认同。

2. 领会:影响小学教师专业发展的内在因素。

3. 应用:结合实际,解释说明内在因素对不同发展阶段的小学教师有不同的影响。

（二）影响小学教师专业发展的外在因素

1. 识记:(1) 社会环境;(2) 文化传统。

2. 领会:影响小学教师专业发展的外在因素。

3. 应用:(1) 结合实际,说明善用有利因素促进小学教师专业发展的方式;(2) 结合实际,谈谈社会环境促进或制约小学教师专业发展的具体表现。

（三）小学教师专业发展的取向

1. 识记:(1) 终身学习;(2) 教师合作;(3) 儿童本位。

2. 领会:(1) 理智-知能取向教师专业发展的基本观点;(2) 实践-反思取向教师专业发展的基本观点;(3) 生态-文化取向教师专业发展的基本观点;(4) 儿童-关爱取向教师专业发展的基本观点。

3. 应用:对比理智-知能取向、实践-反思取向、生态-文化取向和儿童-关爱取向四种教师专业发展的基本观点,评析各自的合理性和局限性。

四、本章重点、难点

本章重点:理解小学教师专业发展的影响因素和四种专业发展取向。

本章难点:辨析四种小学教师专业发展取向的利弊。

第四章　小学教师专业发展路径

一、学习目的与要求

理解小学教师专业发展的四种路径,明确不同的发展路径对小学教师专业发展的价值,能够批判性地思考如何善用各种路径促进小学教师的专业发展。重点掌握小学教师专业发展四种路径的意义以及方法,理解每种路径对小学教师专业发展的重要性。

二、课程内容

第一节　经验反思

（一）经验反思的内涵

经验、反思、元反思的内涵,经验与反思的关系。

（二）经验反思的意义

反思有助于改善教师的教育行为;有助于教师将经验转化为个人理论;有助于促进教师专业精神和品质的发展。

（三）反思的过程

产生疑惑,识别问题;分析问题,探究解法;实践检验,重构经验。

（四）经验反思的途径与方法

系统的教育理论学习,撰写教学反思日记,对他人和自己进行观察,撰写教育案例,行动研究,建立教学档案和生活史(自传)分析等。

第二节　循证研究

（一）循证研究的内涵

循证研究是指以证据为基础的研究或基于证据的研究。

（二）循证研究的意义

革新教学理念,使教学有据可依;转换教学思维,使教学有迹可循;明确教学过程,使教学有法可效。

（三）循证研究的过程

提出问题,获取证据,分析、辨别和评价证据,运用证据和效果评估。

（四）提高教师循证研究能力的方法

创造支持教师循证教学的氛围;增加基于"实践取向"的教育研究类课程的设置;提高教师的信息素养;对师范生进行系统的循证实践培训。

第三节　理论学习

（一）理论学习的内涵

理论学习的内涵,理论与经验的关系,教师的教学行为受到个人教育理论的支配。

（二）理论学习的意义

教师从事教育理论研究有利于教育教学质量的提高,有利于促进教师的专业发展。

（三）理论学习的条件

教师进行理论学习的条件:学习者内部条件、学习者外部条件。

（四）教师进行理论学习的途径和策略

教师进行理论学习的途径:个体理论学习、集体理论学习。

教师进行理论学习的策略:菜单式专题理论学习、问题式理论学习、拓展式理论学习、理论学习的批判性策略、"知识地图式"系统学习。

第四节　合作对话

（一）教师合作对话的内涵

教师合作的内涵,对话,学习共同体。

（二）合作对话的意义

教师的合作对话有利于教师个人持续的专业发展,有利于缓解教师职业压力,有利于学生学业水平的提高,有助于提高教师个体反思的能力。

（三）影响合作对话的因素

合作方式因素,学校管理因素,教师自身因素。

（四）合作对话的形式

集体备课,同伴互导,合作科研,结对式合作对话,沙龙式合作,基于网络的虚拟合作等。

三、考核知识点与考核要求

（一）经验反思

1. 识记:(1)反思;(2)经验;(3)元反思。

2. 领会:(1)经验反思的意义;(2)反思的过程。

3. 应用:结合实际,掌握经验反思的角度和途径。

（二）循证研究

1. 识记:(1)循证;(2)循证研究。

2. 领会:循证研究促进教师专业发展的意义。

3. 应用:结合实际,说明如何利用方法进行循证研究。

（三）理论学习

1. 识记:理论学习。

2. 领会:(1)理论与经验的关系;(2)教师的教学行为受到个人教育理论的支配。

3. 应用:教师可以从哪些途径进行理论学习。

（四）合作对话

1. 识记:(1)合作;(2)对话;(3)学习共同体。

2. 领会:(1)合作对话对促进教师专业发展的意义;(2)影响合作对话的因素。

3. 应用:教师可以从哪些途径进行合作对话。

四、本章重点、难点

本章重点:理解小学教师专业发展的几种常用路径。

本章难点:辨析小学教师专业发展路径的利弊。

第五章 职前小学教师专业准备

一、学习目的与要求

了解职前小学教师的阶段性发展特征,明确目前自己所处学习阶段的特征;理解小学教师职前学习的目标、内容、途径,明确小学教师职业的特有属性;掌握教育教学研究的基本过程、具体研究方法和研究成果的表述方式,明确教师作为研究者的真正含义。

二、课程内容

第一节　职前小学教师的阶段性发展特征

（一）"非关注"阶段：从教的潜在性

"非关注"阶段指的是职前教师本人并没有意识到自己会成为教师，这是进入正式师范教育之前的阶段，这一阶段具有从教的潜在性。

（二）"虚拟关注"阶段：从教的虚拟性

"虚拟关注"阶段是指师范生明确自己以后会成为教师，但还没有真正进入一线学校。这一阶段主要指师范生在师范院校学习的阶段，这一阶段具有从教的虚拟性。

（三）专业发展意识的萌芽阶段：从教的基础性

经过实习期，师范生的自我专业发展意识会被唤醒。如果实习期较长，师范生可能出现自我专业发展意识的萌芽，为进入正式任职阶段打下良好基础。

第二节　职前小学教师的学习

（一）职前小学教师学习的目标

养成良好的师德规范和教育情怀，获得综合性的知识结构，具备自我反思的能力。

（二）职前小学教师学习的内容

通识教育，专业教育，实践教育。

（三）职前小学教师学习的途径

教育理论学习的地位与作用，基于教育实践的教育理论学习，教育理论学习和教育实践学习的辩证统一。

第三节　教育教学研究方法

（一）教育教学研究的基本过程

研究问题的提出，研究问题的设计，研究问题的实施，研究问题的总结。

（二）教育教学研究的具体方法

行动研究，课堂民族志研究，个案研究。

（三）教育教学研究的成果表述

教学叙事，教育叙事，教育自传。

三、　考核知识点与考核要求

（一）职前小学教师的阶段性发展特征

1. 识记：(1) 非关注；(2) 虚拟关注；(3) 实习教师。

2. 领会：(1) 职前小学教师的阶段性；(2) 职前小学教师的阶段性发展特征。

3. 应用：结合实际，能够分析职前小学教师在不同发展阶段的特征和要义。

（二）职前小学教师的学习

1. 识记：(1) 通识教育；(2) 专业教育；(3) 实践教育。

2. 领会：职前小学教师学习的目标、内容、途径。

3. 应用：结合实际，能够选择适合自身专业发展的具体路径。

（三）教育教学研究方法

1. 识记：(1) 行动研究；(2) 课堂民族志研究；(3) 个案研究；(4) 教学叙事；

（5）教育叙事；（6）教育自传。

2. 领会：教师进行教育教学研究的基本过程、具体方法、表述方式。

3. 应用：结合实际，能够运用具体的教育教学研究方法开展研究，并指导自己的教学实践活动。

四、本章重点、难点

本章重点：理解职前小学教师学习的目标、内容、途径，明确职前小学教师专业发展的特有属性。

本章难点：掌握教育教学研究的基本过程、具体研究方法和研究成果的表述方式，明晰教师作为研究者的真正含义。

第六章　初任小学教师入职适应

一、学习目的与要求

理解《小学教师专业标准（试行）》的制定依据与定位，明确《小学教师专业标准（试行）》的基本理念与基本要求，了解初任小学教师入职适应方面存在的一些问题及解决方法，重点掌握成为一名合格的小学教师在专业理念与师德、专业知识与专业能力等方面应该达到的基本要求。

二、课程内容

第一节　小学教师专业标准

（一）依据与定位

1. 小学教师专业标准的依据

法律依据，政策依据，国际教师专业标准的借鉴，小学教育和小学教师教育的研究成果等。

2. 小学教师专业标准的定位

国家对合格小学教师专业素质的基本要求，小学教师开展教育教学活动的基本规范，引领小学教师专业发展的基本准则，小学教师培养与培训目标、内容和要求的标准，小学教师资格准入、考核与评价的重要依据。

（二）基本理念

1. 师德为先

热爱小学教育，关爱小学生，为人师表，做小学生健康成长的指导者和引路人。

2. 学生为本

尊重小学生权益，遵循小学生身心发展特点和教育教学规律。

3. 能力为重

理论与实践结合，研究小学生，坚持实践与反思。

4. 终身学习

学习先进小学教育理论，优化知识结构，终身学习、持续发展。

（三）基本要求

1. 专业理念与师德

职业理解与认识，对小学生的态度与行为，教育教学的态度与行为，个人修养与行为等。

2. 专业知识

小学生发展知识,学科知识,教育教学知识,通识性知识等。

3. 专业能力

教育教学设计,组织与实施,激励与评价,沟通与合作,反思与发展等。

第二节　小学教师入职适应难点与要点

（一）初任教师的内涵

（二）初任阶段的地位与作用

1. 初任阶段会直接影响初任教师的去留问题

2. 初任阶段影响着初任教师未来的发展走向

3. 初任阶段是初任教师走向成熟的关键时期

（三）初任教师面临的主要问题

1. 自我性问题

教师的身份转换问题和自我评价问题。

2. 教学性问题

教师的教育教学问题和班级管理问题。

3. 关系性问题

师生关系问题和家校关系问题。

（四）初任教师成长的保障与促进

1. 外部支持:参与融入共同体

2. 人际帮助:向指导教师取经

3. 自我成长:成为实践性研究者

三、考核知识点与考核要求

（一）小学教师专业标准

1. 识记:小学教师专业标准的基本要求。

2. 领会:小学教师专业标准的基本理念。

3. 应用:结合实际,说明教师如何达成专业标准的基本要求。

（二）小学教师入职适应难点与要点

1. 识记:小学教师入职适应出现的难点。

2. 领会:小学教师应对入职适应问题的要点。

3. 应用:结合实际,说明教师如何分析与应对教师的入职适应难点。

四、本章重点、难点

本章重点:理解《小学教师专业标准(试行)》的基本理念和基本要求。

本章难点:理解教师入职适应中出现的主要问题与应对要点。

第七章　职后小学教师专业发展

一、学习目的与要求

理解从新手教师到专家教师的起步时期与成长时期,明确教师成长的条件保障,能够批判性地思考如何成为研究型教师,进而推动自身专业发展。了解小学教师职业发展规划的过程,初步学会规划自身的职业发展,学会调适自身的心理健康,掌握推进家校合作协同育人的实践路径。

二、课程内容

第一节　从新手到专家:教师的专业成长

(一)教师的成长周期

教师职业的成长周期,从新手到熟手,从熟手到专家,专家型教师的继续成长,从新手到专家。

(二)教师成长的条件保障

教师专业发展的基础条件,教师专业发展的制度保障。

(三)教师研究推动专业发展

教师成为研究者的意义,教师开展研究的目的,教师开展研究的内容,教师开展研究的实践路径。

第二节　小学教师职业发展规划

(一)教师职业发展规划概述

教师职业发展规划的必要性,教师职业发展规划的特点。

(二)教师职业发展规划过程

教师职业发展规划的类型、基本原则、基本程序、基本策略。

(三)教师职业发展规划实现

建立职业发展档案袋,开展持续性反思,寻求外部协助。

第三节　小学教师职业心理健康

(一)教师心理健康的维护与促进

教师心理健康的要件,教师心理健康的影响因素。

(二)教师的职业压力与应对

压力的含义,教师职业压力理论,教师职业压力应对策略。

(三)教师的职业倦怠与干预

教师职业倦怠的含义与来源,教师职业倦怠的干预。

(四)常见的教师心理问题

心理健康的概念,常见的教师心理问题,职业行为问题,人际交往障碍。

第四节　小学教师家校合作协同育人

(一)家校关系与教师职业发展

建立良好的亲师关系,针对个体因材施教,提高教育教学的效率,提升教师素质。

(二)家校合作协同育人概述

家校合作协同育人的概念,家校合作协同育人的目标。

(三)家校合作协同育人的时代意义

家校合作协同育人的特征,家校合作协同育人的意义。

(四)家校合作协同育人的实践路径

家校合作中家庭与学校的角色,家校合作协同育人的实践路径。

三、考核知识点与考核要求

（一）从新手到专家：教师的专业成长

1. 识记：(1) 常规水平的胜任；(2) 创新水平的胜任。

2. 领会：研究型教师的专业特点。

3. 应用：结合实际，掌握教师开展研究的目的、内容及实践路径。

（二）小学教师职业发展规划

1. 识记：(1) 职业发展规划类型；(2) 职业发展规划制订的基本原则。

2. 领会：(1) 教师职业发展规划的必要性；(2) 教师职业发展规划的特点。

3. 应用：(1) 结合实际，初步学会规划自身的职业发展；(2) 结合实际，谈谈教师职业发展规划的实现方法。

（三）小学教师职业心理健康

1. 识记：(1) 教师心理健康；(2) 教师职业倦怠。

2. 领会：(1) 教师心理健康的影响因素；(2) 教师职业压力理论；(3) 常见的教师心理问题。

3. 应用：(1) 结合实际，解释说明影响教师心理健康的因素；(2) 结合实际，掌握教师职业压力的应对策略；(3) 结合实际，掌握教师职业倦怠的应对策略。

（四）小学教师家校合作协同育人

1. 识记：家校合作协同育人的目标。

2. 领会：(1) 家校合作协同育人的特征；(2) 家校合作协同育人的意义。

3. 应用：结合实际，解释说明家校合作协同育人的实践路径。

四、本章重点、难点

本章重点：理解职后小学教师专业发展的成长周期，了解教师开展研究的目标、内容及实践路径。

本章难点：掌握并运用职后小学教师职业发展规划、心理健康调适、家校合作协同育人的方法。

第八章　小学教师专业发展评价

一、学习目的与要求

了解我国教师评价发展的阶段及关注内容的侧重点，能够通过对小学教师专业发展评价目的、评价主体、评价内容和常用评价方法的学习，明确教师专业发展评价为什么评、谁来评、评什么，以及如何评。

二、课程内容

第一节　教师专业发展评价概述

（一）我国教师评价的发展概况

改革开放以来，我国教师评价的发展可分为四个阶段：恢复探索期、完善制度期、优化调整期、深化发展期。

（二）教师专业发展评价的目的

根据目的分为侧重问责的奖惩性教师评价和侧重改进的发展性教师评价。

（三）教师专业发展评价的主体

根据评价主体分为他人评价和自我评价。他人评价包括自上而下的他人评价、自下而上的他人评价和同行评价。自上而下的他人评价，如学校领导评价、专家评价和教育行政部门评价；自下而上的他人评价，如学生评价、家长评价；同行评价。自我评价指教师依据一定的评价原则和标准对自身进行的评价。

第二节　教师专业发展评价的内容

（一）教师素质评价

教师素质评价是指对教师职业道德、专业知识、专业能力等的评价。

（二）教师工作过程评价

教师工作过程评价是指对教师教育教学过程中教学常规行为和课堂教学行为表现的评价。

（三）教师工作绩效评价

教师工作绩效评价包括指向教师工作结果的任务绩效评价和指向教师工作表现的关系绩效评价。

第三节　教师专业发展评价的方法

（一）课堂观察评价法

课堂观察评价法又称"课堂听课评价法"，指评价者直接进入课堂，通过现场观察教师的教学实践，总结优点，发现问题，并做出相应的评价。

（二）教师档案袋评价法

教师档案袋评价法是指教师将代表自身成绩的教育教学信息、代表性作品等系统汇集起来，通过开放的多层面的评价，展示自己成长的过程，总结反思工作经验。

（三）学生评教法

学生评教法是通过问卷调查、座谈等方式，由学生对教师素质和教育教学行为等进行价值判断的方法。

三、考核知识点与考核要求

（一）教师专业发展评价概述

1. 识记：（1）奖惩性教师评价；（2）发展性教师评价；（3）自我评价。

2. 领会：我国教师评价的发展阶段及侧重点。

3. 应用：（1）结合实际，谈谈不同主体的评价对教师专业发展的影响作用；（2）评析奖惩性教师评价的问责功能与发展性教师评价的改进功能的平衡。

（二）教师专业发展评价的内容

1. 识记：（1）教师素质评价；（2）教师工作过程评价；（3）教师工作绩效评价。

2. 领会：教师素质评价、工作过程评价、工作绩效评价的主要内容。

3. 应用：结合实际，谈谈如何开展绩效评价才能发挥对教师专业发展的激励作用。

（三）教师专业发展评价的方法

1. 识记：（1）课堂观察评价法；（2）教师档案袋评价法；（3）学生评教法。

2. 领会：（1）课堂观察评价法的基本内容与程序；（2）教师档案袋评价法的基本

内容与程序;(3)学生评教法的基本内容与程序。

3. 应用:说明课堂观察评价法、教师档案袋评价法、学生评教法的应用场景,评析每种方法在使用中的合理性和局限性。

四、本章重点、难点

本章重点:理解小学教师专业发展的评价目的、评价主体、评价内容与评价方法。

本章难点:学会合理应用不同的评价方法开展小学教师专业发展评价。

第九章　小学教师专业管理体制

一、学习目的与要求

理解教师的权利与义务,了解当今教师的待遇与社会地位状况,明确小学教师的职称与奖惩制度,能够认同专业组织在教师发展中的重要价值,明晰各专业组织的基本特征。重点掌握教师的权利和义务。

二、课程内容

第一节　教师的权利和义务

(一)教师的法律特征

教师是专业人员,教师的使命是立德树人,"四有"好教师是教师的根本标准。

(二)教师的基本权利

自主开展教育教学活动权,科研学术权,指导学生学习和发展权,按时获取工资报酬与相关待遇权,参与学校的民主管理权,科研成果转化权,参加进修培训权。

(三)教师的权利保障

教师履职保障,教师申诉制度,法律责任认定。

(四)教师的法定义务

遵守宪法、法律和职业道德的义务;完成教育教学工作的义务;进行思想品德教育的义务;促进学生全面发展的义务;保护学生合法权益,促进学生健康成长义务;科学管理学生的义务;不断提高思想政治觉悟和教育教学水平的义务。

第二节　教师的待遇和社会地位

(一)教师待遇

经济待遇、政治待遇等。

(二)教师的社会地位

第三节　小学教师的职称与奖惩制度

(一)小学教师职称制度

(二)小学教师奖惩制度

师德评价与奖惩,专业评价与奖惩。

第四节　教师专业发展的专业组织

(一)正式教师专业发展组织

国家与地方教育行政部门组建的组织,学校组织,学科教研组,年级组等。

（二）非正式教师专业发展组织

（三）在线学习的教师专业组织

在线学习共同体,在线学习保障。

三、考核知识点与考核要求

（一）教师的权利和义务

1. 识记:(1) 教师法律特征;(2) 教师权利;(3) 教师义务。

2. 领会:教师权利与义务的相辅相成性。

3. 应用:结合实际,分析教师应履行的教师义务。

（二）教师的待遇和社会地位

1. 识记:(1) 教师的经济待遇;(2) 教师的政治待遇。

2. 领会:影响教师社会地位的基本要素。

3. 应用:(1) 结合实际,分析当今小学教师的待遇;(2) 结合实际,谈谈当今小学教师的社会地位。

（三）小学教师的职称与奖惩制度

1. 识记:(1) 教师评审制度;(2) 师德评价。

2. 领会:(1) 小学教师职称评审的基本要求;(2) 教师师德评价的意义与价值。

3. 应用:结合实际,谈谈国内优秀教师评定的基本标准。

（四）教师专业发展的专业组织

1. 识记:(1) 专业发展组织;(2) 虚拟教研室。

2. 领会:(1) 正式教师专业发展组织的内涵与特征;(2) 非正式教师专业发展组织的内涵与特征。

3. 应用:结合实际,谈谈在线学习共同体的基本特征。

四、本章重点、难点

本章重点:理解小学教师的权利与义务。

本章难点:明晰中国教师专业发展专业组织的基本特征。

Ⅳ 关于大纲的说明与考核实施要求

一、课程自学考试大纲的目的和作用

《小学教师专业发展》课程自学考试大纲是根据专业考试计划的要求,结合自学考试的特点而确定的,其目的是对个人自学、社会助学和课程考试命题进行指导和规定。

《小学教师专业发展》课程自学考试大纲明确了本课程学习的内容,以及内容的深度和广度,规定了课程自学考试的范围和标准。因此,它是编写自学考试教材和辅导书的依据,是社会助学组织进行自学辅导的依据,是自学者学习教材、掌握课程内容、知识范围和程度的依据,也是进行自学考试命题的依据。

二、课程自学考试大纲与教材的关系

本大纲与教材所体现的课程内容基本一致,凡大纲中所规定的课程内容和考核知识点,教材里均作了全面、系统的讲述。但教材内容比大纲更为详尽,教材里对大纲中未规定的内容也有少许阐述。

三、关于自学教材

《小学教师专业发展》,全国高等教育自学考试指导委员会组编,刘慧、魏戈主编,高等教育出版社,2024 年版。

四、关于自学要求和自学方法的指导

（一）关于自学要求

为有效地指导个人自学和社会助学,本大纲已指明了课程的重点和难点,在教材各章节的基本要求中一般也指明了章节内容的重点和难点。

（二）关于自学方法的指导

为使自学考生更好地学习《小学教师专业发展》这门课程,在学习中可遵循以下原则和方法:

1. 坚持历史唯物主义和辩证唯物主义的基本原理,全面学习和系统掌握小学教师专业发展的内涵、特点、基本过程、各个发展阶段的异同点,以及相关概念和主要原理。考生应通过自学教材,结合相关推荐参考书目,对有关教师专业发展的基本概念有充分的理解和掌握。

2. 力求在充分掌握小学教师专业发展的基本概念与原理的基础上,深度领会党和国家对小学教师教育的相关政策,贯彻落实 2018 年《中共中央 国务院关于全面深化新时代教师队伍建设改革的意见》与 2022 年《新时代基础教育强师计划》等的政策要求,理解小学教师教育领域主要观点的流变,形成对小学教师宏观管理制度的理解。

3. 通过理论学习与实践反思,增强对小学教师专业的深层认同,强化考生对小学教师的职业荣誉感和信念感。

本课程共 5 学分。

五、对考核内容的说明

1. 本课程要求考生学习和掌握的知识点内容都作为考核的内容。课程中各章的内容均由若干知识点组成,在自学考试中成为考核知识点。因此,课程自学考试大纲中所规定的考试内容是以分解各章内容为考核知识点的方式给出的。由于各知识点在课程中的地位、作用以及知识自身的特点不同,自学考试将对各知识点分别按识记、领会、应用三个认知层次规定其应达到的能力要求,确定其考核要求。

2. 在考试之日起 6 个月前,由全国人民代表大会和国务院颁布或修订的法律、法规都将列入相应课程的考试范围。凡大纲、教材内容与现行法律、法规不符的,应以现行法律法规为准。命题时也会对我国经济建设和科技文化发展的重大方针政策的变化予以体现。希望个人自学者、社会助学组织在学习过程中给予关注。

六、关于考试方式和试卷结构的说明

1. 本课程的考试方式为闭卷,笔试,满分 100 分,60 分及格。考试时间为 150 分钟。

2. 本课程在试卷中对不同能力层次要求的分数比例大致为:识记占 20%,领会占 35%,应用占 45%。

3. 要合理安排试题的难易程度,试题的难度可分为:易、较易、较难和难四个等级。必须注意试题的难易程度与能力层次有一定的联系,但二者不是等同的概念。在各个能力层次中的内容对于不同的考生都存在着不同的难度。在大纲中要特别强调这个问题,应告诫考生切勿混淆。

4. 本课程考试命题的主要题型一般有单项选择题、多项选择题、简答题、论述题、案例分析题等。

在命题工作中必须按照本课程大纲中所规定的题型命制考题,考试试卷使用的题型可以略少,但不能超出本课程对题型的规定。

附录 题型举例

一、单项选择题

1. 小学教师个体通过自觉、自愿、主动地接受专业训练和学习,体现出小学教师专业发展的特点具有( )。

A. 丰富性   B. 情境性

C. 阶段性   D. 自主性

2. 王老师刚入职一年,面临各种不适应,急于向有经验的教师请教,寻找到维持自己基本教学的知识和能力。依据叶澜的小学教师专业发展五阶段论,王老师所处的小学教师专业发展阶段主要是( )。

A. 自我更新关注阶段   B. 生存关注阶段

C. 任务关注阶段   D. 虚拟关注阶段

二、多项选择题

1. 小学教师专业发展的特点包括( )。

A. 自主性

B. 阶段性

C. 情境性

D. 丰富性

E. 终身性

2. 小学教师专业特性包括( )。

A. 教育性

B. 复杂性

C. 反思性

D. 道德性

E. 技术性

三、简答题

1. 简述小学教师专业发展的内涵。
2. 简述小学教师专业发展的现实意义。

四、论述题

1. 论述小学教师专业发展的特点。
2. 论述小学教师专业知识的结构。

五、案例分析题

【案例】 李老师刚入职时,为了得到学校和学生的肯定和认可,把大量时间花在如何与学生搞好关系上。一段时间后他发现,虽然自己与学生的关系非常密切,但是学生的学习成绩并不理想。于是,李老师开始把主要精力放在教学上,为了上好每一堂课,他认真准备材料,虚心向老教师们请教,积极参加公开课观摩优秀教师的教学,坚持写教学日志,不断反思自己的教学活动,还通过校本教研这个平台,寻找解决问题的方法和努力的方向。经过不懈努力,李老师在教学上成了一把"好手",他不仅通过各种途径了解学生,还能考虑学生的不同需要,关注他们的个体差异,并根据学生的不同发展水平设计课堂教学和作业,取得了良好的教学效果。由于教学成绩突出,他被学校推荐为"教学名师"。

【问题】 结合案例,请分析该教师在专业发展过程中所经历的阶段及其特征。

大纲后记

　　《小学教师专业发展自学考试大纲》是根据《高等教育自学考试专业基本规范(2021年)》的要求,由全国高等教育自学考试指导委员会教育类专业委员会组织制定的。

　　全国高等教育自学考试指导委员会教育类专业委员会对本大纲组织审稿,根据审稿会意见由编者做了修改,最后由教育类专业委员会定稿。

　　本大纲由首都师范大学刘慧教授、魏戈副教授负责编写;参加审稿并提出修改意见的有北京师范大学宋萑教授、北京师范大学黄嘉莉教授、陕西师范大学常亚慧教授。

　　对参与本大纲编写和审稿的各位专家表示感谢。

全国高等教育自学考试指导委员会
教育学类专业委员会
2023 年 12 月

全国高等教育自学考试指定教材

小学教师专业发展

全国高等教育自学考试指导委员会　组编

编者的话

　　加强新时代教师队伍建设,是培养德智体美劳全面发展的社会主义建设者和接班人、实现中华民族伟大复兴的基础支撑。习近平总书记指出,强教必先强师。要把加强教师队伍建设作为建设教育强国最重要的基础工作来抓,健全中国特色教师教育体系,大力培养造就一支师德高尚、业务精湛、结构合理、充满活力的高素质专业化教师队伍。

　　小学教育作为基础教育中历时最长的学段,为儿童综合素质的养成提供重要的支撑。高质量的小学教育离不开高素质的教师队伍。新时代的"四有"好教师,既要师德高尚,也要业务精湛。教师是终身学习者,其专业素养的培育涉及职前、入职、职后的全过程,更受到多重因素的影响。高素质的小学教师要在不断提升自身思想修养的前提下,牢固树立精益求精的治学态度,自觉更新知识结构,努力提高运用新技术的能力。同时,有关小学教师的管理制度也正在经历积极的改革创新,改革创新的目标是致力于构建科学合理的教师评价体系。

　　面对上述小学教师专业发展中的重要议题和现实需要,我们组织了来自多所院校的专家学者参与教材编写,具体编写人员如下:刘慧、吕尚睿(第一章),刘慧、刘子姝(第六章),魏戈、连仪宁(第三章),魏戈、刘蕊(第七章),唐斌(第二章),欧群慧(第四章),宋彩琴(第五章),陈慧娟(第八章),陈修梅(第九章)。全书由刘慧、魏戈共同设计框架,统筹稿件,修订润色。

　　本书在编写过程中得到了全国高等教育自学考试指导委员会教育类专业委员会及相关审稿专家的大力支持,特致谢忱!

编　者

2023 年 12 月

第一章 小学教师专业发展概论

学习目标

理解小学教师专业的历史演进过程,明确小学教师专业发展的内涵,了解小学教师的专业特性和小学教师专业发展的特点,领会小学教师专业发展的现实意义。

1. 识记
◆ 小学教师专业的历史演进
◆ 小学教师专业发展的内涵
◆ 小学教师专业发展的特点
◆ 小学教师专业发展的阶段理论

2. 领会
◆ 小学教师专业特性
◆ 小学教师专业发展的现实意义

3. 应用
◆ 结合史料,能够解释说明小学教师专业在历史演进过程中不同阶段的特征
◆ 结合具体的小学教师成长案例,能够分析小学教师专业发展的阶段及其主要特征
◆ 结合自身对小学教师专业发展现实意义的思考,树立对小学教师专业的认同感

建议学时

4 学时

案例导读

我国当代著名教育学家顾明远先生曾对小学教师的专业性有如下表述:"我深深感到小学教师是一个专门的职业,因为人的成长规律是可循的,儿童成长规律是可循的,教育既是一项科学的活动,又是一项艺术的活动,越是年龄小的孩子,越是要有教育的技能和技巧。"他认为小学教师是一种专门职业,小学教师应该是知识的传播者、智慧的启迪者、情操的陶冶者、心灵的铸造者,还应该是教育的研究者。

首先,小学教师作为专门职业究竟经历了怎样的历史演进过程? 为什么小学教师可以作为一种专门职业,即小学教师的专业特性具体体现在哪些方面,以及小学教师专业发展的具体内涵是什么? 其次,小学教师成为专门职业需要经历哪些成长阶段? 最后,小学教师作为一种专门职业,究竟具有怎样的现实意义? 这些都是本章需要明晰的问题。

第一节 小学教师专业的历史演进

纵观中西方教育史,小学教师经历了古代的非专业化阶段、近代的初期专业化阶段和现代的专业化阶段。回顾小学教师作为一门专业的历史演进过程,有助于我们更加清晰地了解小学教师的"前世今生",也更有利于我们进一步领会小学教师专业发展的现实意义。

一、小学教师的非专业化阶段

在古代,小学教师处于非专业化阶段,由于中西方社会制度和文化环境的不同,中西方小学教师非专业化发展过程表现出不同的特点。

(一)西方小学教师的非专业化阶段

小学教师是伴随着学校的出现而产生的,文字是学校产生的先决条件。因为在当时文字是记载人类总结出来的文化知识和经验的唯一工具,所以文字产生以后,才有可能建立起专门进行教育、组织教学的主要场所——学校,才会出现专门从事教育工作和根据文献资料传播知识的人——教师。

在西方,古代的学校教育是统治阶级进行文化统治和培养接班人的场所。封建社会时期涌现的“智者”派,即教授学生知识、收取报酬的一类职业教师的统称,标志着职业教师开始登上西方教育的历史舞台。西方教育比较强调宗教思想,“僧师一体”“以僧为师”是古代西方教育的典型特征,小学教师具有鲜明的宗教性和政治性。[①]

(二)我国小学教师的非专业化阶段

在原始社会,部落、氏族成员共同劳动、共同生产,一些部落首领、长者等有着丰富的生活实践经验和社会生活技能。他们通过口耳相传的方式,有意识、有步骤地将生活经验、劳动技能和生产知识等传授给年轻一代。由于这个时期“教育”并没有从生产劳动中分离出来,没有专门的教育场所,也没有专业的教育人员,因此也就没有教师这个职业。[②] 在这个时期,传授生活经验和社会生活技能的部落首领、长者等,仅仅是教师职业产生的萌芽。

奴隶社会时期,随着社会的进步和生产力水平的提高,文字(如甲骨文)和学校应运而生。据《孟子·滕文公上》记载,设为庠、序、学、校以教之。在我国的奴隶社会中,奴隶主贵族垄断着教育权和受教育权,因此“学在官府”“以吏为师”和“官师合一”是当时教育的主要特征。也就是说,这一时期的小学教师只是官吏的一种职能或兼职,尚未发展成专门职业。

封建社会时期,随着经济的不断发展和奴隶制的崩溃,官学衰废,“学在官府”的局面被打破,“私学”逐渐兴起,涌现出了一大批私学大师,其中孔子就是杰出代表。孔子主张有教无类,开始以教为业并以此谋生。我国开始出现以教学为主要谋生手段的教师职业。[③] 随着科举的兴盛与发展,私学教师纷纷聚徒讲学,书院也逐步发展成有组织、有计划进行教学活动的场所。这对我国教育的发展起到了巨大的推动作用。但我国古代的小学教师始终处于非专业化阶段,尚未发展成独立的职业。

总之,此阶段的中西方小学教师的教育工作尚未形成系统,也没有专门培养教师的专业机构,因此,也就不存在对小学教师的专门培养。

二、小学教师的初期专业化阶段

近代小学教师由非专业化转向初期专业化发展。教师的初期专业化以培养教师

---

① 吴式颖.外国教育史教程[M].北京:人民教育出版社,1999:107.
② 孙培青.中国教育史[M].上海:华东师范大学出版社,2009:35.
③ 臧乐源.教师学[M].天津:天津人民出版社,1997:22.

的教育机构的出现为标志。① 同时,在此阶段,中西方小学教师发展历程也表现出差异性特征。

（一）西方小学教师的初期专业化阶段

随着第一次工业革命的爆发,工业化生产要求普及义务教育。由此,师范院校培养教师的模式正式走上历史的舞台。许多国家纷纷开始尝试建立专门的师范教育机构来培养和培训专职的教师。

世界最早的师范教育出现在法国。世界上第一所师资培训学校由"基督教兄弟会"神甫拉萨尔于 1681 年在法国兰斯创建,开创了师范教育的先河。此后,各国开始相继建立师资培训机构。不过,早期的师资培训机构主要侧重的是职业训练,缺少较为专业化的训练,培训制度主要是"学徒制"。18 世纪中下叶,一些资本主义国家逐步建立了一批师范学校,对小学教师的学历要求也在不断提高,并开始陆续颁布师范教育法规,对师范教育进行拨款资助。② 西方国家通过教育立法、教育拨款和师资培训等措施逐步普及初等义务教育。随着师范教育的不断完善和相关教育法规的颁布,西方小学教师的培养逐步制度化和系统化。

（二）我国小学教师的初期专业化阶段

我国的师范教育是近代社会政治、经济和文化教育变革的产物。③ 清朝末年,政府内外交困,一批开明知识分子主张"废科举,兴学校",讲求实学。1897 年,盛宣怀在上海创办南洋公学师范院,标志着我国师范教育的诞生。1904 年,随着我国《奏定初级师范学堂章程》的颁布,第一批旨在培养小学教师的师范学堂诞生。④ 此后,我国相继历经 1912—1913 年的壬子癸丑学制和 1922 年的壬戌学制,对小学教师培养产生了一定影响。20 世纪上半叶,我国已陆续成立多所师范学校并制定颁布了师范教育法规,师范教育开始进入制度化的发展阶段。

三、小学教师的专业化阶段

"专业化"是一个社会学概念,指在一定时期内,一个普通的职业群体逐渐符合专业标准并获得相应专业地位的过程。小学教师的专业化是指小学教师个体和小学教师群体的专业水平逐步提高并达到鲜明专业标准的过程,同时也是小学教师专业地位获得确立和不断提升的过程。

进入 20 世纪,随着各国义务教育普及年限的延长和教学改革的不断深入,师范教育在小学教师师资培养数量上逐步增加。但由于这一时期的主要任务在于解决小学教师人数的需求问题,因而忽视了对小学教师质量提升的要求。随着出生率的下降对教师数量需求的减弱和美苏争霸的冲击,各国政府都认识到教育是立国之本。如何提高教师质量成为广泛关注的焦点问题。

（一）西方小学教师的专业化阶段

1966 年,联合国教科文组织和国际劳工组织提出《关于教师地位的建议》,首次以

① 涂艳国.教育学导论[M].武汉:华中师范大学出版社,2011:79.
② 张斌贤.外国教育史[M].北京:教育科学出版社,2008:424-450.
③ 刘捷,谢维和.栅栏内外:中国高等师范教育的百年省思[M].北京:北京师范大学出版社,2002:47.
④ 刘慧,孙建龙.小学教育专业认证:理论与实践[M].天津:天津人民出版社,2022:5.

官方文件形式对教师专业化做出了明确的说明,提出教育工作应被视为专门职业。这种专门职业,要求教师接受专门的师范教育,经过严格的训练、持续的学习,不仅掌握专业知识和专业技能,并且对学生负责。1996 年,联合国教科文组织召开的第 45 届国际教育大会以"加强在变化着的世界中的教师的作用之教育"为主题,指出专业化是提高教师地位最有前途的中长期策略。[1]

自 20 世纪 80 年代开始,小学教师专业发展日趋专业化,各国均采取积极行动推动小学教师专业发展。1986 年,美国霍姆斯小组发布的《明日之教师》、美国卡内基教育基金会和经济论坛发布的《国家为 21 世纪准备教师》的报告,都提出确立小学教师的专业地位,培养小学教师达到专业标准,从而提高小学教师教育的质量。这两份报告对美国小学教师专业发展产生了深远的影响。[2]

(二)我国小学教师的专业化阶段

相比美国等发达国家,我国小学教师专业发展虽起步较晚,但发展速度较快。自 20 世纪 80 年代起,我国逐步形成了从三级师范向二级师范过渡、师范院校与综合大学同时举办师范教育的职前教育体系,以及从地方进修学校到省级教育学院的职后教育体系。[3] 这标志着我国教师教育体系一体化的推进,实现了师资培养由封闭走向开放,实现了师资培养机构的升级。近年来,国家对教师教育更加重视,相继于 2011 年印发《教师教育课程标准(试行)》,2012 年印发《小学教师专业标准(试行)》,2013 年出台《中小学教师资格考试暂行办法》并从试点推进且逐步过渡为全国统一实行教师资格考试,2014 年颁布《教育部关于实施卓越教师培养计划的意见》并开始实施卓越教师培养计划,2017 年印发《普通高等学校师范类专业认证实施办法(暂行)》并开始启动师范教育认证工作,2018 年发布《中共中央 国务院关于全面深化新时代教师队伍建设改革的意见》和《教师教育振兴行动计划(2018—2022 年)》,2022 年发布《新时代基础教育强师计划》等。以上一系列规范性文件的出台,足见国家在推进小学教师专业化进程中的努力与建设高质量小学教师队伍的决心。

综上所述,随着我国教师资格制度的健全和完善,师范教育认证工作的推行,教师教育一体化工作的推进,以及小学教师职前职后教育体系的不断完善,我国小学教师专业化进程逐步走向开放。

第二节　小学教师专业发展的内涵、特点与阶段

从历史演进的过程来看,我们能够了解到小学教师专业发展是一个持续的过程,并且不同阶段具有不同的发展特点。但到底什么是小学教师专业发展,仅从历史演进探究似乎无法形成清晰定论。因此,我们从专业的内涵、小学教师的专业特性、小学教师专业发展的特点,以及阶段理论等方面切入,尝试进一步厘清小学教师专业发展的内涵。

① 教育部师范教育司.教师专业化的理论与实践[M].北京:人民教育出版社,2001:23.
② 陈永明.教师教育研究[M].上海:华东师范大学出版社,2002:108.
③ 魏戈,刘慧.小学教师专业发展[M].北京:中国人民大学出版社,2022:3.

一、小学教师专业发展的内涵

追溯"专业"的词源与词义,有助于进一步理解小学教师专业发展的内涵。

(一)专业的内涵

"专业"一词最早由拉丁语"professio"演化而来,原意指:公开地宣言,即公开地表达自己的观点或信仰。在《现代汉语词典》中,关于"专业"的定义大致分为以下几种:(1)专门从事某种学业或职业;(2)专门的学问或精通某一领域;(3)高等中等专业学校所分的学业门类。①

社会学家凯尔·桑德斯在其经典研究《专业》一书中首次为"专业"下定义。他认为,所谓专业,是指一群人在从事一种需要专门技术的职业,是一种需要特殊智力来培养和完成的职业,其目的在于提供专门性的社会服务。②

一般而言,我们认为,专业指一群人经过专门教育或训练,具有较高和独特的专门知识和技术,按照一定专业标准进行专门化的活动,从而解决人生和社会问题,促进社会进步并获得相应报酬和社会地位的专门职业。因此,一种职业可以被认可为专业,至少要具备以下几方面特征:

(1)具有不可或缺的社会功能;

(2)具有完善的专业理论和成熟的专业技能;

(3)具有高度的专业自主权和权威性。③

(二)小学教师专业发展内涵

关于小学教师专业发展的内涵,国内外学者主要形成三种基本认识。④

1. 小学教师专业发展是小学教师专业成长的过程

以霍伊尔等为代表的学者认为,小学教师专业发展是小学教师专业成长的过程,强调一种状态。霍伊尔明确提出,小学教师专业发展是指在小学教师教学职业生涯的每一阶段,小学教师为进行专业实践而掌握所必备的知识和技能的过程。富兰等人则指出,小学教师专业发展的内涵既包含通过在职教育或教师培训获得的特定方面的发展,也包含教师在目标意识、教学技能和合作能力等方面的全面进步。⑤ 无论如何,以上"过程说"虽然关注到小学教师专业发展过程中知识结构等能力方面的动态变化,但是忽略了小学教师专业发展的途径和原因,因而无法全面地反映小学教师专业发展的过程。

2. 小学教师专业发展是促进小学教师专业成长的过程

以利特尔为代表的学者认为,小学教师专业发展是促进小学教师专业成长的过程,强调一种动作。利特尔明确指出,对小学教师专业发展的研究有两种截然不同的路径:一种是研究小学教师掌握教学复杂性的过程,这些研究主要关注特定的教学法或所实施的课程革新,同时也探究教师如何学会教学,如何获得知识和达到专业成熟,

① 中国社会科学院语言研究所词典编辑室编.现代汉语词典(第5版)[M].北京:商务印书馆,2005:1788.

② 转引自:台湾师范教育学会.教育专业[M].台北:师大书苑有限公司,1992:序.

③ 教育部师范教育司.教师专业化的理论与实践 [M].修订版.北京:人民教育出版社,2003:35-37.

④ 芮燕萍.大学英语教师专业发展状况实证研究:以教师反思与教学实践为例[D].上海:上海外国语大学,2011:13-14.

⑤ Hargreaves A, Fullan M. Understanding teacher development[M].New York:Teachers College Press,1992.

以及如何长期保持对工作的投入等;另一种是侧重研究影响教师动机和学习机会的组织和职业条件。① 这种"动作说"虽然关注到小学教师实施教学改革的动机和具体过程,但是缺乏对小学教师专业发展中自身知识和能力提升的关注,因此也无法全面地反映小学教师专业发展的过程。

3. 小学教师专业发展是上述二者的融合

以威迪恩为代表的学者认为,小学教师专业发展是小学教师专业成长和促进小学教师专业成长过程的结合,强调状态和动作的融合。威迪恩认为,小学教师专业发展至少包含以下内涵:(1)一种协助小学教师改进教学技巧的训练;(2)一种学校改革整体活动,以促进个人最大成长,营造良好的气氛,提高学习效果;(3)一种成人教育,增进小学教师对其工作和活动的了解,而不仅仅是停留在提高教学成果上;(4)一种利用最新的教学成效研究,改进学校教育的手段;(5)专业发展本身作为一种目的,协助教师在受尊敬、受支持、积极的气氛中,促进个人的专业成长。② 上述观点将小学教师专业发展的状态和动作结合起来,比较全面地反映了小学教师专业发展的过程。

综合上述研究,小学教师的专业发展是指,小学教师作为专业人员,在专业道德、专业思想、专业知识、专业能力、专业品质等方面由不成熟到成熟的发展过程,即由一名专业新手发展为专家型教师或教育家型教师的发展过程,也是小学教师专业素养不断提高、专业理想逐渐明晰、专业自我逐步形成的过程。

从小学教师专业发展的内涵中,我们也可以看出,小学教师专业发展是一个动态持续的过程。在此过程中,小学教师需要通过不断学习与探究来拓展专业内涵,提高专业水平,达到专业成熟的境界,而且教师的主体性和生命价值均得以提升。

二、小学教师的专业特性

领会小学教师的专业特性有助于我们更加深刻地理解小学教师专业发展的内涵。如何理解小学教师的专业特性?立足不同的视角,可能有不同的理解。

(一)立足小学教育本质的向度

小学教师的专业特性是指小学教师作为一类专业性职业所具有的不同于其他专业性职业的特有属性。时代的发展,带来人们生存需要的变化,也带来了人们对教育的新要求,进而带来小学教师专业性质与功能的变化。

从小学教育的本质来看,小学教育具有奠基性、综合性和养成性的根本特性。③ 在终身教育时代,小学教育的任务不仅在于传递知识,而且在于把握儿童成长的方向,帮助儿童学会学习,注重培养儿童的社会意识、创造能力、合作精神,以及对自然科学知识的兴趣等,为今后一生的可持续学习打下基础。

小学教师由原来的单纯传授知识,发展演化为通过激发和调动学生的主观能动性,引导学生全面发展。在突破传统的小学教师作为知识传授者的特性基础上,小学教师专业特性更加凸显教育性、复杂性、道德性、反思性、生活性和互动性等。④

---

① 叶澜,白益民,王枬,等.教师角色与教师发展新探[M].北京:教育科学出版社,2001:224.
② 叶澜,白益民,王枬,等.教师角色与教师发展新探[M].北京:教育科学出版社,2001:225.
③ 刘慧.小学教育学[M].北京:北京师范大学出版社,2023:32.
④ 刘慧.论当代小学教师的专业特性视角[J].湖南第一师范学院学报,2010,10(01).

（二）立足儿童生命成长的向度

从儿童生命成长的角度来看，儿童是小学教育的主体，小学教育以儿童为本，实质上就是以儿童的生命为本。小学儿童的生命状态是小学教育特性之根源所在，对儿童的培养必须遵循儿童生命发展之道，不能离开儿童的生活世界。这也正是当代小学教育与传统小学教育、其他教育形式相区别的独特性所在。小学儿童生命状态的形成受自身生命特性与环境两方面影响。因此，我们不仅要从生理学、心理学、脑科学、哲学、教育学等多种理论的层面认识小学儿童的生命"共性"，更要回到小学儿童真实的生命状态之中，即回到小学儿童的生命特性、成长环境、生活境遇、真实的生命感受和经验中，认识小学儿童生命的"个性"。

综上可知，小学教师的专业特性不仅在于教育性、复杂性和反思性等，更在于对小学儿童生命状态的认识与理解。首先，小学教师要具备与小学儿童共处的能力，有仁爱之心，能走进小学生的生命世界，与他们对话；其次，小学教师也要具备与小学儿童家长的共处能力，小学儿童身心发育状态决定小学儿童教育不能离开家庭，小学教师必须善于同小学家长沟通，形成教育合力；最后，小学教师要具备促进小学儿童成长的能力，既要把人类的文明传递给孩子，又要激活作为个体的人存在的动力、需要、理想和追求。

三、小学教师专业发展的特点

小学教师专业发展体现着"以人为本"的思想，其特点可以概括为自主性、阶段性、终身性、情境性和丰富性五个方面。[1]

（一）自主性

小学教师专业发展是小学教师个体通过自觉、自愿、主动接受专业训练和学习，不断提升专业水平的过程。这意味着，一方面小学教师专业发展的动力来源于小学教师自身，倘若小学教师自身缺乏内在的发展需要、情感和意识，小学教师就很难产生更新个体内在专业知识结构的动力；另一方面，小学教师能够凭借自主发展的追求和能力，自觉地实现教育观念的更新，并进行创造性的教育教学。以下引用斯霞的案例故事进一步说明小学教师专业发展的自主性。

案例故事

斯霞：小学教育界的"梅兰芳"[2]

斯霞，1910年12月出生于浙江，毕业于杭州女子师范学校，先后在浙江、江苏等地的小学任教。斯霞曾被任命为南京市教育局副局长，但她舍不得离开待了数十年的校园，更舍不得离开她的学生们。最终，她选择重返校园，做一名普普通通的小学教师。她常说的一句话是"我为一辈子做小学教师而感到自豪"。斯霞将自己的一生都献给了小学教育事业，被誉为"小学教育界的'梅兰芳'"。

早在1958年，江苏省教育厅决定，南京师院附小在秋季开学的一年级实行小学六年制改五年制的试点。斯霞高兴地接受了这项任务，担任试点班的班主任。

---

①　杨天平,申屠江平.教师专业发展概论[M].重庆:重庆大学出版社,2012:26.
②　张跃双.名师风范[M].沈阳:东北大学出版社,2017:105.

当时目标虽然明确,但具体怎么搞却谁也说不好。根据以往的教学经验,她觉得,既要缩短一年学制,又不能减少课程内容,那就得对教材和课堂教学进行改革。于是,她主动把1949年后使用的小学课本全都找了出来,根据儿童的生活实际进行改编,删掉重复部分,又适当增加了一些新内容。在课堂教学上,她首先教学生掌握汉语拼音这一工具,接着通过看图,教给学生一些简单易识的字。在学生认识一二百字后,结合学习短文来增加识字量,并把识字、阅读、写话三个方面结合起来。这就是斯霞开创的"字不离词,词不离句,结合课文教学"的小学语文教学法。

在具体目标明确,但到底该如何做尚不清晰时,斯霞老师主动投身于小学语文教学试点的改革工作,并创造性提出"字不离词,词不离句,结合课文教学"的小学语文教学法。这充分体现了斯霞老师自身对小学语文教学改革的自觉能动性。斯霞老师联系儿童生活实际,主动改编小学教材,展开直观教学的根源是其内在的需要和自觉主动的行动,这体现出小学教师专业发展的自主追求。

(二)阶段性

小学教师的专业发展是一个动态的发展过程,教师在不同的发展阶段会呈现出不同的发展动机、需求、水平和结果。小学教师专业发展过程的各个阶段不是彼此孤立的,而是相互衔接且螺旋上升的。处在不同阶段的小学教师,对于职业道德、专业思想、专业知识、专业能力、专业品质等方面会产生不同的需求,当阶段性需求得到满足时,他们会顺利进入下一阶段。反之,他们会停滞在某一阶段,甚至出现倒退的现象。明确小学教师专业发展的阶段性,针对不同阶段教师的发展特征,采取差异性发展路线和对策,能够切实提升小学教师的专业素养,保证小学教师专业发展的连贯性。

案例故事

我的教师专业发展之路①

从"0"开始

成长,总是一路坎坷,一路花开。毕业之后,我带着满腔热情来到武汉市光谷豹澥第一小学,但是理想和现实差距很大。在同事们的关爱中,我决定从"0"开始,用心学习,适应从理论到实践的过程。

在班级管理中遇到问题,我求助自己的搭班胡老师,她是学校的德育主任。刚开始,她像大姐姐一样照顾我,手把手教我管理班级,带我上班会课,帮我管理路队和纪律。心怀感恩的同时,我每天做总结笔记——"胡姐出招"。上语文课缺乏实际经验,我就每天听隔壁班经验丰富的朱老师的课,每节课都去听,听完整理、总结,再在班里上课,上完课写反思。就这样,经过三个月的努力,我度过了迷茫期。

① 张和平,郭三玲,陈颖颖,等.我的教师专业发展之路:基础教育青年教师成长叙事[M].长春:吉林大学出版社,2022:100-103.

从"1"开始

适应了小学的工作节奏之后，我开始探寻适合自己的教学风格。我们学校有青蓝工程，每个新教师都有一位师父。我的师父也姓胡，她的严谨和优秀在学校是典范，身上总是有一股不怒而威的气势，我经常去听她的课。但是"拿来主义"明显不适合用来学习她的方法。同样的教学内容，听了师父的课之后，我经常会做更深入的思考，重新备课上课。从开始单纯的仿课到后来深入思考再上课的习惯，让我在磨课的过程中明显感受到自己的进步。

后来，我结婚生子，对孩子的认识发生了很大变化，我不再把他们当作教学的对象，而是一个个活生生的孩子。我会走近他们，在课堂上和他们对话，关注他们的个性发展，课外时间像他们家里的长辈一样关心爱护他们，果然教学效果比之前好多了，我也开始在教学工作中找到成就感和幸福感。

0+1>1

工作了一段时间之后，我发现自己的短板很多，在学过的理论和教学实践之间仿佛有一道鸿沟。好比你要过河，会有很多种方法，但是什么样的方法是属于自己的方法，是我一直在寻找的。

活到老，学到老，学习总是一件让人快乐的事。东湖高新区的培训体系全面而科学，定期开展线上线下培训，外出教研的机会很多。工作这些年，感觉自己和其他同事一样，像海绵一样不断吸收先进的、接地气的教学理念和教学方法，大脑经常处于极度兴奋状态。

除了学校安排的培训，我也在假期参加其他的学习活动，如国学研修和心理学学习。国学研修包括国学经典诵读和海量阅读，是我非常感兴趣的学习，对语文教学也非常有益，它使我找到了个人发展的方向。心理学学习是从毕业之后就开始的，关注个人心理健康，将自己的状态调整到最佳，对个人、对学生、对身边所有人都是百益无一害的事。学习国学和心理学之后，我找到了方向，在教育教学中开始变得游刃有余。

上述案例所呈现的是武汉市光谷豹澥第一小学语文教师余艳的教师专业发展历程。她将自己专业发展的阶段分别命名为"从'0'开始""从'1'开始"和"0+1>1"。其中，"从'0'开始"描述的是新手教师入职适应阶段，新手教师普遍面临着班级管理工作的挑战；而"从'1'开始"则是新手教师在适应教学工作节奏之后，逐步提升教学能力并探索适合自己的教学风格的成长阶段；"0+1>1"所呈现的是教师在形成一定教学能力之后，不断追求自我突破和寻找新方法，从而丰富教学活动的稳定成长阶段。这充分体现出余老师在不同发展阶段具有不同的发展动机、需求和水平。这三个阶段的发展过程彼此并不是孤立的，而是相互衔接且螺旋上升的。余老师正是在克服新手教师入职适应阶段的"迷茫期"后，不断地提升自身专业能力，最终才实现了自身专业发展的连贯性。

（三）终身性

小学教师的专业发展是一个持续社会化和个性化的过程，它贯穿于小学教师职业生涯的整个过程。在终身教育时代，小学教师应在自身职业生涯发展的过程中成为终身学习者，把专业发展看作一个在教育现场持续学习的过程。联合国教科文组织在

1998 年发布的《教师和变革世界中的教学工作》报告中指出,教师同其他职业一样,是一种"学习"的职业,从业者在职业生涯中自始至终都要有机会定期更新和补充他们的知识、技巧和能力。小学教师专业发展的终身性体现出小学教师需要不断更新教育观念,完善知识结构和实现自我超越。

案例故事

窦桂梅的成长经历①

窦桂梅,北京清华附小校长,特级教师,先后被评为全国模范教师,教育系统劳动模范,全国师德标兵,十大杰出教师提名奖等称号。

1982 年,15 岁的她走出山村,走进吉林师范学校。四年后,她以优异的成绩毕业留校做文书工作。"打杂"五年后,1991 年,她终于如愿以偿地教上最喜欢的语文。靠"韧"劲学习,几年来,她记下了 20 多万字的读书笔记、500 多万字的文摘卡片。靠"闯"劲实践,她努力把每一节课都当公开课来要求自己。久而久之,课堂教学水平明显提高。1995 年和 1997 年,她先后代表吉林省参加全国小学语文教学大赛,均获一等奖。靠"恒"劲积累,窦桂梅几年来写下了 100 多万字的教育教学笔记,先后出版了《为生命奠基》《我们一起成长》《窦桂梅阅读教学实录》等个人专著。

窦桂梅对学科之爱,体现于不断地尝试和超越,不断地提高自身素质。从 1994 年下半年接了一年级五班开始,她在这片"自己的园地"倾注了全部心血,用心经营了六年。凭着全心全意的付出,她认为超越教材,超越教师,超越课堂的过程就是教师和学生超越习惯,超越传统,超越自我体能的、知识的、智慧的极限,从而实现自我审美的过程、自我创造的过程。

从窦桂梅的案例故事中,我们能够看到,窦老师一直在不断地学习、反思和实践,不断地实现自身的超越。窦老师将专业发展视作终身持续的过程,不断地提升自身素质,最终在教育实践中探索出属于自己的教育园地。窦老师的成长经历,充分彰显出小学教师专业发展是一个持续的过程,它贯穿于小学教师的整个职业生涯。

(四)情境性

小学教师专业发展是小学教师与其教育情境互动的过程。教育情境充满了不确定性。小学教师专业发展的情境性要求教师要深入实践,关注小学教师专业发展的实践逻辑,关注影响小学教师专业发展的价值观念、习惯与场域的特征,更好地实现"理论逻辑"与"实践逻辑"的对接。

案例故事

李吉林:在反思与顿悟中升华"情境"②

20 世纪 70 年代末,语文教学的课堂是封闭的,课堂上没有形象,没有情感,没有生气。"单调、呆板、低效"的弊端,成了儿童发展的羁绊。我对自己说:有志改革者,

---

① 何春强.走上名师之路[M].北京:九州出版社,2017:103.
② 汪瑞林.教师自我突围的秘诀:36 位名师的专业成长经验[M].上海:华东师范大学出版社,2019:3-7.

应该切中时弊。教育的创新其实就是从发现弊端开始的。

如何让课堂丰富、生动起来？在苦苦求索中，我从教学的情景中联想到中国古代文论的"意境"，从《文心雕龙》"情以物迁，辞以情发"等论述中得到很大的启发，仿佛在迷雾中看到闪着光亮的灯盏。我拿定主意，带领孩子们走出小小的教室，走出封闭的课堂，投入大自然宽厚的怀抱，走进五彩纷呈的社会生活画卷。小河旁、田埂上、树丛里都留下了我和孩子们的身影。孩子们像小鸟飞出笼子一般，呼吸着广阔天地里清新的空气，睁大眼睛看着这美妙无穷的世界。日月星辰、春夏秋冬、冰雾雷电，还有美丽如画的山川田野、千姿百态的花草树木、光怪陆离的鸟兽虫鱼，连同社会生活中鲜活的生活场景、昔日的人文景观，都成了孩子们最生动的教材。

开放的语文教学与生活连接起来，给语文教学带来了无限生机。孩子们写作时不再是搜索枯肠，不再是被动应付，而是兴致勃勃地表达各自的真情实感，作文水平迅速提高。由此我创造性地开发了观察情境说话写话、观察情境作文、想象作文、童话作文等作文教学的新样式，极大地提高了孩子们的作文兴趣。这给了我很大的启发和鼓舞，并引起了我的深思。我反思多年探索，并从中概括出情境教学促进儿童发展的五要素（以培养兴趣为前提，诱发主动性；以指导观察为基础，强化感受性；以发展思维为核心，着眼创造性；以激发情感为动因，渗透教育性；以训练语言为手段，贯穿实践性），提出了"运用情境教学促进儿童整体发展"的新思路。

回顾情境教育多年的创新之路，实践、反思、追问，循环往复、螺旋上升，贯穿其间的是对教育理想境界的不懈追寻，以及通过学习获得的自我充实。在情境教育教学实践中坚持研究，成就了今天的我，推动了我的专业成长。

从李吉林"情境教育"的感悟中，我们能够看到，李老师最初能够提出"情境教学"的教育理念，是其深入教育实践，发现教育时弊并不断改革创新的结果。李老师深入教育实践，洞察到小学语文教学课堂封闭与单调的弊端，在不断地实践和反思中，联想到中国传统"意境"的创设理论，并尝试将其结合到自己的语文作文教学实践中，最终创造性地概括出情境教学促进儿童发展的五要素和新思路。李老师指出，正是循环往复的情境教学实践和反思，才促成其专业成长。通过李老师的案例故事，我们能够知晓，小学教师专业发展要求小学教师不断深入教学实践，与实践的情境不断地互动，不断地反思，并最终实现"理论逻辑"与"实践逻辑"的融合。这充分彰显出小学教师专业发展的情境性特点。

（五）丰富性

小学教师专业发展的目的在于丰富和提升教师专业素养，这既是小学教师专业发展的宗旨，也是小学教师专业发展的内容。教学工作的复杂性直接决定了小学教师专业素养结构与发展内涵的丰富性。小学教师专业发展的丰富性表明了小学教师专业发展的整体性，小学教师专业发展既应注重小学教师知识结构、能力方面的发展，也应注重情感与意志等方面的发展。

苏霍姆林斯基"我把心给了孩子们"①

这部著作是我多年学校工作的总结,是沉思、关心、担忧和不安心情的总结!

在一所农村学校身不离校地工作了32年,这对我来讲是无与伦比的幸福。我把自己的一生献给了孩子们,所以考虑很久之后给本书取名为《我把心给了孩子们》。我认为,我是有这个权利的。我很想给教师们——不论是现在任教的,还是继我们之后将要来校工作的——讲讲我一生中很重要的一个阶段。这个阶段整整有10年,也就是从一个我们教师通常称为一无所知的"小懵懂"进校起,到成为青年从校长手中接过中学毕业证书,即将走上独立的劳动生活道路的庄严时刻为止的10年。这个时期是一个树人的时期,而对教师来讲,则是其生涯中一个重要的组成部分。什么是我生活中最重要的呢?我可以不假思索地回答:"爱孩子。"

我当了6年校长之后成为班集体的教师。我要解释一下:这并不是校长和学生直接进行精神接触的唯一途径。但是在当时的具体条件下,这是一条对我最适宜的途径。我把直接担任儿童集体的教育者的工作看成在自然条件下进行的长期实验。

我在帕夫雷什中学任职之初就对早期学龄儿童,特别是一年级学生产生了兴趣。孩子们在学习的最初日子里怀着多么激动的心情跨进学校门槛,怀着多么深切的信任注视着教师的眼睛!为什么往往在几个月之后甚至在几周之后,他们眼神中的光彩便会消逝?为什么学习对某些孩子来说会变为苦恼?要知道,所有的教师都真诚地希望保持住孩子的天真,保持住他们对世界的欢快感受和发现,希望学习能成为对孩子有鼓舞作用的、饶有兴味的劳动。

如果做不到这一点,这首先是因为,教师对每个孩子入学之前的精神世界很少了解,而被学习所限制、被铃声所规定的学校生活又似乎在磨灭孩子们的差异,迫使他们向同一个标准看齐,不让那丰富多彩的个人世界展现出来。那种必须在师生关系中才能显示其实质的重要教育思想,只有在当它像一座建造在校内的、结构匀称的大楼一样矗立在全体教师面前时,才能变得显而易见。正因为如此,我才着手做一个班集体的10年的教育工作。

从苏霍姆林斯基的案例故事中,我们可以看到,苏霍姆林斯基是全心全意地爱着孩子们。他之所以能够将心给孩子们,是因为他本身不断地在关怀着孩子们。苏霍姆林斯基身上充分体现着小学教师专业发展的丰富性。小学教师专业发展不仅是知识、能力的提升,更重要的是爱孩子的教育意向的发展。

四、小学教师专业发展的阶段

小学教师专业发展是一个历时态和共时态的统一,不同的时期与阶段有着不同的需求与特点。一名新教师要想成为一名合格教师、优秀教师,甚至是专家型教师,必须经历、体验和跨越一系列发展阶段。因此,了解小学教师专业发展的不同阶段及特征,

---

① [苏]苏霍姆林斯基. 我把心给了孩子们[M]//苏霍姆林斯基选集(五卷本)第3卷. 唐其慈,译. 北京:教育科学出版社,2001:18-19.

理解小学教师是如何发展的,对实现小学教师专业发展具有重要的理论启示意义和实践指导价值。

(一)国外学者的阶段论

1.富勒的小学教师专业发展四阶段论

1969 年,美国学者富勒编制了《教师关注问卷》,依据教师在职业发展过程中关注点的不同,提出小学教师专业发展的四阶段理论,[①]详见表 1-1。

表 1-1　富勒的小学教师专业发展四阶段论

阶段名称	主要内容
任教前关注阶段	以学生的身份体会教师的行为
早期生存关注阶段	关注自己能否胜任工作,关注课堂管理与控制,以及自己能否为学生和同事接受
教学情景关注阶段	关注教学本身、任务完成及教学表现
关注学生阶段	关注学生学习、学生发展和学生情感需要,以及教学对学生的影响

依据富勒的小学教师专业发展四阶段论,任教前关注阶段属于小学教师职前培养时期,这个时期师范生还沉浸在学生角色中,他们由于缺乏教学经验,因此对教师角色的认识仅处于想象阶段;早期生存关注阶段属于小学教师刚入职的时期,这个时期的小学教师还处于新手教师阶段,重点关注的是自己的教学、班级管理、领导的评价,以及学生和家长的认可等影响小学教师生存之类的问题;在教学情景关注阶段,小学教师更加关注的是自己的教学表现,如关注教学所需的知识、能力、技巧,以及希望自己能够学以致用;在关注学生阶段,小学教师开始把学生作为自己关注的核心,关注学生的学习需要、心理需要和情感需要,以及如何通过高质量教学促进学生的发展。

富勒梳理了小学教师在职业发展过程中关注焦点的变化,揭示出在小学教师专业发展过程中,从关注自身到关注教学任务再到关注学生的学习和自身对学生可能产生的影响的变化轨迹。这种阶段划分方法,对小学教师的职前培养和入职指导具有重要的参考价值。

2.伯顿的小学教师专业发展三阶段论

20 世纪 70 年代末,以伯顿为代表的一批美国学者,对处在不同教学生涯发展阶段的教师进行了大样本、严密有序的访谈研究,提出了教师生涯循环发展理论。伯顿认为小学教师专业发展经历了三个阶段:求生存阶段、调整阶段和成熟阶段,详见表 1-2。

表 1-2　伯顿的小学教师专业发展三阶段论

阶段名称	主要内容
求生存阶段	第 1 年,教师教学知识有限,他们关注学科教学却又缺乏专业见解和教学信心

---

① 吴金辉.教师专业发展的理论与实践[M].北京:中国传媒大学出版社,2006:24-25.

阶段名称	主要内容
调整阶段	第2~4年,教师学到了许多有关组织课堂、学生、课程的方法和知识,关注学生和教学的复杂性,并学习新的技能以满足各方面的需要;对待孩子更加开放和真诚,逐渐获得教学信心
成熟阶段	5年及以上,教师能更好地控制教学活动和教学环境;以学生为中心;乐于尝试新的教学方法;有新的专业见解,能够处理可能出现的新问题

3. 休伯曼的小学教师生涯五阶段论

1993年,休伯曼根据对小学教师的专业能力与表现,以及对专业问题的探索,将小学教师的专业发展划分为五个阶段,详见表1-3。

表1-3 休伯曼的小学教师生涯五阶段论

阶段名称	主要内容
生涯进入期	第1年到第3年,教师生存和探索的阶段,此阶段教师的特征在于求生存与求适应。他们通常会遭受“现实的冲击”,特别是由于缺乏教学经验,而遭遇到复杂的教学管理问题
稳定期	第4年到第6年,当教师取得长期任用后,他们才会完全投入教学生涯,并完全熟悉教学事务。他们也会尝试新的教学方法,以及发展复杂的理解学生的方法。此阶段的教师会有一种轻松愉快、得心应手的安全感
试验与再评估期	第7年到第18年,教师生涯可能向两个方向发展。一个方向是,由于教师教学能力逐渐强化,他们对自己充满自信,因此愿意尝试不同的教材教法与教学策略,以增加自己的影响力。在遇到障碍时,能够用实验和积极行动的策略来解决。另一个方向是,他们觉察到自己在教学方面的缺失,对自我的专业能力产生怀疑,对教学的例行性工作感到乏味,并逐渐产生去留的危机感。由于教师会面临“中年危机”,他们将重新评估自己,适应顺利则进入“平淡”期,不顺利则进入“保守主义”期
平淡和保守主义期	第19年到第30年,此时教师的生涯也向两个方向发展。一个方向是,大多数教师对其职业生涯的描述由“充满活力”转向“机械化”,但其教学态度更轻松和自我悦纳。教师以较高的自信与自我接纳弥补逐渐失去的精力与热忱。另一个方向是,由于年龄与学生差距加大,教师在心理上与学生产生较疏远的关系。这是一段保守主义时期,教师会有诸多抱怨,批判视导人员、同事和学生
清闲期	第31年到第40年,教师在职业生涯的末期会有逐渐退出的趋势。这可能是因为有些教师抱负的受挫与教师这一职业太早到达“高原期”有关

休伯曼根据此理论,提出了小学教师生涯发展模型,如图1-1所示。休伯曼的小学教师生涯五阶段论依据小学教师对发展主题的认识和理解的不同,区分出不同的发展路线。同时,此理论突破了传统的一维线性模式,揭示出小学教师生涯的发展会有

不同的发展方向,小学教师生涯发展成为一个复杂多变的动态过程,而不再是静止不变的结果。这为后续小学教师专业发展提供了新的研究视角,也更能解释小学教师专业发展中的实际状态。

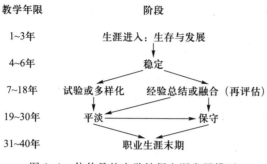

图 1-1 休伯曼的小学教师生涯发展模型

案例故事

"高原期"的困惑①

我已从教十八年,算是一名资深教师了。由于感觉自己肩负责任的重大,我工作一直非常投入,很受学生、家长的喜爱。我带过的班多次被评为市、区级"优秀班集体"。我个人主讲过无数次公开课,三十出头就破格晋升为高级教师,获得过的荣誉称号不计其数。当我从前的梦想一个个变为现实后,我没有想象中的喜悦,反倒感觉无所适从,觉得自己的发展已到顶了,自己从前看重和追求的东西不过如此,再也看不到前途和希望,再也找不回从前工作的热情了。我对待学生也远没有过去那么有耐心,最近几年工作没有任何进展,我感到前所未有的迷茫和沮丧……

小学教师专业发展表现出阶段性特征。其中,"高原期"是小学教师职业生涯普遍面临的发展瓶颈。处于"高原期"的小学教师普遍对未来充满迷茫和沮丧的情绪。"高原期"的成因也是复杂的,涉及社会期望、工作强度、教学环境、内在发展动力和评价机制等多方面因素。如何帮助教师突破"高原期"的发展瓶颈,其方法和策略也是多种多样的。其中,有学者通过研究,提出突破教师职业发展的"高原期"主要可以从改善教师支持系统、促进教师自我内驱发展和提升教师有效教学等方面入手。②

4. 费斯勒的小学教师生涯循环论

费斯勒在社会系统理论的基础上,通过质的研究,对160位小学教师的日常教学进行观察,并与他们访谈,提出了小学教师生涯循环论,将小学教师专业发展划分为八个阶段,如表1-4所示。

---

① 孟庆焕,李盈慧.新课程与中小学校本研修[M].大连:辽宁师范大学出版社,2015:28-32.

② 李子建,蒲永明,梁霞.教师"职业高原期"的成因与迈向卓越教师的策略[J].当代教育与文化,2021,(01).

表1-4　费斯勒的小学教师生涯循环论

阶段名称	主要内容
职前教育阶段	这个阶段是为特定的教师角色而准备的,通常是在大学或师范学院进行的师资培养阶段,以及在职教师担任新角色或从事新工作的再培训
入职阶段	这是教师任教的前几年,也是教师走向社会、进入学校系统和学习每日例行工作的时期。在此阶段的每一位新任教师,通常都会努力寻求学生、同事、督导人员的认可和接纳,并设法在处理日常问题和事务中达到令人满意的程度,进而获得被肯定的信心
能力建立阶段	此阶段是教师能力形成的阶段。在此阶段的教师努力增进和充实相关教育知识,提高教学技巧和能力,设法获得新的教学方法和策略。此时的教师渴望建立一套属于自己的教学体系,接受与吸收新的观念。他们参加研讨会和各种相关会议,以及继续进修与深造。在这一阶段成功建构了教学能力的教师,有可能进入热心和成长阶段;反之,无法建构恰当能力的教师,有可能逐步进入受挫阶段、稳定和停滞的阶段,或提前离岗
热心和成长阶段	此阶段的教师已经具有较高水平的教学能力,但是他们仍旧不断追求专业成长。在这一阶段中,教师热爱工作,关注学生发展,并不断寻找新的方法来丰富学生的教学活动,对教学充满热情,对工作的满意度高
生涯受挫阶段	此阶段的教师可能会受到某种因素的影响,可能产生教学上的挫折感或工作满意度逐渐下降,开始怀疑自己选择教师这份职业是否正确。教师职业倦怠经常出现在此阶段
稳定和停滞阶段	此阶段的教师存在"做一天和尚撞一天钟"的心态,教师只做分内的工作,不会主动追求教学专业上的卓越与成长。此阶段的教师主张不求有功,但求无过
生涯低落阶段	这是教师准备离开教育岗位,打算"交棒"的低潮时期。在此阶段,有的教师感到愉悦自由,回想以前的桃李春风,感到满足;有的教师可能会以一种苦涩的心情离开教学岗位
生涯退出阶段	此阶段是教师退出教学岗位的时期,退出岗位的原因多种多样,有正常退休,有自愿离职或寻找到更为满意的工作等

　　费斯勒的小学教师生涯循环论同样揭示出小学教师的专业成长不是静止和固定不变的,也不是按照线性方式发展的,而是动态的、发展的和可变的。

(二)我国学者的阶段论

1. 王秋绒的小学教师专业发展三阶段论[①]

　　王秋绒将小学教师专业发展阶段划分为师范生、实习教师和合格教师三个发展阶段,并将每一个阶段划分为三个不同的发展时期,如表1-5所示。

---

① 转引自:韩国海.教师专业成长指引[M].西安:陕西师范大学出版社,2009:34.

表 1-5　王秋绒的小学教师专业发展三阶段论

阶段名称	发展时期	主要内容
师范生的专业发展	探索适应期	主要指一年级师范生,此阶段他们正在观望、探索和适应,以增进人际关系和适应师范院校环境
	稳定成长期	主要指二、三年级师范生,他们与同学和教师等的社会关系稳定发展,在这一时期他们能扮演恰当的社会角色,并重点学习教育专业知识、学科知识和通识知识,提高人际关系和组织力
	成熟发展期	主要指四年级师范生,这一时期的重点在于他们如何将自己学到的教学智慧应用于教学实践
实习教师的专业发展	蜜月期	此阶段教师体会到做教师的快乐并全身心投入教学工作
	危机期	此阶段教师面临的挑战和压力增多,容易产生危机感
	动荡期	此阶段教师面临理想与现实之间的差距,有的教师重新进行自我预期,趋于妥协,有的教师可能准备离开教学岗位
合格教师的专业发展	新生期	主要指教师入职到工作的第三年,此阶段的教师对教学中存在问题的处理能力提升,对教学工作表现出胜任感和成就感
	平淡期	此阶段教师基本胜任教学工作,对教师来说工作不具有挑战性,逐渐产生平淡感
	厌倦期	在工作多年之后,有的教师乐于为教育奉献一生,有的教师则会对教学产生倦怠感,失去教学动力

　　王秋绒的小学教师专业发展三阶段论是从小学教师作为社会人的角度出发,考察成为一名专业的小学教师的社会化过程,关注的重点集中于教师外在角色的规范要求,忽视了教师作为主体的内在需求。

　　2. 叶澜的小学教师专业发展五阶段论

　　叶澜以自我专业发展意识为标准,考察教师专业发展过程,将教师内在专业结构更新与改进的规律性作为考察的核心,提出小学教师专业发展五阶段论,分别包括:非关注阶段、虚拟关注阶段、生存关注阶段、任务关注阶段,以及自我更新关注阶段,[1]详见表 1-6。

---

① 叶澜,白益民,王枏,等.教师角色与教师发展新探[M].北京:教育科学出版社,2001:254.

表 1-6 叶澜的小学教师专业发展五阶段论

阶段名称	主要内容
非关注阶段	指进入正式教师教育之前的阶段,该阶段所形成的前学科教育教学知识和与教师职业相关的品质与能力,为正式执教打下基础
虚拟关注阶段	指师范学习阶段,因为虚拟的专业学习环境缺乏特殊的专业发展支持环境,师范生自我专业发展意识淡薄,如果实习期较长,师范生可能出现自我专业发展意识的萌芽
生存关注阶段	指初任教师阶段,这是教师专业发展的关键期,突出特点是骤变与适应,需要实现由师范生到正式教师的角色的巨大转换,需要克服对于教育教学实践的不适应,教师关注如何生存下来,急于找到维持最基本教学的求生知识和能力
任务关注阶段	指教师专业结构诸方面稳定、持续发展时期,由关注自我生存转变为追求更好地完成教学任务,以获得职业认同;追求卓越和专业成熟
自我更新关注阶段	这个阶段的教师不再受外部评价或职业升迁的牵制,自觉依照教师发展的一般路线和自己目前的发展条件,有意识地自我规划,以谋求最大程度的自我发展;关注学生的整体发展,积累了比较科学的个人实践知识

相比于王秋绒从社会外在规范的视角提出的小学教师专业发展阶段理论,叶澜的小学教师专业发展五阶段论更加侧重从小学教师内在的需求出发,将小学教师的内在需求和社会规范相融合,是更加全面的小学教师专业发展理论,也更加符合小学教师专业发展的现实状态。

案例故事

一位教师管班的自白:从紧张彷徨到充满动力①

我怀着无限的热情开始了教育生涯,但事实却并不像我预想中的那么顺利。状况百出的班级、始料未及的状况、层出不穷的问题让我措手不及,我开始思考自己哪里出了问题,哪里需要改进。我面临的第一个问题就是班级管理。我总是问自己,学校让我带一个班级,我到底能不能带好,我能不能对得起这30位家长的期待与嘱托。在顿时感觉到自己责任重大的同时,我也顿时有一种挫败感蔓延全身。我渐渐地体会到我原来对班级的管理是在最低级的状态下,每天对孩子们进行保姆式的监管,以教师的威严"震住"孩子们,这样的后果必然是不能令人满意的。其实,班级管理大有门道。"看班—管班—带班"是完全不同的概念。在向有多年教学经验的教师们取经和学习之后,我逐渐转变思路,向着班主任工作专业化的道路改变自己。

运用叶澜的小学教师专业发展五阶段论对上述案例故事中教师的发展阶段进行分析,该教师目前主要处于"生存关注阶段"。该阶段的特征在于,教师面临着骤变与适应,需要实现从师范生到正式教师的角色的巨大转换,需要克服对教育教学实践的

---

① 北京市某小学语文教师访谈资料。

不适应。如"不像我预想中的那么顺利""状况百出的班级、始料未及的状况、层出不穷的问题让我措手不及,我开始思考自己哪里出了问题,哪里需要改进"等表述,均表明该小学教师尚处于教学管理适应阶段。处于"生存关注阶段"的教师,更加关注如何生存下来,并且急于找到维持最基本教学的求生知识和能力。该教师面临的第一个问题就是班级管理,他主动向有多年教学经验的教师们取经和学习,掌握班级管理的方法和策略,不断提升自身教学管理的能力,逐步向班主任工作专业发展的道路迈进。

第三节　小学教师专业发展的现实意义

自 20 世纪 80 年代起,小学教师专业发展日益成为当代教育改革的中心议题之一。从不同的向度来看,小学教师专业发展体现出丰富的现实意义。从社会发展的向度来看,小学教师专业发展有助于推动社会进步;从教师个体素质的向度来看,小学教师专业发展有助于优化教师自身素质;从儿童生命成长的向度来看,小学教师专业发展有助于促进儿童健康成长。

一、社会发展的向度

从社会发展的向度来看,小学教师专业发展有助于推动社会进步。这体现在,一方面,小学教师在专业化发展过程中,与社会形成了共生共存的发展关系;另一方面,小学教师专业发展也回应了社会赋予的时代责任与历史使命。

（一）与社会形成共生共存的发展关系

小学教师的专业化发展与社会的进步息息相关。依据社会学理论,社会进步以高度的分工和专业化为重要标志。这样的社会至少具备以下三个特征:(1)有较多的子系统;(2)各部门较专业化;(3)具有较为有效的总体整合方法。小学教师在参与社会实践的同时,形成了小学教师群体的独特文化、个性发展和社会结构。小学教师在参与社会化的过程中,也与社会形成了共生共存的发展关系。促进小学教师的专业化发展,从而推动小学教师个体和群体的社会化,最终可以有效地推动社会的进步与发展。

（二）回应社会赋予的时代责任与历史使命

教育是国之大计、党之大计;教师是立教之本、兴教之源。小学教师承载着儿童的未来和希望,肩负着"为党育人,为国育才"的重要使命。小学教师的专业素质直接关系到教育的质量,关系到人才培养的质量。正如习近平总书记所言,一个人遇到好老师是人生的幸运,一个学校拥有好老师是学校的光荣,一个民族源源不断涌现出一批又一批好老师则是民族的希望。《中共中央 国务院关于全面深化新时代教师队伍建设改革的意见》中明确指出:到 2035 年,教师综合素质、专业化水平和创新能力大幅提升,培养造就数以百万计的骨干教师、数以十万计的卓越教师、数以万计的教育家型教师。以上均表明,小学教师的专业发展不仅是小学教师个人的成长需求,也是社会赋予小学教师的时代责任和历史使命。

二、教师个体素质的向度

从教师个体素质的向度来看,小学教师专业发展有助于优化教师自身素质。这体现在,一方面,小学教师专业发展凸显教师个体生命成长的主体性;另一方面,小学教师专业发展是成就教师职业幸福的保障。

（一）凸显教师个体生命成长的主体性

小学教师承担的育人使命，要求小学教师必须争做"四有"好老师，即有理想信念、有道德情操、有扎实学识、有仁爱之心；当好"四个引路人"，即做学生锤炼品格的引路人，做学生学习知识的引路人，做学生创新思维的引路人，做学生奉献祖国的引路人。这表明，我们对小学教师的理解，不能仅仅从知识传递者的角度，小学教师的工作总是在实现着文化的融合、精神的建构，永远充满着反思实践和创造的性质。当我们把反思实践作为一种态度、方式时，就体现了教育的根本意义。小学教师就是教育反思实践的主体。小学教师的反思意识、主体性意识是小学教师专业发展的重要支撑，小学教师的教育实践内在地包含着反思实践的意义。因此，小学教师专业发展凸显出小学教师作为反思性实践者的主体性意识，优化着小学教师个体生命的成长。

（二）成就教师职业幸福的保障

对小学教师而言，专业发展是成就教师职业幸福的保障。首先，一个人的职业生涯是生命、生活的重要组成部分。选择了一份职业，就是选择了一种社会角色，进而选择了一种生活方式。就小学教师而言，一个人如果选择了小学教师职业，他或她能否长期从事这个职业并在工作中做出成就来，不仅取决于外部环境所赋予的职业声望、社会地位和工作报酬等因素，而且取决于个人在长期的职业活动中能否获得不断的发展，能否提高个人生活的幸福感，能否实现自己的人生价值。一名教师能够在职业生涯中通过不断地反思实践获得专业素养的提升，能够享受职业生涯过程中的满足和愉悦，就会产生幸福感，就会充分展现人在职业生涯中的生命价值。其次，小学教师专业发展过程本身就蕴含着幸福感。小学教师的专业发展实际上就是一个育人与育己的过程，是一个成人与成己的过程。可以说，小学教师通过自己创造性的教育实践实现自己和学生的共同成长。小学儿童的成长体现着小学教师职业的价值和生命的延续，正是在此意义上，小学教师充分体验到其教师职业内在的尊严和快乐，进而获得职业幸福。

案例故事

在研究中成就职业幸福[①]

杨老师是一位在教育战线上奋斗了14年的教师。她在回忆自己专业发展的历程时说："作为一名教师，这个职业的真正快乐是什么？在这里，我想说，教育中研究，研究中教育，是快乐的。在工作中，我付出了耕耘的辛劳，享受着收获的喜悦。"

2003年金色的季节，我撰写的个案集《阳光下的奏鸣曲》出版发行，区教育局党委书记为该书题词，市中学特级教师曾老师为该书写了题为《一个青年语文教师成长的足迹》的序言。这本书描述了我从教十几年来的感受，记载了自己成长的心路历程；这本书的出版，代表着一个年轻教师由稚嫩走向成熟；这本书的问世，也让我感受到做教师的幸福。

如今，撰写教学随笔成了自己的一种习惯。然而，十几年前的我，却不是这样认为

---

① 傅建明.教师专业发展:途径与方法[M].上海:华东师范大学出版社,2007:54-55.

的。记得1991年,我在××小学工作的第一年,有一天,学校领导要我去拜见区教研所的曾老师。那时,只听说曾老师在语文教学上水平很高,有机会请教他当然是好事,想不到却是兴致勃勃地去,垂头丧气地回。因为和曾老师见了面,他给我提了很多要求:要多读些学科理论方面的书,多动笔写写,每个礼拜要交给他一篇作业。特别严格的是,他居然提出要我平时一有空就练练钢笔字。我想:这个曾老师真不了解我们小学教师,每天对付那些调皮的学生,批改一大堆的本子,哪有空做文章?哪有空练字?之后,我就找了许多借口,如学生考试啊、班级活动啊,借此逃避交作业。

我真正体会到科研的好处是在1995年,当时我连任两年毕业班的班主任,我尝试在班中给不同层次的学生布置不同难度的作业,结果我欣喜地发现学生兴趣很浓,学习效率很高。那一年,我进行了弹性作业的课题研究,所撰写的《小学高年级语文弹性作业的探索》获区第三届教科研课题奖,是学校获区级奖最早的教师课题。1997年,随着区科研工作的深入开展,学校科研工作也全面铺开,我开始逐步懂得什么是研究,怎样研究,于是在不断的实践中,我依托科研,找到了一条提高课堂效率、提高业务能力的捷径,也逐渐体会了当年曾老师对自己提出的要求绝对不是说说而已,而是真心实意、用心良苦。

2002年,我把自己积累的九万多字的教学随笔交到曾老师面前时,像一个孩子终于补上了当年欠下的作业一样,浑身舒畅。回顾1991年以来自己对科研产生的两种态度,我庆幸自己走好了每一步。诗人汪国真在他的一首小诗中这样说:

在一往情深的日子里,谁能说得清,什么是甜、什么是苦?只知道,确定了就义无反顾。要输就输给追求,要嫁就嫁给幸福。

的确,有追求的教师是最幸福的,愿所有的教师在研究中成长,在教育中幸福。

杨老师"在研究中成就职业幸福"的案例故事表明,一名教师能够在职业生涯中通过不断实践和研究获得专业素养的提升,能够享受职业生涯过程中的满足和愉悦,就会产生幸福感,就会充分展现人在职业生涯中的生命价值。

三、儿童生命成长的向度

从儿童生命成长的向度来看,小学教师专业发展有助于促进儿童健康成长。一方面,小学教师专业发展体现陶养儿童生命成长的内在价值;另一方面,小学教师专业发展助力实现儿童的健康成长。

(一)体现陶养儿童生命成长的内在价值

小学教师是儿童生命成长的"重要他人"。加拿大著名教育家马克斯·范梅南给教育学下了一个充满诗性的定义:教育学是一种"迷恋他人成长的学问"。因此,小学教师的本真价值就体现在"迷恋儿童的成长",即小学教师在专业发展过程中滋养着自己生命的同时,也发挥着陶养儿童生命成长的内在价值。正如《国家中长期教育改革和发展规划纲要(2010—2020年)》中明确指出:关心每个学生,促进每个学生主动地、生动活泼地发展,尊重教育规律和学生身心发展规律,为每个学生提供适合的教育。《小学教师专业标准(试行)》中也明确提出"关爱小学生,重视小学生身心健康,将保护小学生生命安全放在首位","尊重教育规律和小学生身心发展规律,为每一个小学生提供适合的教育"。可以看出,小学教师是儿童生命成长的重要"能量源"。①

　　小学教师促进儿童生命成长的首要要求就是"关爱儿童"。小学教师在教育中对儿童的关爱体现为:小学教师以尊重为出发点,回到儿童的生命中,遵循儿童生命健康生成之"道",与儿童建立相互平等、协商、对话的关系,不仅关怀儿童的知识学习,还能及时关怀儿童的情绪感受、情感体验,关注其知识的安置方式。② 小学教师的关爱以儿童的生命健康为目的,以促进儿童的生命健康为过程,进而促进社会健康发展,是对儿童负责,是理性地为儿童终身发展负责。③

案例故事

钱梦龙:他永远是我心中的"标尺"④

　　一个人在求学时期若能遇到好老师,是一辈子的幸福。

　　我就是这样一个拥有"一辈子的幸福"的人,因为我遇到了武钟英老师。

　　在我童年的印象中,他是一位中年教师,经常穿一身青灰色的中式长衫,显得温文儒雅。他的神情不是太严肃,可也不是满脸堆着"职业性的微笑",而是那种既不失教师的尊严,又使学生愿意亲近的恰如其分的温和。他教我们国语课兼班主任,我已经想不起他上课时许多生动的细节,只记得同学们都喜欢听他的课。他似乎从未厉声地斥责过学生,因为同学们都把执行他的指令当作一种荣耀,有时他的一个手势,乃至一个眼神,在同学们的心目中都是无声的命令。当时我还不懂什么叫偶像崇拜,武老师事实上已成了每一个学生心中的偶像。

　　我从小贪玩,脑子似乎又有些笨,学习当然很糟,在武老师教我之前,已创下了先后留级三次的"光荣记录"。凡教过我的老师,几乎一致认为我是个"聪明面孔笨肚肠"的"劣等生"。

　　有一次,武老师把我叫到办公室说道:"钱梦龙,大家都说你笨,我可不大相信。"他边说边从抽屉里拿出了一本字典。"现在我教你一种'四角号码'查字法,这也许有些难,但如果你能学会,就可以证明你不笨。你想试一试吗?"我怯怯地点了点头,对自己究竟能否学会这种"有些难"的查字法信心不足。当然,我也很想争口气,证明自己不是"聪明面孔笨肚肠"。第一步先学"四角号码"口诀,共四句,武老师耐心地一句一句给我解释,又教我怎样确定一个字的四个角和它的附角。看我大体弄懂了,他就在纸上写了几个字让我试查。从未翻过字典的我,居然很快就把它们从字典里找到了,连我自己都大感意外。武老师显然很高兴,笑眯眯地拍着我的肩膀,还捏着它摇了两下,虽然没有说什么,但我确实感受到了他无声的赞许:瞧,你一点也不笨! 接着,他交给我一项任务:自备一本字典,以后,他每教新课之前,先由我把生字的音义从字典里查出来,抄在小黑板上供同学们学习。那时,我可是个被大家瞧不起的"留级大王",而武老师却如此"委以重任",真使我在受宠若惊之余感到无比的幸福。作为对老师的报答,我每一次都竭尽全力地把这项光荣任务完成得无可挑剔。就这样,我学

---

　　① 刘慧.让儿童快乐:生命教育视角下的教师使命[J].江苏教育,2017,(71):20-22.

　　② 朱小蔓.认识小学儿童 认识小学教育[J].中国教育学刊,2003,(8).

　　③ 刘慧.让生命挽着健康"舞蹈"[J].人民教育,2020,(24).

　　④ 钱梦龙.当老师就要当这样的老师[J].中华活页文选(教师版),2017,(10):12-14.

会了并且能比较熟练地使用字典,还养成了课前预习的好习惯。后来,在小学毕业评语栏中,武老师写道:"钱梦龙同学天资聪颖……"多年来沉重地压在我心头上的那句"聪明面孔笨肚肠",到此时终于被一扫而净了,连一点阴影都没有留下。

自从我走上讲台的那天起,五十多年来,武老师那温文儒雅的身影,无时无刻不映现在我记忆的心幕上。他永远是我心中的一把"标尺",一把测量我教书育人工作的"标尺"。

特级教师钱梦龙在怀念恩师的传记中,回忆并描述了给自己一生带来深刻影响的"关键人物",即自己的小学教师——武钟英老师。在钱老师看来,在求学期间能遇到武老师,是一辈子的幸福,武老师是他心中的一把"标尺",一把测量自身教书育人工作的"标尺"。由此可见,小学教师的一言一行都深刻影响着儿童生命的成长。小学教师是儿童生命成长的"重要他人",是儿童生命成长的重要"能量源",肩负着陶养儿童生命的职责。

(二)助力实现儿童生命的健康成长

小学教师的教育对象是活生生的人。小学教师发展的质量在一定程度上影响着儿童成长的品质。只有具有主体性的教师,才能培养出具有主体性的学生;只有富有创造性的教师,才能培养出富有创造性的学生;只有与时俱进、锐意进取的教师,才能培养出朝气蓬勃、不断进步的学生。由此可见,教师的一言一行对学生的成长都有着重大的影响。一名优秀的教师,必须通过自己持续的专业发展,不断地更新教育理念,用科学的教育教学方法,力争对学生的一生施加积极的影响,让学生得以健康地成长、幸福地生活。

纵观中西方教育史,小学教师经历了古代的非专业化阶段、近代的初期专业化阶段和现代的专业化阶段。小学教师是伴随着学校的出现而产生的,文字是学校产生的先决条件。在古代,中西方小学教师的教育工作尚未形成系统,也没有专门培养教师的专业机构,因此,也就不存在对小学教师的专门培养。进入近代,随着师范教育的不断完善和相关教育法规的颁布,中西方小学教师的培养逐步制度化和系统化。到现代,小学教师逐步向专业化发展。为了提高小学教师素质,促进小学教师获得最大程度的专业发展,成为教育改革的中心议题之一。

小学教师专业发展是指小学教师作为专业人员,在专业道德、专业思想、专业知识、专业能力、专业品质等方面由不成熟到成熟的发展过程,即由一名专业新手发展为专家型教师或教育家型教师的过程,也是小学教师专业素养不断提高、专业理想逐渐明晰和专业自我逐步形成的过程。

小学教师专业发展是一个动态持续的过程。在此过程中,小学教师不仅需要通过不断学习与探究来拓展专业内涵,提高专业水平,达到专业成熟的境界,而且教师的主体性和生命价值也得以提升。

小学教师的专业特性是指小学教师作为一类专业性职业所具有的不同于其他专业性职业的特有属性。立足小学教育本质的向度,小学教育具有奠基性、综合性和养成性的根本特性。在突破传统的小学教师作为知识传授者的特性基础上,小学教师专业特性凸显教育性、复杂性、道德性、反思性、生活性和互动性;立足儿童生命成长的向度,小学教师的专业特性在于对小学儿童生命状态的认识与理解。

小学教师专业发展体现着"以人为本"的思想,其特点可以概括为自主性、阶段性、终身性、情境性和丰富性五个方面。小学教师专业发展是一个历时态和共时态的统一,不同的时期与阶段有着不同的需求与特点。了解小学教师专业发展的不同阶段及特征,对实现小学教师专业发展具有重要理论启示和实践指导价值。

自20世纪80年代起,小学教师专业发展日益成为当代教育改革的中心议题之一。从不同的向度来看,小学教师专业发展体现出丰富的现实意义。从社会发展的向度来看,小学教师专业发展有助于推动社会进步;从教师个体素质的向度来看,小学教师专业发展有助于优化教师素质;从儿童生命成长的向度来看,小学教师专业发展有助于促进儿童健康成长。

第一章
思考题

第一章
思考题参考答案

第二章　小学教师专业素养结构

理解小学教师专业素养的内涵、基本特征与意义,明确小学教师专业素养的结构、主要表现。重点掌握小学教师专业素养的意义、小学教师专业素养的基本结构及其主要表现,理解我国小学教师专业素养的新时代特色。

学习目标

1. 识记
◆ 小学教师专业素养
◆ 我国小学教师专业素养的结构要素
2. 领会
◆ 小学教师专业素养的基本特征
◆ 我国小学教师专业素养的结构及其主要表现
◆ 新时代我国小学教师专业素养的核心要求
3. 应用
◆ 结合实际案例,说明小学教师的专业素养
◆ 结合实际,说明如何落实践行师德素养
◆ 结合实际,谈谈如何提升教学实践素养
◆ 结合实际,说明怎样提升综合育人素养
◆ 结合实际,说明如何提升自主发展素养

建议学时

6 学时

案例导读

黄老师的班级中有一位王同学,学习成绩一向不错,但是最近几次都没考好,有明显退步。黄老师就批评了他几句,他当着黄老师的面就把试卷撕了,并在课堂上大喊大叫,严重影响了正常教学。课后黄老师耐心劝他:"老师向来都尊重每一位同学,因为我们都是平等的,只是角色不同。既然老师都尊重你,你是不是也应该同样尊重老师呢?刚才老师批评你口气是重了,你难以接受,老师向你道歉,那你应该怎样去做才是尊重老师,你也能像老师这样诚心地道歉吗?"王同学听完默默低下了头。黄老师接着对他说:"这次生物没有考好,应该思考自己还有哪些地方不足,老师真心想让你的潜能发挥出来。"教育不是一天两天的事情,问题也不是一次两次谈话就能解决的。每当他犯错误时,黄老师都和他分析犯错误的原因,提出建议帮他改正,渐渐地,他有所转变了,能上课专心听讲,按时完成作业了,学习成绩有了很大提高。

师生的交流细水长流,心灵的交流贵在诚心。孩子的心灵纯洁而美丽,孩子的心灵也脆弱而易碎。作为教师,既要欣赏他们水晶般的心灵,也要保护他们玻璃一样易碎的自尊。我们可以思考一下,黄老师与学生之间的对话体现出哪些教师专业素养。

在教学过程中,教师与学生间会遇到许多问题,这也是小学教师成长过程中不可缺少的环节,而教师的专业素养会影响学生和教师自身的发展。通过对教师专业素养的了解和学习,教育工作者能够更好地引导小学生的全面发展,同时提高自身的专业素养。

第一节　小学教师专业素养的内涵与基本特征

一、小学教师专业素养的内涵

教育教学专业化的要求,决定了小学教师工作的去随意性和专业性。就个体而言,小学教师在整个专业生涯中,要通过终身专业训练,习得小学教育专业知识和技能,实施专业自主,表现专业道德,并逐步提高自身的从教素质,成为一名专业的小学教育工作者。就小学教师群体而言,小学教师职业需要不断成熟,达到专业标准,追求卓越,并获得相应的专业地位。无论是个体还是群体,小学教师必须具备一定的专业素养——从事小学教育专业活动所必备的专业品质,这就是本章所要探讨的小学教师专业素养。

教育学语境中"素养"和"素质"基本同义,所以在相关研究中,"素养"与"素质"两个概念通常指称同样的内容。本章讨论与分析的教师专业素养和后续章节中提及的教师专业素质没有严格界限。关于"素养",叶澜认为,它是建筑在先天遗传基础上,由后天的养育、个体所受的各级各类教育、人生经历、个人已有生命实践积淀而成。[①] 根据经济合作与发展组织的观点,素养不只是知识与技能,它是在特定情境中,通过利用和调动心理社会资源(包括技能和态度),以满足复杂需要的能力。例如,有效交往的能力是一种素养,它可能利用一个人的语言知识、实用性信息技术技能,以及对其交往的对象的态度[②]。简言之,素养是秉承某种情意,将知识与技能运用到特定情境中的能力。

小学教师专业素养是小学教师在先天条件基础上,经历养育、教育和实践等各种后天途径逐步养成的,对小学教师的教育教学活动有着显著影响的素质和修养,是小学教师从事符合时代发展的职业活动所需要的各种心理品质的总和。

从概念的逻辑层次上来说,小学教师专业素养是小学教师整体素养的组成部分。"一个人活在世上,做事做人,需要具备两种不同类型的素养:一类是从事某种职业需要拥有的'专门素养'(或者叫职业素养、专业素养);另一类是人人都需要具备的'共同素养'。"[③]对于小学教师而言,作为社会成员所具备的共同素养与作为小学教育从业者的专门素养构成了小学教师的整体素养。前者突出的是人人皆有的才智与品质,后者即小学教师专业素养,强调的是该职业的特殊性、标志性,是小学教师专业性的体现。

二、小学教师专业素养的基本特征

教师专业素养是教师素质和教养的相互融合,是教师的天性和习性的结合,也是教师内在秉性和外在行为的综合,它决定了教师专业发展的高度和取向。小学教师专业素养的基本特征表现在三个方面:在内容取向上具有专业性;在价值取向上具有统

---

①　叶澜."新基础教育"论:关于当代中国学校变革的探究与认识[M].北京:教育科学出版社,2006:360.

②　张华.核心素养与我国基础教育课程改革"再出发"[J].华东师范大学学报(教育科学版),2016,34(01):7-9.

③　褚宏启.校长核心素养与学生核心素养的对接[J].中小学管理,2017,(02):58.

领性;在组织取向上具有发展性。①

(一) 专业性

作为最古老的职业之一,教师职业经历了漫长的发展过程。在这个发展过程中,教师职业的专业性也日益显现出来,并逐渐得到承认。当代,教师专业化已经成为世界教师职业发展的共识。小学教师专业化意味着小学教师不仅是一种职业,更是一种专业,是小学教师职业的专门化。

小学教师职业有着自身的职业内涵和职业要求,需要秉承着专业理念和职业道德、具有专业知识和能力的人员来承担,专业理念和职业道德、专业知识和能力指向的就是小学教师专业所特有的素养。小学教师专业素养集中体现在其教育活动和教学实践中,是影响小学教师教育及教学效果的重要因素。

小学教师专业素养与小学教师作为社会角色的共同素养没有必然联系。所以,要将小学教师专业素养与小学教师整体素养分开来谈,因为后者涉及的层面更为宽泛,未能凸显教师专业独有的素养品行。小学教师专业本质的重要体现与根本保证,在于小学教师专业素养的专业性特征。

(二) 统领性

小学教师专业素养在小学教师专业发展的过程中具有统领性地位,对于小学教师从事各类教育教学实践活动和促进教师自我专业发展方面都具有指导性作用,其中既包括小学教师在教学行为与教学技能等方面的巩固与提升,也包括小学教师在教学认识、教学思想与教学观念等方面的更新与超越。小学教师专业素养引导小学教师主动寻求自己的专业发展方向与意义,实现教师终身发展的可能,成为引导小学教师不断自我精进、提升的重要标志。

所以,小学教师专业素养的统领性特征,在一定程度上促进了小学教师的全面和谐发展,明晰了小学教师专业发展的主线,体现了小学教师专业的重要价值,为小学教师专业发展保驾护航。

(三) 发展性

在专业发展过程中,小学教师专业素养既具有稳定性的一面,也具有可变性的一面。一方面,小学教师专业素养受到教师个体内部先天条件的制约,其专业素养的发展具有相对稳定性,表现为教师专业素养封闭、保守的一面;另一方面,教育实践活动作为一种社会活动,其根本属性为社会性,小学教师作为社会中的个体,其专业素养的发展会受到教师的后天经历、学习与生活等方面的影响,这使得教师个体持续适应着来自外部社会环境、教育环境的变化对小学教师专业所提出的新要求、新变革,最终使其专业素养的发展产生不稳定性与可变性,表现为教师专业素养更新与变革的一面。

如此一来,在内部条件与外部环境的交互作用下,小学教师专业素养经历着持续的个体社会化与社会个性化的发展过程,在这一过程中,小学教师继承并发展着当前社会所要求的小学教师专业的价值观念与职业素养,同时生成着自身在教育实践中具有主体性和独特性的专业素养。这一专业发展过程印证了小学教师专业素养的发展性特征,体现了教师专业发展的可行性。

---

① 黄友初.教师专业素养:内涵、构成要素与提升路径[J].教育科学,2019,35(03):27-34.

三、小学教师专业素养的意义

小学教师专业素养可以视为当代小学教师质量的集中表现,小学教师专业素养的提出与确立有助于小学教育的高质量发展,满足小学生健康成长的需要,促进小学教师的终身发展,其意义主要体现在以下几个方面。

(一)小学教师专业素养是有效开展教育教学的前提

小学教育教学是一种专业性的活动,有自身的理论基础和原则。它不仅需要小学教师掌握特定学科的知识,还要求其了解小学生发展特点、小学生学习活动规律,遵循小学教育活动的基本规律,掌握小学教育教学的理论,以积极的专业精神,运用专业知识和经验,有效开展小学教育教学活动,促进小学生身心健康发展,履行小学教育教学与社会化的基本职能。小学教师开展有效教育教学所需要的专业知识、能力和情感等的集合就是小学教师专业素养。缺乏小学教学专业素养,有效的教育教学无法达成。

(二)小学教师专业素养是指导学生能力发展的关键

学生能力的培养是教育领域中的一个重要议题。从某种意义上来说,能力比知识更重要。有了能力,人可以去探索、去学习所需要的新知识;有了能力,人才能应用知识去解决问题。重视学生能力发展将使学生终身受益。随着时代的变迁和社会的发展,人们对学生能力的要求也在不断提高。目前,各国都在积极探索如何指导学生发展能力,提升学生能力水平,以应对未来挑战。

学生发展,包括能力的发展,离不开学生发展的环境。个体生活环境作为行为系统,有微系统、中系统、外系统和宏系统的不同层次之分。微系统是学生活动和交往的直接环境。对小学生来说,学校是家庭以外对其影响最大的微系统。家庭与学校环境之间互动形成的中系统对小学生的影响也十分重要。在影响小学生能力发展的直接环境中,小学教师是最为主要、最为关键的成分。激发小学生学习兴趣,增强师生之间的共同信任,引导小学生"做中学""用中学""创中学"等都需要小学教师来实现。具备小学教师应有的专业素养,小学教师才能不仅在方向上指引小学生发展学习能力、实践能力、创新能力和合作能力,而且在具体教育教学活动中授之以渔,从而为小学生通过学习逐步获得自我终身发展所需的基本能力和适应社会发展需要的必备能力奠定重要的基础。

> **案例故事**

汪茜:星星桥[①]

2011 年,汪茜老师入职了北京市海淀区四王府小学。在十二年的教书生涯中,汪老师利用自己教授的美术课程架起一座桥,走入孩子的内心,关注每一个孩子的成长。每个学校都有比较特殊的孩子,但是每一个孩子都渴望关注和爱。

"老师,小万在地上爬……""老师,小万拿我水彩笔!"就是这样一个名叫"小万"的孩子,让汪老师第一次体会到"软硬不吃"的滋味。这么下去可不是办法,于是汪老师暗下决心,下课以后跟他单独谈谈。汪老师一开始觉得小万是那种"玩心大"的调皮孩子,被家里惯出来的毛病。于是想用交朋友的方式跟他建立起关系。"孩子,我

---

① 本案例故事为汪茜老师提供。

相信你能做好，如果你下节课能保证不下座位，我就把小奖票送给你。"原以为这下可以"买通"小万，没想到他连眼皮都不抬，汪老师也忍不住怒火，突然加重语气强调："你不说话就行啦？你今天不说话我就要找你们班主任老师了。"没想到，强硬的态度让小万有了"反应"，只见他双手叉腰，气势汹汹，鼻孔张大喘着粗气，感觉要打架一样。

事后，汪老师通过对班主任的访谈得知，"小万"这个孩子有着极其特殊的家庭环境，爸爸几乎不回家，继母对他百般刁难，所以孩子成了"软硬不吃"的性格。了解了实情的汪老师转变了自己的策略，认真观察"小万"在课上的一举一动。在一年级一节主题为"我爱我家"的课上，汪老师终于发现了一个契机。"小万"十分想画出家里的样子，但是他造型能力比同学都要弱，简单的线条都画不好，于是他自己坐在座位上"生闷气"，还把水彩笔都扔到地上。这一次，汪老师没有直接说话，而是悄悄地用超轻黏土捏了一个小沙发放在他的桌子上，轻声问他："你们家是不是也有沙发？"他见到可爱的小沙发，终于点点头回应汪老师。汪老师赶紧追问："那你的家里还有什么？"小万的眼睛突然有了光彩，说："还有床、电视机、桌子……""那你帮我捏一张床，好不好？"面对汪老师的请求，他开始用黏土捏出家具，边捏边说："这是床，我家的床特别大……"看着他投入的样子，汪老师突然觉得豁然开朗。从此以后，小万越来越喜欢上美术课，只要是"画"不好的问题，汪老师就让小万用彩泥捏塑的方式去创作。一点一点地，小万不仅爱上了美术课，他捏的作品也栩栩如生。而且有一点什么事情都要跑来和汪老师分享。其他同事都说，小万是把汪老师当作妈妈了。

像小万这样的孩子还有很多。他们非常渴望爱与温暖。而汪老师正好找到了一座桥，这座桥翻越层层沟壑，直达孩子的内心。每一名教师都应该怀着一份热忱的教育情怀，关注每一个孩子，让每一个孩子都能够像星星一样闪耀。

在以上案例故事中，汪茜老师发现"小万"同学的问题后，充分关注他的特殊需要，相信他有发展的潜力，并积极为他创造发展的条件与机会。汪茜老师处在影响小万发展的直接环境中，她在指导"小万"同学进行学习的过程中表现出来的专业素养，对小万同学学习能力、交往能力的发展起到了不可忽视的作用。

另外，小学教师是小学生进入正规教育体系和学校的最初引导者，师生相处和交往时间足够长，时间层面的因素进一步凸显小学教师的专业素养在指导学生能力发展上的关键性。所以，小学教师在教育活动和教学实践中所体现的专业素养对小学生能力发展的影响是广泛而全面的，是深入而持久的。

（三）小学教师专业素养能促进专业理念和知识的发展

小学教师专业理念是小学教师在教育实践和教育思维活动中形成的对"小学教育应然"的理性认识和主观要求。小学教师专业理念虽然不具有工具性价值，也并非直接影响教育教学效果的因素，但恰当的学生观、发展观和育人观是小学教师教书育人的先决条件，是有效教学行为的基础。它制约着小学教师的专业视野、教育行为方式，是小学教师专业素养的内核。

知识是个人素养中最为重要的内容，专业知识是小学教师专业素养结构的支撑。有效的教育教学，仅有专业理念是不够的，还需要教师掌握足够的知识。小学教师将学科本体性知识、实践性知识和条件性知识相互结合与交融,才有可能在具体的教学情境中,有效地对学科做出教育学的解释,同时将学科知识"心理学化",以便小学生有效理解和掌握。这个过程不仅是小学教师在传授知识,也是在行动中研究发现和进行专业知识的构建。小学学校和课堂是小学教育教学问题发生的地方,小学教师独立或协作解决问题,或为专家研究提供原初的探索、实践与发现,小学教师始终是小学教育知识生产的主要创造者。一旦教师被视为反思性实践者和知识生产者,教师就将在自己的专业范围内外促进知识体系的不断扩展,而知识体系的不断扩展,正是改革教育环境、政策、研究和实践所需要的。①

小学教师专业素养是小学教师职业对小学教育从业者的整体要求,也是小学教师个体职业发展的动力所在。小学教师专业素养的发展性决定了小学教师专业素养不断提升的必然趋势。重视和提升小学教师专业素养,必然促进小学教师升华小学教育专业理念,夯实专业知识,加强对专业知识广度和深度的把握,亲力小学教育知识的生产,做小学教育知识生产的"推动者、实证者、体验者和完善者"。②

(四) 小学教师专业素养能提升专业认同感和职业幸福感

教师职业是一项为了人的幸福的事业,其终极目的在于为学生创造幸福。教师首先要发展积极的专业认同,提升专业认同感,收获自身的职业幸福,才能在教育中延续美好。

教师专业认同是指教师对自己身为教师所具有的意义的整体看法。具体而言,它是教师对"我是怎样的教师"和"我想成为怎样的教师"这样的问题的认识、体会及相应的自我评价;是一个不断寻求自我、发展自我的过程,也是教师角色要求逐渐内化并获得积极稳定的教师自我的过程。③

专业认同既包含对自己现有专业工作的感知和体会,也包含对过去自身专业工作发展历程的理解和体会,以及对未来专业工作发展目标的认识和设想;在教师个体建立和发展专业自我的过程中,多重因素共同影响着专业自我的形成和发展,这些因素促使了教师个体的教育教学价值观念、教育教学自我效能、教育教学动机、教育教学工作调节等教师专业认同要素的形成和发展。④

小学教师专业素养集中体现了社会对小学教师作为专业人员的整体要求,作为重要因素,会正向影响小学教师专业认同的获得,有助于小学教师发展积极的教师专业认同。小学教师专业认同呈持续动态发展,并非一成不变。具有高水平专业认同感的小学教师会表现出对小学教育事业的热爱,对小学生的热爱,对国家社会和人民未来的高度责任感、使命感;能体验到较高的教学效能感、获得自我实现的满足感,以及由此而产生的自豪感。这些正好是小学教师职业幸福感的表征,是小学教师在教育教学工作中实现自己的职业理想,实现自身和谐发展而产生的自我满足、自我愉悦的生存状态的显现。因此,小学教师专业素养能提升小学教师的专业认同感和职业幸福感。

---

① 张民选.教师是知识生产者:世界的新认知新期待[J].上海教育,2023(02):7-9.
② 张民选.教师是知识生产者:世界的新认知新期待[J].上海教育,2023(02):7-9.
③ 程尚清.中小学教师专业认同与自我导向学习间关系的研究[D].云南大学,2015.
④ 程尚清.中小学教师专业认同与自我导向学习间关系的研究[D].云南大学,2015.

第二节 我国小学教师专业素养结构

教师专业素养符合社会发展的现实诉求,也体现教师专业化发展的理想追求。教师专业素养是以一种结构形态而存在的。近年来,有诸多研究在探寻我国小学教师专业素养的构成要素。其一,根据叶澜教授的观点,从一般专业人员的基本要求角度分析,小学教师必备的专业品质由教师的专业信念、专业知识、专业能力、专业态度和动机、专业意识与需要构成。① 其二,有学者从学校管理者的视角探讨了教师专业素养结构,认为教师专业素养包括专业知识、专业技能、专业道德和自我反思与改进。② 其三,有学者提出由专业理念、专业知识、专业实践和专业态度构成的"知、情、意、行"教师专业素养结构。③ 其四,有学者运用扎根理论,对一线教师进行开放性调查,经过扎根分析后,聚类得到教师品格、教师能力、教师知识和教师信念四个主范畴,确定调查分析结果与教师专业素养的实证检验结果基本一致,进而将这四者视为教师专业素养内涵的构成要素,而且指出它们之间存在密切的联系。④

此外,特别值得关注的是,《小学教师专业标准(试行)》为我国小学教师专业素养的研究提供了重要参照,该标准的制定标志着我国小学教师专业素养的研究进入规范化发展阶段。《小学教师专业标准(试行)》作为教师专业发展的总纲,从"德、知、能"三个方面对教师专业素养做出要求,规定了教师专业素养的三维结构:专业理念与师德、专业知识,以及专业能力。这三个维度下又包含了更为具体的要求,从观念、知识与实践三个层面规定了新时代小学教师应具备的基本素养。当然,也有学者指出专业标准中"专业能力"维度的表述过于宽泛,"专业能力"维度下的几个领域都是指向教师的日常教学实践活动。⑤ 总体上,学界对小学教师专业素养的构成要素达成了一定的共识。

基于前人的研究成果,本教材结合2021年教育部办公厅印发的《小学教育专业师范生教师职业能力标准(试行)》相关要求,从小学教师专业能力发展的角度,将我国小学教师专业素养结构设定为践行师德、教学实践、综合育人和自主发展四个部分。

一、践行师德

(一)基本内涵

践行师德包括遵守师德规范,涵养教育情怀两方面要求,强调知行合一,从知、情、意、行等方面贯彻党的教育方针,努力成为"四有"好老师。

践行师德要求小学教师加强政治理论学习,热爱小学教育事业,具有职业理想,践行社会主义核心价值体系,履行教师职业道德规范,依法执教;关爱小学生,尊重小学生人格,富有爱心、责任心、耐心和细心;为人师表,教书育人,自尊自律,做小学生健康

---

① 叶澜.教师角色与教师发展新探[M].北京:教育科学出版社,2001:230.

② 胡惠闵.教师专业素质的认识:基于学校管理者的角度[J].当代教育科学,2007(2):28-30.

③ 章勤琼,徐文彬.试论义务教育数学教师专业素养及其结构:基于教师专业标准与数学课程标准的思考[J].数学教育学报,2016,25(04):69-73.

④ 黄友初.教师专业素养:内涵、构成要素与提升路径[J].教育科学,2019,35(03):27-34.

⑤ 章勤琼,徐文彬.试论义务教育数学教师专业素养及其结构:基于教师专业标准与数学课程标准的思考[J].数学教育学报,2016,25(04):69-73.

成长的指导者和引路人。

（二）主要表现

1. 遵守师德规范

师德规范规定了教师特有的职业义务、职业责任和职业行为上的道德准则。遵守师德规范，要求教师在树立理想信念的基础上，严格遵守师德准则，落实立德树人根本任务。

第一，师德规范表现为教师的理想信念。首先，教师通过对习近平新时代中国特色社会主义思想、习近平总书记关于教育的重要论述，以及党史、新中国史、改革开放史、社会主义发展史等内容的深入学习，形成对中国特色社会主义的政治认同、思想认同、理论认同和情感认同，能够在教书育人实践中自觉践行社会主义核心价值观。其次，教师自身应树立职业理想，立志成为有理想信念、有道德情操、有扎实学识、有仁爱之心的"四有"好老师。

第二，师德规范表现为落实立德树人根本任务。这需要教师理解立德树人的内涵，形成立德树人的理念，掌握立德树人的途径与方法，能够在教育实践中实施素质教育，依据新时代教育工作的根本方针开展教育教学，培育发展学生的核心素养。

第三，师德规范表现为严格遵守师德准则。师德不仅仅是教师价值观和世界观的体现，更为重要的是教师信念或准则的遵循。作为专业的教育人员，教师必须深刻领会并践行师德准则。首先，教师应具有依法执教意识，遵守法律法规，在教育实践中履行应尽义务，自觉维护学生与自身的合法权益。其次，教师应理解教师职业道德规范的内涵与要求，在教育实践中遵守《新时代中小学教师职业行为十项准则》，能分析解决教育教学实践中的相关道德规范问题。

2. 涵养教育情怀

教育情怀通过教师自身对教师身份的认同感、对学生的关心爱护、对教育教学工作的投入程度，以及教师的品格修养来体现。教育情怀是小学教师积极性与创造性的源泉和动力所在，教师的教育情怀能够在一定程度上对学生产生影响，是教师专业素养的重要组成部分。

第一，教育情怀表现为教师的职业认同。这要求教师具有家国情怀，乐于从教，热爱教育事业。教师的职业认同体现为认同教师工作的价值在于传播知识，传播思想，传播真理，塑造灵魂，塑造生命，塑造新人；了解小学教师的职业特征，理解教师是学生学习的促进者与学生成长的引路人，创造条件帮助学生自主发展。除此之外，教师还应领会小学教育对学生发展的价值和意义，认同促进学生全面而有个性地发展的理念。

第二，教育情怀表现为关爱学生。首先，教师应做学生锤炼品格，学习知识，创新思维，奉献祖国的引路人，公正平等地对待每一名学生，关注学生成长，保护学生安全，促进学生身心健康发展。其次，教师要尊重学生的人格和学习发展的权利，保护学生的学习自主性、独立性和选择性，关注个体差异，相信每名学生都有发展的潜力，乐于为学生创造发展的条件和机会。

第三，教育情怀表现为用心从教。这要求教师树立爱岗敬业精神，在教育实践中能够认真履行教育教学职责与班主任工作职责，积极钻研，富有爱心、责任心，工作细心、耐心。

第四,教育情怀表现为加强自身修养。首先,教师应具有健全的人格和积极向上的精神,有较强的情绪调节与自控能力,能积极应变,比较合理地处理问题。其次,教师应掌握一定的自然科学和人文社会科学知识,传承中华优秀传统文化,具有人文底蕴、科学精神和审美能力。最后,教师应确保仪表整洁,语言规范健康,举止文明礼貌,符合教师礼仪要求和教育教学场景要求。

案例故事

杨瑞清:行知路四十一载 未来还能更精彩①

杨瑞清,江苏省南京市浦口区行知教育集团总校长、教师,当选2022年"全国教书育人楷模"。

1981年,杨老师从陶行知先生创办的南京晓庄师范学校毕业,带着让农民的孩子也能享受良好教育的愿望,他到偏僻艰苦的村办小学任教,在进城和回乡之间选择了回乡;1983年调任团县委副书记,几个月后辞职回校,在从政和从教之间选择了从教。从此他再也没有离开过这所学校。

杨老师将自己最初任教的班级办成了全国最早的"行知班"。开学上课了,发现还有6个孩子没来报名。他走村串户,花了一个月时间,把这些孩子全部拉进了课堂。后来又发现了王阴霞同学读过二年级后已辍学在家两年了,就反复上门动员,让她插入已经是四年级的行知班,为她补上了落下的功课。30多年后,杨老师听到了王阴霞捐肾救夫,罹患癌症坚强无悔,入选"中国好人榜"的动人故事。王阴霞总说是学校在她心中播下了爱和善良的种子。

1985年,学校更名,并成为江苏省第一所行知小学,22岁的杨老师担任校长。当时,学校办学条件简陋,教学方式落后,教学质量低下。杨老师发现,在亲近生活,拥抱大自然,开展劳动实践教育方面,农村学校有天然的优势。于是他带领师生登山野炊、江边戏浪,开辟小菜园,自建气象站。在村里的支持下,他们种植了一片小树林,带领同学们将"国家课程生活化,生活资源课程化",学生的学习主动性越来越高,教学质量越来越好。

1994年,在杨老师的带领下,江苏省第一个中小学生社会实践基地——行知基地成立。一批又一批城市学生走进了行知校园,"学习农业科技,了解农村建设,体验农民生活",开展素质拓展活动、军训活动等。28年来,行知基地累计接待了50多万名中小学生,现已成为江苏唯一的全国中小学生研学实践教育营地。2005年,行知基地又开始吸引外国学生,开展中华文化浸润活动。"融进行知文化,亲近乡土文化,触摸南京文化,领略长江文化",17年来累计接待了1.2万名外国师生,成为国家汉语国际推广基地,中国华侨国际文化交流基地。

随着打赢脱贫攻坚战、全面建成小康社会,杨老师任职的学校也发生了翻天覆地的变化,昔日占地9亩的落后村办小学,现已发展为占地300亩,集幼儿园、小学、中学、基地于一体的现代化、国际化教育集团。

---

① 资料来源:中国教育新闻网,2022年9月14日。

在上述案例故事中,杨瑞清老师以炽热的教育情怀,坚守育人初心,坚定理想信念,乐于从教,潜心投入教育事业。他在进城和回乡之间选择了回乡,到偏僻艰苦的村办小学任教;在从政和从教之间选择了从教,从此他再也没有离开过这所学校。这是他自身对教师身份的认同感使然。他用大爱之心点亮和成就每一位学子,将陶行知"爱满天下"的理念发扬光大,所以学生王阴霞说"学校在她心中播下了爱和善良的种子"。他以对教育教学工作的全身心投入,致力乡村教学改革,将一所偏僻艰苦的村办小学发展为一个集幼儿园、中小学、劳动教育实验基地为一体的现代化教育集团。杨老师的故事充分说明,深厚的教育情怀是小学教师积极性与创造性的源泉和动力所在。

二、教学实践

(一) 基本内涵

"推进有效教学,构建和谐课堂"是现今课堂教学的主旋律,良好的教学质量和教学效果是学校和教师的共同追求,这为培养学生的综合能力奠定了重要的基础。开展有效的教学实践,要求教师在掌握教学理论的基础上,切实地将理论服务于教学实践。

教学实践包括掌握专业知识,学会教学设计,实施课程教学三个方面。

(二) 主要表现

1. 掌握专业知识

知识在教师的专业发展中承担重要的角色,是教师从事教育教学活动的基础,它不仅对教师的教学行为有着直接的影响,也间接影响教师的教学设计,是教师专业素养的重要标志之一。

教师专业知识可以分为教育知识、学科知识和通识知识三个部分。其中,教育知识主要指"怎么教"方面的知识,包括教育基本理论、儿童思维与心理发展等方面的知识,这些知识对教师能否有效教学有着重要的影响;学科知识指教师任教学科的本体性知识,对该知识的掌握程度决定了教师对于"教什么"的理解,是教师能否胜任该学科教学的知识前提;通识知识是指教师所拥有的有利于开展教育教学工作的普通文化知识,它能辅助教师的教育教学活动。

由此,掌握专业知识,意味着教师应掌握表现为教育基础的教育知识、表现为学科素养的学科知识,以及表现为信息素养和知识整合能力的通识知识。

第一,掌握教育知识,奠定教育基础。教师通过掌握教育理论的基本知识,能够遵循小学教育规律,结合小学生认知发展特点,运用教育原理和方法,分析和解决教育教学实践中的问题。

第二,掌握学科知识,提升学科素养。首先,教师需要掌握主教学科的基本知识、基本原理和基本技能,理解学科知识体系的基本思想和方法。其次,了解兼教学科的基本知识、基本原理和基本技能,并具有一定的综合运用学科知识的能力。最后,教师可以熟悉常见的儿童科普读物和文学作品,具有一定的阅读理解能力、语言和肢体语言表达能力。

第三,掌握通识知识,提升信息素养,发展知识整合能力。首先,教师应了解信息时代对人才培养的新要求。掌握信息化教学设备、平台等的常用操作,了解其对教育教学的支持作用。具有安全、合法与负责任地使用信息技术,主动适应信息化、人工智能等新技术变革,积极有效地开展教育教学活动的意识。其次,教师应了解学科知识整合在小学教育中的价值,学习相关科学知识,了解所教学科与其他学科,以及与小学生生活实践的联系。具有一定的跨学科知识,能指导综合性学科教学活动。最后,教师需要了解融合教育的意义和作用,掌握随班就读的基本知识及相关政策,基本具备指导随班就读的教育教学能力。

2. 学会教学设计

教学设计是教育教学活动的起点,学会教学设计要求教师在熟悉课标的基础上,能够分析学生学情并以此指导设计教案,掌握实施教育教学活动所需要的基本技能。

第一,熟悉课标。这要求教师熟悉拟任教学科的课程标准和教材,理解教材的编写逻辑和体系结构,合理掌握不同学段目标与内容的递进关系,具有依据课标进行教学的意识和习惯。

第二,掌握技能。教师应具备钢笔字、毛笔字、粉笔字、简笔画、普通话与相关学科实验操作等教学基本功,通过微格训练,系统掌握导入、讲解、提问、演示、板书等课堂教学基本技能的操作要领与应用策略;能依据单元内容进行整体设计,科学合理地依据教学目标和内容设计作业,并实施教学。

第三,分析学情。教师应了解分析小学生学习需求的基本方法,能根据小学生已有的知识水平、学习经验和兴趣特点,分析教学内容与学生已学知识的联系,预判学生学习的疑难点。

第四,设计教案。关于教案的设计,其一,教师需要准确把握教学内容,理解本课(单元)在教材中的地位及与其他课(单元)的关系,能根据课程标准要求和学情分析并确定恰当的学习目标和学习重点,设计学习活动;选择适当的学习资源和教学方法,合理安排教学过程和环节,科学设计评价内容与方式,形成教案与学案。其二,教师应了解小学综合课程和综合实践活动的基本知识,能根据教学要求和学生兴趣进行教学设计。

3. 实施课程教学

课程与教学是学校教育的核心,课程教学的实施依托于教师在合理的教学情境创设之下组织开展教育教学活动。在此过程中,教师能够对学生进行恰当的学习指导,并在教学活动后开展教学评价工作。

第一,情境创设。教师能够创设教学情境,建立学习内容与生活经验之间的联系,激发学生的学习兴趣,引导学生积极参与学习活动。

第二,教学组织。教师需要基本掌握教学组织与课堂管理的形式和策略,能够科学准确地呈现和表达教学内容,根据小学生课堂反应及时调整教学活动,控制教学时间和教学节奏,合理设置提问与讨论,引发小学生的主动学习和探究学习,达成学习目标。

第三,学习指导。关于学习指导,首先,教师应依据小学生认知特点、学习心理发展规律和个体差异,指导学生开展自主、合作、探究性学习,注重差异化教学和个别化指导,引导小学生体验学习的乐趣,保护小学生的求知欲和好奇心,培养小学生的广泛兴趣、动手能力和探究精神。其次,教师应知道不同类型的资源在为学生提供学习机会和学习体验方面的作用,合理选择与整合资源,为学生提供丰富的学习机会和个性化学习体验。最后，教师能够运用课堂结束技能，引导学生对学习内容进行归纳、总结，合理布置作业。

第四，教学评价。在教学评价方面，首先，教师应树立促进学生学习的评价理念，理解教育评价原理，掌握试题命制的方法与技术；能够在教学实践中结合作业反馈等实施过程评价；初步运用增值评价，合理选取和运用评价工具，评价学习活动和学习成果。其次，教师能够利用技术工具收集学生的学习反馈，跟踪、分析教学与学生学习过程中存在的问题与不足，形成基于学生学习情况改进教学的意识。

案例故事

俞国平：从"教书，教课文"到"育人，教一生"的蜕变①

俞国平，一个农民的孩子，一个从山沟里走出去的特级教师，从事民办教育几十年，成为民办学校教师教书育人的典型。

1990年，俞国平毕业后选择回乡任教。在山区的几年，俞国平始终不忘学习。资源少，他就自己找，经费难，他就自己干。教学第三年，他在21岁时就获得"温州市教坛新秀"的称号，成为当时温州历史上最年轻的地市级教坛新秀。

2006年，他通过自己的努力成为浙江省民办学校土生土长的特级教师第一人，现任职于浙江乐清育英学校。作为特级教师，如何更好地教书育人，如何努力实现自己从"教书、教课文"到"育人，教一生"的转变成为俞国平不断思考的问题。俞国平把自己的育人理念复归于"婴儿"思想——"大道至简，复归于婴儿"，即把一切放下，真正以儿童的视角，遵循儿童的发展规律来教书育人，在教学实践中回归教书育人的本真。

俞国平以"成人小孩"的身份，致力"儿童语文"的育人研究，他广泛阅读陶行知、晏阳初等教育家的教育理念，向大师借智慧。他还不断研究课例，研发诵读、儿童阅读等课程，将儿童语文的理念融入课堂之中。

在进行《爱心树》图画书读写课教学时，当课堂推进到最后一个环节"创作漫画，推想故事的结局"时，学生甲创编了这样一段结尾："最后的树桩也被这个贪婪的家伙挖走了。正当他要走的时候，突然一阵大风刮来，他站立不稳，一个跟头摔进了树坑，死了。树坑成了他的坟墓！"显然，学生甲的创作带有强烈的情绪色彩，似乎有些"暴力"的味道，尽管看似符合文本的逻辑。面对学生甲具有"报复"色彩的观点，俞国平首先肯定了学生甲想法奇特，而后进行延迟评价，组织讨论："同学们，你们对这位同学创作的故事结尾有什么看法？"学生纷纷发言，有的说好，有的则提出看法，认为这样的结尾似乎太残忍了，更有孩子认为，虽然俗话说善有善报，恶有恶报，但是我们给他这样的结果，显示了"以恶制恶，以暴制暴"，这样总让人感到不太舒服。最后俞国平请学生甲自己再来谈谈，学生甲修正了自己的观点。在此基础上，俞国平揭示了文本中原有的故事结尾，两相对照，同学们对做人就有了一些更理性的认识了。

俞老师的故事告诉我们，教育绝不仅仅是生活呵护，知识传授这么简单。真正的教育是唤醒灵魂的教育，是着眼于国家、民族的公民教育。

---

① 节选自央视网教育频道，2022年8月3日。

在 2013 年全国教书育人楷模、小学语文特级教师俞国平的案例故事中,我们可以看到,俞老师重视小学教育专业知识在教学实践中的育人价值,研读教育经典,向教育大师借智慧,经过不断的思考和实践,确立了"把一切放下,真正以儿童的视角,遵循儿童的发展规律来教书育人"的育人理念。即便已经成为特级教师,具有出色的课堂教学水平,他还是在不断研究课例,研发课程,将儿童语文的理念融入课堂之中,致力于回归教书育人的本真。面对学生甲在创作时流露出的强烈负面情绪色彩,俞老师敏锐地把握学生甲的表现,具体分析学生甲的学习体验。本着评价是为了促进学生的学习和成长的理念,俞老师肯定学生甲想法奇特后,就他的创作组织课堂讨论,通过学生间的互动,帮助学生甲认识到"以恶制恶,以暴制暴"的偏激,从而修正了自己的观点。可以发现,俞老师实施的多主体评价反馈即时且有针对性,既保护学生的积极性,同时又指出学生存在的不足,帮助学生改进。有效教学的推进,以教师掌握教学实践理论,切实将理论运用于教学实践为前提;高质量的教学需要教师在专业知识、教学设计,以及课程实施等方面的不断精进。

三、综合育人

(一)基本内涵

2019 年,中共中央、国务院印发的《中国教育现代化 2035》提出,更加注重全面发展,大力发展素质教育,促进德育、智育、体育、美育和劳动教育有机融合。这体现了教育现代化突出融合发展的新理念,标志着教育发展从传统的"五育分立、并向前进"转向"五育融合"。《小学教育专业师范生教师职业能力标准(试行)》提出要发展教师的"综合育人能力",强调教师应从各个方面开展教育教学工作,让教育不仅发生于课堂。教师作为教学活动的实施者,应主动适应育人体系的新形势与新要求,提升综合育人能力,促进学生的全面发展。

综合育人主要从开展班级指导、实施课程育人、组织活动育人等方面强调教育"育人为本"的本质要求,落实立德树人根本任务。

(二)主要表现

1. 开展班级指导

开展班级指导要求教师具备育德意识,以此为前提进行班级管理工作,关注学生的心理健康,及时进行心理辅导,并能有效地开展家校沟通。

第一,培养育德意识。教师应树立德育为先理念,了解小学德育原理与方法,掌握小学生品行养成的特点和规律,能有意识、有针对性地开展德育工作,帮助学生养成良好的行为习惯。

第二,班级管理。首先,教师应基本掌握班集体建设、班级教育活动组织的方法。熟悉教育教学、小学生成长生活等相关法律和制度规定,能够合理分析解决教学与管理实践相关问题。其次,教师应基本掌握学生发展指导、综合素质评价的方法。能够利用技术手段收集学生成长过程的关键信息,建立学生成长电子档案;能够初步运用信息技术辅助开展班级指导活动。最后,教师应熟悉校园安全、应急管理相关规定,了解小学生日常卫生保健、传染病预防、意外伤害事故处理等相关知识,掌握特殊事件发生时保护学生的基本方法。

第三,心理辅导。教师应关注学生心理健康,了解小学生身体、情感发展的特性和差异性,基本掌握心理辅导方法,能够参与心理健康教育等活动。

第四,家校沟通。教师应掌握人际沟通的基本方法,能够运用信息技术拓宽师生、家校沟通交流的渠道和途径,积极主动与学生、家长、社区等进行有效交流。

2. 实施课程育人

课程在综合育人方面体现为育人理念与育人实践两部分。

在育人理念上,教师应具有教书育人意识。理解拟任教学科课程独特的育人功能,注重课程教学的思想性,有机融入社会主义核心价值观、中华优秀传统文化、革命文化和社会主义先进文化教育,培养学生适应终身发展和社会发展所需的正确价值观、必备品格和关键能力。

在育人实践上,教师应理解学科核心素养,掌握课程育人的方法和策略;能够在教育实践中,结合课程特点,挖掘课程思政教育资源,将知识学习、能力发展与品德养成相结合,合理设计育人目标、主题和内容,有机开展养成教育,进行综合素质评价,体现教书与育人的统一。

3. 组织活动育人

学校活动形式包括课外活动和教育活动两部分,学校活动在提高学生学习能力的同时,能够全方位地发展学生团队合作、人际沟通等各项能力,开展活动是实现综合育人的重要途径之一。

对于课外活动的开展,教师应了解课外活动的组织和管理知识,掌握相关技能与方法,能组织小学生开展丰富多彩的课外活动。对于教育活动的开展,教师应了解学校文化和教育活动的育人内涵和方法,学会组织少先队、社团等活动,对小学生进行教育和引导。

案例故事

郭芳:从"我"到"我们"——不替代学生成长(节选)①

从前说起班级建设,大家第一反应是,这是"我"班主任的事。"新基础教育"则强调这样一种理念和做法:班主任老师和学生一起商量,创新适合"我们"的班队活动。

最初,我抱着试试看的心态和学生们共同商议班队活动的内容和形式,他们层出不穷的新鲜想法让我惊喜:孩子们不只喜欢玩电脑、手机,他们竟然还被家乡的非物质文化遗产——七宝皮影戏深深吸引。于是,我们班组建了学校首个"皮影探秘"活动小组,开始了红红火火的系列班队活动。活动方式也从原来以"我"为主的"简单说教式"和"预练表演式"转变为"自主体验式"和"实践探究式",我和孩子们一起投入皮影戏研究和创作中。在课后和午休时,孩子们总是三个一群、五个一伙地忙碌着:有的上网查资料,有的一起讨论。我们一起把第八代七宝皮影戏传承人请进课堂,有时索性花一整天时间到图书馆探个究竟,孩子们还纷纷向家长了解传统。

"我们"的皮影探秘让孩子们学到了感兴趣的知识,掌握了好玩儿的技能;教师、学生、家长共同探究增进了我们的感情,融洽了班级氛围和家庭氛围,密切了家校关系。同时,七宝皮影戏还把对家乡的归属感、对中国传统文化的自豪感、对国家和民族

---

① 郭芳. 从"我"到"我们"[J]. 人民教育, 2016, (Z1): 108—109.

的认同感悄悄埋进了孩子们的心底。

我深深地意识到：要把班队活动的自主权从"我"的手中分给"我们"，班主任不能代替学生成长；同时"不代替学生成长"并不意味着不成长。"我们"的皮影探秘使我重新认识班主任的价值。我既分享了孩子们探秘皮影的知识技能，又感受到了学生天真稚趣的创造性思维，还收获了职业成就的幸福感。"皮影"成了我班主任工作中的一个法宝，可以让我迅速与孩子们拉近距离，了解学生。学校进一步开发这一教育资源，在音乐、美术等课程中实践"画皮影，做皮影，演皮影"的系列探究，这让我认识到，班主任的创造不仅带来自身的蜕变，还有可能对学校整体变革带来影响。更重要的是，孩子们从家乡、自然、人文等多方面了解了"七宝皮影"并借这一"活态"的乡土教材，传承了地域文化与民族精神。

通过郭芳老师的案例故事，我们可以感受到育人是一个广阔且满载价值的概念，所有的教育教学活动均可与育人相关，班级建设、班队活动都蕴含丰富的育人价值。在教师教书育人的职责中，"教"是过程，"育"是目的，教书为表，育人及里。以"非物质文化遗产——七宝皮影戏"为主题、自主权归属于"我们"的班队活动，不仅增进了教师、学生和家长之间的感情，融洽了班级氛围和家庭氛围，密切了家校关系，而且增强了学生对家乡的归属感、对中国传统文化的自豪感、对国家和民族的认同感。学生在这个过程中真正得到了成长，而且是指向其完整生命的成长与发展，由此可见教师综合育人能力的重要性。

四、自主发展

（一）基本内涵

教师自主发展是教师专业发展的本质所在，发展是教师不断完善自我、超越自我、实现自我的过程，更是教师作为主体自觉、主动、能动、可持续建构的过程。教师成为教师，更多的是"自造"，而非"被造"。教师只有积极主动地参与、投入自身的发展中，才能实现教师专业发展的持续性，提升教师队伍的整体质量。

教师的自主发展包含注重专业成长、主动交流合作两方面，突出终身学习、自主发展，以及在学习共同体中不断提升专业水平的意识和能力。

（二）主要表现

1. 注重专业成长

教师的专业成长体现为教师能够根据自身情况制订合适的职业发展规划，能够针对教育教学活动进行有效的反思与改进；掌握基本的教育研究方法，对教育教学工作中遇到的问题保持探究的敏感度，学会在实际工作中开展教育教学研究。

第一，制订发展规划。教师应了解教师专业发展的要求，具有终身学习与自主发展的意识。根据基础教育课程改革的动态和发展情况，制订教师职业生涯发展规划。

第二，反思改进。教师应具有反思意识和批判性思维素养，初步掌握教育教学反思的基本方法和策略，能够对教育教学实践活动进行有效的自我诊断，提出改进思路。

第三，学会研究。其一，教师应初步掌握教育教学科研的基本方法，能用其分析、研究小学教育教学实践问题，并尝试提出解决问题的思路与方法，具有撰写教育教学研究论文的基本能力。其二，教师需掌握专业发展所需的信息技术手段和方法，能在信息技术环境下开展自主学习。

2. 主动交流合作

在学校中,教师并非孤军奋战,在个人自主发展、提升素养的同时,教师也能通过与他人主动交流、共同学习获得成长。在团体学习中获得个人能力的提升,也是教师应具备的素养。

良好的沟通技能是交流合作的基础。首先,教师应具有较强的阅读理解能力、语言与文字表达能力、交流沟通能力、信息获取和处理能力。其次,教师应掌握基本的沟通合作技能与方法,能够在教育实践、社会实践中与同事、同行、专家等进行有效沟通交流。

共同学习是交流合作的目的。教师需理解学习共同体的作用,掌握团队协作的基本策略,了解小学教育的团队协作类型和方法,具有小组互助、合作学习能力。

案例故事

支玉恒:踏上自我反思的"战车"(节选)①

1986年,我第一次出省——北京宣武区(现西城区)右安门一小的张光缨老师请我去上课。我讲的是《飞夺泸定桥》。当时张光缨老师的姐姐、海淀区小学教研室主任张光珞老师也带了人去听课。北京,历史悠久,积淀深厚,我一个山中小城的老师来这里讲课可不是闹着玩的。我紧张了一天一夜,但我又有点"初生牛犊不怕虎"的勇气:既然做了精心的准备,讲就讲,放开了讲。结果两节课讲下来,张光珞老师连饭也没让我吃,就把我拉到了海淀,让我再给他们讲。我知道,大概这一炮打响了。自此,我走出了河北省,又先后应邀到河南、陕西、天津、内蒙古、江西、黑龙江等地去讲课。

别人的课越听越多,自己的课也越讲越多,我的心里犯嘀咕了,总觉得我们的课讲起来怎么跟理论著述上说的有点对不上号。书上说:"教学的主要目的之一是发展学生的智力,但是机械地获得的知识是同发展智力无关的""教师教任何功课(不限于语文),'讲'都是为了达到用不着'讲'的程度,换个说法,'教'都是为了达到用不着'教'的程度。"也有人说:"在绝大多数情况下,数学教师和语文教师在一节课上要讲的时间,不应超过7分钟,学生通过自己的努力去理解的东西,才能成为他自己的东西,才是他真正掌握的东西。"可是我们是怎样讲课的呢? 有时候在40分钟的课上,教师要讲30多分钟,有时候整节课教师都在喋喋不休地讲。这怎么叫"通过学生自己的努力"去获取知识技能呢? 有一个阶段,这些问题把我憋得好苦。

究竟怎样教学生学语文呢? 渐渐地,我发现学生喜欢读书,他们更喜欢用抑扬顿挫的语调朗读。既然学生喜欢,我的课就让他们敞开去读。结果一段时间下来,学生的语文学习出现了意想不到的变化。他们说话不结巴了,作文句子通了,连错别字都少了,真是怪极了。一看书,书上早就说过了,"阅读是学生掌握阅读技能的最主要方法""许多学生之所以不能掌握知识,乃是因为他还没有学会流畅地、有理解地阅读"。再想一想,我们讲课,布置作业,归根结底都是为了一个"考"字。为了考,死记硬背;为了考,顾不上其他方面的发展。可书上也早就说了:"学校的职责不限于传授各种

① 支玉恒.我这样一路走来[J].人民教育,2008(07):51-55.

知识,培养各种技能和发展智慧、能力,学校更负有促进人格发展与心理健康的主要职责。"原来,我们好多习以为常的想法和做法都是错的!怎么办?没说的,只能改!

1989年,全国要召开新中国成立以来第一次带有大赛性质的小学语文教学观摩会。当时我也阴差阳错地作为特级教师被邀请去为大会讲"示范课"。我暗下决心,在这次大会上,讲课一定要少讲少问多读,让学生在读中理解,在读中感悟,在读中体会情感,在读中受到思想的熏陶。结果讲课获得成功,掌声经久不息。华中师范大学教授、全国小学语文研究会的学术委员杨再隋后来评论道:"支玉恒老师把读的功能发挥得如此淋漓尽致,让汉语教学的魅力展现得如此多姿多彩,实在难能可贵……为当时从一讲到底到一问到底的语文课堂教学,送来一股清凉的风。"广西教研中心的黄亢美先生也说:"自此全国很多地方兴起了'支氏品读法'"。

会议后,我针对时弊,经过深思熟虑,写了几篇文章。第一篇《阅读教学从整体入手》发表在1990年第3期《小学语文教学》杂志上,没想到却引起了一场学术大讨论。历时一年多在各种期刊发表辩论文章数十篇。第二篇是《反思"带着问题读"》,第三篇是《"带着问题读"的再反思》,第四篇是《"问答式"必须改革》,均发表在当时的《小学语文教学》杂志上,又引起了新一轮的持续讨论。我很高兴,这反映了小学语文教学领域的沉闷空气已被打破,人们开始关注教学思想与教学实践的改革。

从支玉恒老师的案例故事,我们看到了一位教师不断完善自我、超越自我的一段心路历程,支老师自觉、主动、可持续地建构专业自我,他对小学教育教学工作中出现的问题保持探究的敏感度,以反思意识和批判性思维素养,在实际工作中开展教育教学研究。

第三节 我国小学教师专业素养的新时代特色

一、落实立德树人根本任务

立德树人是我国教育的根本任务,也是小学教师专业素养形成的本质所在。小学教师专业素养形成的一个重要方面就是教师师德的养成,师德建设也一直是党和国家关注的重要教育问题。教师的思想政治素质和师德师风直接关系到人才的培养,关系到国家的前途命运和人类文明的传递。习近平总书记在北京大学师生座谈会上指出,评价教师队伍素质的第一标准应该是师德师风,同时这也是《中国教育现代化2035》的要求。这不仅折射出师德建设的时代紧迫性和必要性,而且体现出师德对教师个体,乃至于对我国教育事业健康发展的重大意义。

为贯彻落实《中共中央 国务院关于全面深化新时代教师队伍建设改革的意见》而印发的《小学教育专业师范生教师职业能力标准(试行)》,提出小学教师应遵守师德规范,立德树人。具体而言,"理解立德树人的内涵,形成立德树人的理念,掌握立德树人途径与方法,能够在教育实践中实施素质教育,依据德智体美劳全面发展的教育方针开展教育教学,培育发展学生的核心素养。"

师德发展的落脚点在于促进学生的全面发展和健康成长,新时代小学教师应当以立德树人为根本任务,深刻认识、科学把握学校各项教育工作的育人功能和育德价值,做学生健康成长的指导者和引路者。

二、履行教书育人职责

2021 年 11 月,教育部发布《中华人民共和国教师法(修订草案)(征求意见稿)》,强调教师承担着为党育人、为国育才,立德树人,培养德智体美劳全面发展的社会主义建设者和接班人、提高民族素质的崇高使命。可以说,教书育人是教师的天职,是事关国家命运的根本性、基础性、关键性的事业。教师不是一般意义上的职业,教育是一种有灵魂、有理想信念的事业,一种不忘初心的事业,一种有崇高感的事业。党的十八大以来,习近平总书记多次到学校看望慰问教师或给他们致信,在不同场合对广大教师提出殷切期望,希望广大教师积极探索新时代教育教学方法,不断提升教书育人本领,为培养德智体美劳全面发展的社会主义建设者和接班人做出新的更大贡献。这些都深刻阐述了新时代教师提高自身教书育人本领的深刻意义。

《小学教育专业师范生教师职业能力标准(试行)》中特别强调小学教师的综合育人能力,提出小学教师应树立德育为先理念,具有教书育人意识;从开展班级指导、实施课程育人,以及组织活动育人三个方面入手做好小学生德育工作,实现教书与育人的统一。

落实教书育人职责的目的是提高人才培养质量。小学教师面对的是一群成长在复杂多变的社会环境中,受多元文化影响,具有个体差异的发展中的人。小学生所受到的教师的教育影响通常不是直接体现的,而是具有反复性、长期性和循序渐进的特点,教师只有热爱并忠于教育事业,坚持以学生为本,有淡泊名利的坚守,有高尚的职业道德、扎实的专业素养和良好的人格修养,善于总结教书育人规律,从德智体美劳各方面提升小学生的核心素养,才能真正提高基础教育人才培养的质量。

三、体现教育现代化的要求

教育现代化是在现代先进教育理念的指导下,利用先进的信息技术,帮助教师提高教育教学水平,使其教学手段与方法逐步向现代化转型,培养出适应国际经济竞争和参与国际交流的新型劳动者和高素质人才的过程,是将传统式教育转变为现代化教育的过程。教育现代化是社会现代化的重要组成部分,亦是教育发展的必然要求和重要特征。教育发展到一定阶段后,便对现代化的教育手段和专业化的教师队伍提出要求。教师队伍对实现教育现代化起着至关重要的作用。可以说,没有专业化的教师队伍,就很难实现教育现代化,教育事业的科学发展便无法向前迈进。

新时代小学教师应从教育现代化的特点、构成要素、实施途径与目的等方面理解教育现代化的要求,树立终身学习与自主发展的意识,不断涵养与提高自身的专业素养水平,努力适应教育现代化对教师提出的发展新要求,以更好地对接教育现代化,共同致力于建立现代化的教育,培养现代化的人。

四、体现党和国家对小学教育的要求和小学教育类型特色

《小学教师专业标准(试行)》的颁布,在确立小学教师专业素养上具有里程碑式的意义。《小学教师专业标准(试行)》以师德为先、学生为本、能力为重、终身学习四项基本理念为思想引领,从三个维度对小学教师的专业素质(即专业素养)提出了基本要求,体现出基本性,进一步强调了小学教师职业准则的科学性与规范性,同时,在

具体内容上凸显了时代性与实践性。

（一）专业理念与师德维度

在"职业理解与认识"领域，《小学教师专业标准（试行）》要求小学教师形成对这一职业的正确理解与认识，具体从小学教师职业的准入资格、认同要求及发展需要三个维度提出了五项具体要求，包括小学教师应贯彻党和国家教育方针政策，认同小学教师的专业性和独特性，为人师表与团队合作等。在"对小学生的态度与行为"领域，《小学教师专业标准（试行）》强调了小学生的主体地位，突出了小学生是一切小学教育工作的中心；围绕关爱小学生，尊重与信任小学生，为小学生创造快乐的学校生活三层含义提出了四项具体要求，如重视小学生身心健康，尊重小学生独立人格等。在"教育教学的态度与行为"领域，《小学教师专业标准（试行）》要求小学教师从理念与实践层面对小学教育教学进行全方位调整与改进，全面落实素质教育的方针与路线。在"个人修养与行为"领域，《小学教师专业标准（试行）》提出了对适应时代和未来社会发展的小学教师的基本要求。

（二）专业知识维度

小学教师专业知识是小学教师从事小学教育教学工作必备的专门性知识。《小学教师专业标准（试行）》从小学生发展知识、学科知识、教育教学知识、通识性知识四个领域对小学教师专业知识提出了具体要求。其中，"小学生发展知识"占比最大，充分体现了了解小学生对于小学教师做好小学教育教学工作的必要性；"教育教学知识"领域要求小学教师掌握有关小学教育教学的基本知识，具体分为有关小学生"学"的知识、小学有关"教"的理论知识，以及所教学科的课程标准和教学知识。小学生认知特点的综合性要求小学教师具有一定的通识性知识，以更好地满足小学生的学习需要。

（三）"专业能力"维度

《小学教师专业标准（试行）》体现了小学教师在进行教育教学设计、组织与实施、激励与评价、沟通与合作、反思与发展时，应该重视发挥小学生的主体性，调动小学生学习的积极性，应该践行新时代的儿童发展观，考虑到小学生正处于身体发育、思想形成的重要阶段，实现小学生作为发展中的人的养成教育。例如，在"组织与实施"领域，小学教师的基本功对学生发展有直接影响；在"激励与评价"领域，教师的评价对小学生而言具有鲜明有力的导向作用，充分发挥评价的激励作用能帮助小学生树立信心。

2021年的《小学教育专业师范生教师职业能力标准（试行）》相较于2012年的《小学教师专业标准（试行）》体现出与时俱进的特点，从践行师德能力、教学实践能力、综合育人能力和自主发展能力四个维度对小学教育专业师范生教育实践所需基本功提出了细化要求，可以理解为新时代对小学教师专业素养更为全面的要求。

（1）与时俱进主要体现在践行师德能力维度。小学教师应树立理想信念，具体而言，应该学习贯彻习近平新时代中国特色社会主义思想，深入学习习近平总书记关于教育的重要论述，以及党史、新中国史、改革开放史和社会主义发展史内容，形成对中国特色社会主义的思想认同、政治认同、理论认同和情感认同，能够在教书育人实践中自觉践行社会主义核心价值观；小学教师应立德树人，这不仅需要教师在教育教学实践中落实素质教育的要求,还应依据德智体美劳全面发展的教育方针,培育发展小学生的核心素养;小学教师应遵守师德准则,依法执教,深刻理解教师职业道德规范的内涵及要求,在教育教学实践中遵守《新时代中小学教师职业行为十项准则》。

（2）与时俱进主要体现在教学实践能力维度。小学教师需要掌握的专业知识不仅包括教育理论的基础知识,还包括主教学科以外兼教学科的基本知识、原理与技能,并能将其综合运用;同时,依据信息时代背景下对人才培养的新要求,小学教师应该掌握信息化教学设备及新技术的常用操作,积极应用信息化教学,合理选择与整合不同类型的信息技术资源,丰富小学生的学习体验;另外,小学教师应该具备一定的跨学科知识,了解所教学科与其他学科及小学生生活实践的联系,能有效进行知识整合以开展综合性学科教学活动;最后,小学教师还应该掌握随班就读的基本知识以具备实施融合教育的能力。

（3）综合育人能力维度。在新时代教育背景下,德育处于小学教育的核心地位。这要求小学教师在传授知识的过程中,有意识地培养学生的品德和行为习惯,帮助他们形成正确的价值观和道德观。随着社会对个体差异和心理健康重要性的日益重视,小学教师应掌握基本的心理辅导技巧,以更有效地关注和支持学生的身心发展,及时为他们提供帮助。此外,教师还需利用信息技术手段,拓展与家长的沟通渠道,增强班级管理的效率,从而为学生的全面发展创造更加有利的条件。

（4）自主发展能力维度。小学教师应制订个人职业生涯发展规划,展现出终身学习和自我提升的主动性;应具备自我反思和批判性思维的能力,通过教育研究不断提升教学实践的质量,撰写教育研究论文,分享自己的教学经验和研究成果。此外,小学教师还需要具备高效的团队协作和沟通技能,在教育实践中与同事、家长,以及社区成员建立良好的合作关系,共同促进学生的成长和发展。

五、体现深化新时代教育评价改革的要求

2020年,中共中央、国务院印发《深化新时代教育评价改革总体方案》。这是贯彻全国教育大会精神、深化教育改革的重大举措,对教育的发展有重大的影响。为什么在这个时期提出教育评价改革方案？中央全面深化改革委员会第十四次会议明确指出:"教育评价事关教育发展方向,要全面贯彻党的教育方针,坚持社会主义办学方向,落实立德树人根本任务,遵循教育规律,针对不同主体和不同学段、不同类型教育特点,改进结果评价,强化过程评价,探索增值评价,健全综合评价,着力破除唯分数、唯升学、唯文凭、唯论文、唯帽子的顽瘴痼疾,建立科学的、符合时代要求的教育评价制度和机制。"

我国教育已经发展到一个新阶段,义务教育已经全面普及,高中教育即将普及,高等教育正在由大众化向普及化迈进。同时,新时代中国特色社会主义的主要矛盾,在教育领域也非常突出。现在的目标是要进一步促进教育公平,提高教育质量,实现教育现代化,培养实现第二个百年奋斗目标的高素质人才。教育评价制度是指挥棒,事关教育发展的方向,关系到能不能贯彻党的教育方针,能不能培养德智体美劳全面发展的社会主义建设者和接班人。

长期以来,由于过分推崇一种"目中无人"的应试化评价,教师和学生的发展都在无形中遵从着统一的外部标准,这不仅严重限制了学生的发展,同时也使教师的专业

发展变得单一化、固定化了。基于甄别和选拔的教育评价,正在压缩教师的专业发展空间,使小学教师专业发展逐渐远离教育实践活动的本真追求。《深化新时代教育评价改革总体方案》对教育评价改革作出了根本性指导,有力打破了"目中无人"的评价局限,将人本位的教育评价理念作为新时代教育评价改革的重要依据。

然而,评价改革的新观念、新指导,仍需要通过建立起系统的教师专业素养来进一步落实,发现教师存在的具体评价问题,如接受新理念却并未应用新理念,评价实践经验远高于评价理论认知,各类评价方法应用情况参差不齐等问题。这就要求小学教师要基于促进学生发展的评价理念和教育评价原理,从理解评价、设计评价、实施评价和元评价等方面来深化新时代教育评价改革的要求,熟练掌握命题方法,合理选择评价工具,及时收集学生反馈,持续发现并解决教学问题。

本章小结

本章通过知识讲解与案例故事相结合的方式,帮助学习者从各个方面理解小学教师的专业素养及其基本内涵。小学教师的专业素养是小学教师从事符合时代发展的职业活动所需要的各种心理品质的总和,它表现为内容取向上的专业性、价值取向上的统领性和组织取向上的发展性三个基本特征。小学教师专业素养的提出与确立,对小学教师专业的发展和小学教师的专业化成长具有重要的意义,它是有效开展教育教学的前提,是指导学生能力发展的关键,能促进教师专业理念和知识的发展,能提升教师的专业认同感和职业幸福感。教师专业素养是以一种结构形态而存在的,我国小学教师的专业素养由践行师德、教学实践、综合育人和自主发展四个部分构成,在主要表现上各有所侧重。此外,新时代中国小学教师的专业素养还表现为落实立德树人根本任务,履行教书育人职责,并体现"三个要求",即体现教育现代化的要求,体现党和国家对小学教育的要求和小学教育类型特色,体现深化新时代教育评价改革的要求。理解我国小学教师专业素养的结构及其新时代特色,有助于小学教师牢牢把握新时代党和国家的教育方针,从自身出发落实教育职责,促进我国小学教育事业健康发展。

第二章
思考题

第二章
思考题参考答案

第三章 小学教师专业发展因素

理解影响小学教师专业发展的内外部因素,明确不同专业发展阶段的小学教师受到哪些主要因素影响,能够批判性地思考如何善用有利因素促进小学教师的专业发展。重点掌握小学教师专业发展的基本取向及其特征,理解每种取向的合理性与局限性。

1. 识记

◆ 专业知识;专业能力;专业认同

◆ 校本小学教师专业发展

◆ 终身学习;小学教师合作;儿童本位

2. 领会

◆ 影响小学教师专业发展的内在因素

◆ 影响小学教师专业发展的外在因素

◆ 不同取向小学教师专业发展的基本观点

3. 应用

◆ 结合实际,解释说明内在因素对不同发展阶段的小学教师有不同的影响

◆ 结合实际,谈谈社会环境促进或制约小学教师专业发展的具体表现

◆ 结合实际,说明善用有利因素促进小学教师专业发展的方式

◆ 对比理智–知能取向、实践–反思取向、生态–文化取向和儿童–关爱取向四种小学教师专业发展的基本观点,评析各自的合理性和局限性。

建议学时

6 学时

案例导读

韩老师一到实验小学,就被分配去教三年级,并担任一个班的班主任。头两个月的教学对韩老师来说进展并不顺利。像所有的新教师一样,韩老师难以协调好教学的方方面面。她发现自己"很忙""很迷惑""很健忘"。处理课堂事务耗费了她大量的时间并且让她觉得心烦意乱。她常常在临近下课时才记起没有处理课堂事务。可是,第二天一开始上课,她又会忘记。韩老师入职以来第一次感到了压力,因为这与当实习教师不一样。鉴于教学计划的时间安排得很紧凑,她在课堂上讲得很快。她说:"我很怕讲不完,如果没有把所有的内容讲完,我不知道有什么后果。"韩老师的压力究竟从何而来?新手教师的专业发展究竟受到哪些因素的影响?如何规避消极因素,善用积极因素?

在小学教师成长的过程中,诸多内部和外部因素会对其专业发展产生影响。通过对这些因素进行了解学习,小学教师能够从中获益,优化其成长路径,提高其专业发展水平。

第一节　影响小学教师专业发展的内在因素

一、个人专业素养

在本书的第二章,我们着重分析了小学教师的专业素养。素养,不仅是小学教师专业发展的结果,同时也构成了未来进一步发展的影响因素。因此,本章首先从小学教师的个人角度出发,分析小学教师专业素养中的哪些因素会对其自身专业发展产生影响。个人专业素养因素主要包括:教师的教育信念、专业知识、专业能力、从业动机、专业认同等方面。

（一）教育信念

教育信念是指小学教师对教育的价值观、教学目标和方法等方面所持有的看法等。它也是一种文化和习惯,是积淀于小学教师心智结构中的价值观念,它常作为一种无意识或先验假设支配着小学教师的教育行为。

首先,小学教师应当树立以学生成长为中心的教育信念。以学生成长为中心的教育信念能够激发小学教师对学生个性化需求的关注和理解,更好地实现因材施教和全面育人的目标。

其次,小学教师应该有科学严谨的教育信念。科学严谨的教育信念能够促使小学教师在教学过程中注重教学效果的科学评估和反馈,不断改进自己的教学方法和策略,提高教学成效。

再次,小学教师要重视教育公正,树立平等的教育信念。平等、公正地对待每一名学生是小学教师职业道德规范的基本要求,是维护良好师生关系的前提。2008年教育部重新修订的《中小学教师职业道德规范》明确要求,小学教师要关心爱护全体学生,尊重学生人格,平等公正对待学生。树立公正平等的教育信念能够引导小学教师更加注重学生的人格和品德培养,倡导多元文化和多元智能教育,构建和谐、安全的教育环境。

最后,小学教师要推崇教育创新和变革的教育信念。新时代的小学教师应不断探索和尝试新的教育教学模式和方法,善于运用现代技术和资源改进教育教学,从而提高自身的专业水平。

总之,教育信念是影响小学教师专业发展的重要因素之一,小学教师需要树立正确的教育信念,不断探索和实践,为学生的德智体美劳全面发展筑基。

（二）专业知识

小学教师的专业知识是小学教师专业发展的重要来源。专业知识是指小学教师在教育教学领域所具备的理论和经验的总和。在国外,以舒尔曼的教师知识分类理论最具代表性,他将教师的知识分为七类:学科知识、一般教学法知识、课程知识、学科教学法知识、学生及其学习特点的知识、教育情境知识、教育目的与价值的知识。[①] 在国内,学者林崇德认为,小学教师专业发展所具备的知识主要包含四个方面:本体性知识、条件性知识、实践性知识、文化知识。

[①]　胡惠闵,王建军.教师专业发展[M].上海:华东师范大学出版社,2014:45.

小学教师应具备丰富的专业知识和教育教学经验,这样能够更好地应对各种教学挑战和问题,提高教学质量和效率。小学教师应深入了解学科教育的专业知识,针对学生的特点和水平,制订相应的教学方案和策略,以提高教学效果和效率。小学的学段特点要求小学教师开发更加综合的课程,小学教师的跨学科综合知识和能力可以更好地应对当前多样化和复杂化的教育环境,通过多元教育方法和多种教育资源进行教学,为学生提供更加全面和真实的教育引导。总体来看,小学教师的专业知识构成具有如下共同的特征:

　　一是系统的学科专业知识。小学教师只有系统、扎实地掌握了学科专业知识,才能充分发挥学科育人的功能,引导学生个性化发展。

　　二是广博的科学文化知识。小学教师专业化的特点之一就是对各种不同的知识和理论进行选择、组织、传递、评价,以及对知识进行创新和增值,这就要求小学教师既要有专业性,又要博览群书。

　　三是坚实的教育学、心理学知识。教育学、心理学知识是小学教师成为专门性人才的标志之一,是其将学科知识教育学化的重要依托。

　　四是丰富的实践性知识。小学教师的实践性知识是小学教师在教育教学实践中实际使用和表现出来的知识。它具有强大的价值导向和行为规范功能,指导甚至决定着小学教师日常纷繁复杂的教育教学活动。

　　总之,专业知识对于小学教师专业发展具有重要的影响,小学教师需要不断增强自身的专业知识和能力,不断学习和更新教育教学理念和方法,以提高自身的知识积累。

(三) 专业能力

　　专业能力是指小学教师在实际教育教学中所表现出来的综合技能。社会的变化和发展对小学教师专业能力的要求也在不断提高。具备较强的教学设计能力、教学组织能力和班级管理能力的小学教师,能够更好地规划和组织教学活动,提高教育教学质量。有较强的课堂控制能力和交流沟通能力的小学教师,可以更好地引导学生积极参与到教学中,并且合理有效地开展家校合作。具有很强的反思能力和自我提升能力的小学教师,能够不断总结经验教训,进行自我调整和改善,从而提高教育教学水平和竞争力。具备跨学科综合能力和多元文化教育能力的小学教师,能够为学生提供更加全面的教育体验,进而增强学生的创新能力和实践能力。简单来讲,小学教师的专业能力主要包括如下方面:

　　一是交往合作能力。新一轮的基础教育课程改革强调小学教师与小学教师,小学教师与教育管理者、课程专家、学生、家长、社区人员等之间的合作。

　　二是课程开发能力。小学教师的课程开发能力包括课程设计能力、课程组织与管理能力、课程评价能力等。长期以来,我国广大一线小学教师处于课程开发的边缘,小学教师的课程意识和能力尚未充分发挥与彰显。未来小学教师发展必将强调小学教师的课程开发能力。

　　三是管理能力。囿于传统"师道尊严"和教师权威的影响,小学生与教师之间存在一定的心理距离。随着改革开放和以人为本价值理念的传播,学生的诉求也呈现多样化。个性化、差异化教学的理念,使得学生管理成了小学教师工作中的必备能力。

此外,未来小学教师还应具备参与学校管理的意识和能力。

四是创新能力。小学教师应努力成为研究者,小学教师只有拥有创新教育能力,才能培养、保护和发展学生的创造能力,培养新时代的创新型人才。

总之,专业能力对于小学教师专业发展具有重要的影响,小学教师需要不断培养和提升自身的专业能力,以适应教育教学环境的变化,为学生的全面发展和未来成长做出更大的贡献。

(四)从业动机

如果说知识和技能决定着个体有没有潜质从事某一职业活动的话,那么,从业动机则决定了个人是否愿意发挥潜力长期从事该类职业。动机是满足需要而追求特定目标实现的意识,引起动机的内在条件主要是需要、兴趣、价值观念和抱负水准。从业动机是指小学教师从事教育工作所持有的意识初衷和价值取向。

小学教师工作兴趣是从事教育活动的积极态度与倾向。教育活动本身和教育活动的结果都在诱发小学教师的兴趣,这种兴趣稳定下来,便形成对小学教师职业的热爱。兴趣与价值观念主要影响行动的方向,而抱负水准影响行动达成目标的程度。抱负水准是一种将自己的工作做到某种质量标准的心理需求,当工作结果超出预期的目标,便会产生成功感,反之就会出现失败感、挫折感。在现实中,小学教师的从业动机主要呈现以下类型:

第一,热爱教育事业。以热爱教育事业为动机的小学教师,能够认真负责、竭尽全力地工作,始终将学生的利益放在第一位,提高自己的专业水平和素质。

第二,实现个人成长和发展。以实现个人成长和发展为动机的小学教师,会不断探索和创新教育教学方法和策略,注重专业知识和技能的提升,提高教学水平和职业素养。

第三,服务社会和回报社会。以服务社会和回报社会为动机的小学教师,注重教育公益和社会责任,关注教育公正和人文关怀,为促进小学教育的改革和发展做出积极的贡献。

第四,追求稳定收入和职业保障。以追求稳定收入和职业保障为动机的小学教师,可能会更加注重班级管理和教学效率,但也需要注意保持专业精神和使命感,提高教学质量和效果。

总之,从业动机对于小学教师专业发展具有重要的影响,小学教师需要树立正确的职业理想和追求,始终坚持以学生发展为本的教育教学理念,提高自身的专业水平和素质,实现自己和学生的共同发展。

(五)专业认同

专业发展的需要与意识是指小学教师个体认同自己从事职业所具有的专门的职业性质,了解专业标准及其对从业者的要求,能够清醒认识并确立自己的专业发展目标与方向,具有主动更新自己专业结构的主观愿望。小学教师的专业发展需要和意识包括对自己过去专业发展过程的意识、对自己现在专业发展状态水平的意识和对自己未来专业发展的规划意识三个方面。从本质上讲,专业发展需要与意识的存在意味着小学教师不仅能把握自己与外部世界的关系,而且能够把自身发展当作自己认识的对象和自觉实践的对象,构建自己的内部世界。这标志着独立的自我意识和自我控制能力的形成,说明个体已经成为完全意义上的自我发展主体。

小学教师对自己所从事的教育工作和职业身份的认可、尊重和追求,有利于激发小学教师的工作动力,其之于小学教师专业发展的意义体现为四个方面。

第一,小学教师对自身专业身份的认同程度越高,就会越有工作热情和动力去推进自己的专业发展。这有助于小学教师不断提升自己的教育教学水平和素质,提高教学效果和教育教学满意度。

第二,小学教师对自身专业身份的认同程度越高,就越能体现出自己的职业价值和意义,增强自己的职业荣誉感和自豪感,提升自己的职业价值感和提高教师的职业满意度和幸福感。

第三,小学教师对自身专业身份的认同程度越高,就越能增强自身的专业信心。随之,小学教师就越有信心应对各种挑战和困难,不断完善自己的教育教学理念和方法,提升教学能力和水平。

第四,小学教师对自身专业身份的认同程度越高,就越有意愿和动力去参加各种培训和研究活动,不断开拓自己的专业视野和知识面,推进自己的专业成长和发展。

总之,小学教师专业认同对其自身专业发展具有重要的影响。这需要教师具备高度的责任感、使命感和职业操守,注重发掘和利用各种教育平台和资源,不断提高教育教学水平和素质,为学生的全面成长和未来发展做出更大的贡献。

案例故事

支月英:一生只为一事来①

1980 年,19 岁的支月英怀着对人民教师的美好憧憬,通过考试在江西宜春奉新县澡下镇的边远山村泥洋小学当上了一名教师。但是泥洋小学地处山区,海拔上千米,人烟稀少,不通公路,出门全靠两条腿,学生们上学都要走 10 多公里山路。一到开学,学生们的课本、教学用具都需要教师从山下肩挑手提运上山。在家人们的一致反对下,支月英怀揣着献身教育的理想和激情来到泥洋小学,开始了自己的山村教师生涯。

上班第一天,村干部就带着怀疑的语调对支月英说:“我们这里条件艰苦,老师都留不住,来了半年一年都想方设法调走。你一个外来的年轻姑娘,肯定待不了多久。”白天还好,一到晚上,窗外山风呼啸,鸟兽怪叫,支月英满心恐惧,有些想家了。她躺在简易的木板床上,辗转反侧,不停地问自己:来到这样一个偏远贫困的山区小学教书,到底值不值?今后自己将在这里度过一个又一个不眠之夜,这个满怀激情的年轻教师禁不住嘤嘤地哭了起来,心里也打起了“退堂鼓”。第二天,支月英来到破旧的教室,看着朴实天真的孩子们渴望知识的眼睛,支月英明白了教育对山区孩子的特殊意义:他们需要一缕阳光,照亮心灵,点燃希望!支月英说:“孩子们那一双双眼睛,真的触动了我内心最柔软的地方。山里的孩子们与外界接触很少,掌握知识是他们走出大山的‘独木桥’。城里的孩子可以享受好的教育,山里的孩子也要有人教啊,我一定要留下来!”

支月英就这样成了孩子们心中的那一缕阳光,照亮了他们的美好未来。“我只希

---

① 资料来源:中国人大网,身边的代表|支月英:一生只为一事来,2021 年。

望山里的孩子们能好好学习,走出大山,实现自己的人生理想。"41年来,看到孩子们一个个走出大山,支月英觉得来山区任教非常值得。她常说:"我们不是因为看到了希望才去坚守,而是坚守了才有希望。坚守山村教学不是一份简单的工作,而是对山里孩子的一个承诺、一份守护。"支月英始终用朴实纯粹坚守着那份初心,用真情管理着这所山村小学。2021年11月5日,全国人大代表,奉新县澡下镇白洋教学点负责人支月英,被评为第八届全国诚实守信道德模范,她对教师专业的深刻认同让人感动且敬畏。

二、个人生活经验

小学教师的个人生活经验包括家庭背景、重要他人、教育实习经历、受教育情况等。

(一)家庭背景

小学教师的家庭背景对其专业发展会有一定的影响。小学教师的职前生活经历对其专业成长具有重要的奠基作用,其中家庭背景对小学教师的影响具有全面性与渗透性。家庭背景既包括父母职业类型、经济收入、受教育程度和社会地位等指标,又包括家庭文化氛围、信仰与信念等。家庭是贯穿小学教师职业生涯全程且须臾不可分离的背景因素,家庭在小学教师的价值观念形成、行为习惯养成等方面有潜移默化的作用,对小学教师选择职业、推动专业发展有着直接或间接的重要作用。其中,家庭文化资本对子女的性格形成、兴趣培养、知识积累、自我认同、职业定位等产生巨大影响。据调查,很大一部分师范生在高考结束后填报志愿时都是遵从父母意愿。[1] 另外,小学教师入职后的家庭环境也会对其专业发展造成影响,和谐幸福的家庭氛围能够为小学教师发展提供强有力的支持,去除小学教师发展的后顾之忧。总之,家庭背景对小学教师成长的影响是全面而深入的,影响着小学教师的职业选择、自我认同、教育理念、人际关系、持续学习的意愿与能力等。

家庭经济状况不稳定或受到偏见和歧视,可能会使小学教师面临个人和职业发展的困难。受到良好教育和家庭支持的小学教师,可能会有更多机会接触到优质的教育资源和教育理念,以及更广泛的社会视野和知识储备,从而有助于提高自身的专业水平和素质。父母或亲属从事教育工作的小学教师,可能会受到家庭教育环境的熏陶和影响,形成更加积极和专业化的教育态度和价值观念,对个人专业发展有积极的推动作用。家庭文化背景和社会地位的差异,也可能在某些方面影响小学教师的职业选择和发展方向,但同时也需要注意避免因此产生的不必要的偏见和歧视。

总之,小学教师的家庭背景可能对其专业发展产生一定的影响,但小学教师需要根据自身实际情况和职业目标,积极面对并克服困难。

(二)重要他人

"重要他人"是来源于社会学的一个概念,[2]是指对小学教师成长有着重要影响的个人或群体,他(们)直接或间接地扮演了推动教师发展的角色。小学教师的重要他

① 刘义兵.教师专业发展[M].北京:高等教育出版社,2017.
② 吴康宁.教育社会学[M].北京:人民教育出版社,1998:244-245.

人可能是家庭成员、同事、领导、老师、朋友、学生及其家长、教育专家等;也可能是小学教师心目中的"偶像",这些群体与小学教师生活不发生直接联系,如至圣先师孔子,或者某个教学名师等。他们都能够成为影响小学教师专业发展的重要他人,对小学教师的专业发展有一定的影响。"重要他人"既可能对小学教师职业选择产生影响,也可能助推小学教师的专业提升。

首先,家庭成员对小学教师的专业发展具有积极的推动作用。例如,家庭成员可以提供物质和精神支持,鼓励小学教师不断学习和进修,或者在教学中提供宝贵的建议和情绪价值。

其次,同事和领导的支持和指导,对于小学教师的专业发展也非常重要。例如,同事之间可以互相交流教学经验和心得,共同提升教学水平;领导可以为小学教师提供职业发展的机会和平台,鼓励小学教师参加培训、学习、竞赛等。

最后,学生及其家长也是小学教师专业发展中不可忽视的因素。例如,学生及其家长的反馈和评价,可以帮助小学教师认识自身优势和不足,从而有针对性地进行改进和完善。

总之,小学教师的重要他人对其专业发展可能会产生积极的影响,小学教师需要认真倾听和参考他人的意见和建议,不断学习和完善自己的教育教学理念和方法,提高自身的专业水平和素质。充分利用重要他人的积极影响,小学教师能进一步明确自己的职业目标和责任,通过榜样示范的效应增强专业认同感。

(三)教育实习经历

小学教师的教育实习经历对其专业发展具有重要的影响。教育实习是高等师范院校进行教育和教学专业训练的一种实践形式,是贯彻理论联系实际原则、实现小学教师培养目标不可缺少的教学环节。通过教育实习,师范生可以将在校期间学习的专业理论知识综合运用于教育和教学实践,进而培养并提升其教学实践能力,为加入小学教师队伍做好前期准备。[①]

教育实习不仅能够增进师范生对相关知识的内化与理解,也能够进一步激发其从教的信念与热情。教育实习可以提供丰富的教学实践机会,让小学教师在实际操作中掌握教学技能和策略,增强自信心和教学效果。通过与实习导师、同班小学教师和学生家长等进行交流和合作,小学教师可以获得来自不同角度的反馈和建议,促进自身的专业成长和发展。教育实习还可以为小学教师提供进一步深入学习和实践教育教学方法的机会,拓宽教育视野和知识储备,为未来的职业发展打下坚实的基础。在师范生实习后的总结大会中,经常可以听到一些师范生通过实际参与教育教学活动,更加坚定了从事教育事业的心声。通过教育实习,小学教师可以更好地了解教育教学的实际情况和挑战,加深对教育事业的认识和理解,从而有助于建立正确的教育教学观念和职业价值取向。

总之,小学教师的教育实习经历对其专业发展具有积极的影响,小学教师在入职前期需要认真对待教育实习,注重实践和反思,强化理论和实践的双向互动。

---

① 刘义兵.教师专业发展[M].北京:高等教育出版社,2017:158.

（四）受教育情况

小学教师的受教育情况对其专业发展具有重要的影响。受教育程度越高的小学教师，通常具备更广泛的知识储备和教育教学技能，能够借助系统化的分析思维更好地应对教育教学中出现的问题。

受过良好教育和培训的小学教师，可以更深入地理解教育教学的理论知识和实践方法，并能够运用所学知识和技能指导自己的教学实践。这有助于提高小学教师的教学水平和专业素养。

在不同学校、不同地区接受过教育的小学教师，对教育教学的认识和理解可能会有所不同，也可能受到不同的教育思想和文化影响，因此需要注重沟通和交流，借鉴和汲取各方面优秀的教育教学经验和成果。

接受过多元文化教育、具备国际视野的小学教师，能够更好地适应多元文化的教育环境，关注学生的文化背景和特点，从而更好地针对学生需求进行个性化教育。

受过教育管理或领导力培训的小学教师，能够更好地协调团队工作，加强班级管理和组织，助力校本课程的开发、组织与迭代，同时也能够为小学教育的改革和发展做出更大的贡献。

持续学习和进修对小学教师的专业发展也非常重要。通过参加各类培训、研讨、论坛等活动，小学教师可以了解最新的教育教学理念和方法，拓宽教育视野和知识储备，提升职业素养和竞争力。小学教师在学生时代受教育的质量和方式，也可能对其今后的教育教学产生一定的影响。

总之，小学教师受教育情况对于其专业发展具有重要的影响，小学教师应借助各种形式的教育和培训，扩展自己的知识和视野，以提高自身的教育教学水平。

案例故事

侯化珍：教育世家，"提灯"筑梦代代传①

侯化珍家庭 2021 年入选教育部公布的全国首批 100 个教育世家名单。在山东省枣庄市滕州，有这样一户人家，跨越两个世纪，祖孙五代人中，先后有 11 人投身教育事业。这个教育世家薪火相传，立德授艺，演绎着"传道授业解惑"的故事。侯化珍从小就明白这一声"老师"包含的意义。她的母亲是山东滕州的一位乡村教师，每天下班，除了打理家事、照顾老人、拉扯子女，还要耐心地批作业、写教案，昏黄灯影一亮就是半夜。至今，她还清晰地记得，乡亲们遇到母亲，总要恭恭敬敬称一声"王老师"。那时的侯化珍还说不出"师者，所以传道、授业、解惑也"这句名言，但她已经清楚地知道，当老师是件"良心活儿"。一转眼，小姑娘长成大女孩。20 世纪 90 年代，侯化珍中学毕业，接过母亲的衣钵，报考了师范学校。那时，振兴教育成为国家发展的主旋律，师范专业成为大众眼中的"香饽饽"，许多人觉得教师这个职业清闲安稳还有寒暑假，但侯化珍说："我们班差不多一半的同学是教师子弟，从小见证父母有多忙碌，我们都知道，当老师没有想象中那么轻松。"侯化珍毕业后以第一名的成绩考入滕州市实验小学任教，成为这个"教育世家"的第五代接班人。

---

① 资料来源：《中国妇女》杂志，2022 年 9 月。

三、个人心理特质

小学教师的个人心理特质指的是小学教师在认知、情感和行为上表现出来的相对稳定的心理特点,包括心理素质、人格特点、价值取向等。

(一)心理素质

小学教师所具备的心理素质,在其专业发展中也发挥着至关重要的作用。其中,自我效能感对小学教师专业发展的影响是显而易见的。自我效能感理论由心理学家班杜拉首先提出,指个体在特定情境中对能否成功完成某项任务的预期,换言之,是自我对能否实现特定目标的信心和信念。

作为一种内在的心理体验与感受,小学教师自我效能感无论对于教育工作、儿童发展还是小学教师自身发展都具有极其重要的意义,是促进小学教师自主发展的重要内在动力机制。高自我效能感的小学教师倾向于以积极的方式看待自己,具有自我满足感、自我价值感,能够充满自信地面对工作,不会因一时的失败而自我怀疑,始终相信自己有能力实现目标,因而在面对困难时能够积极地进行自我调控,主动地寻找解决问题的途径和方法。相反,低自我效能感的小学教师常常怀疑自己的能力,对自己的教育教学能力和影响力缺乏自信,同时不相信这种能力是可以经过努力改变和提高的,因而往往缺乏工作的主动性与积极性,在困难面前信心不足、感到无能为力,甚至夸大困难、回避困难,并容易产生恶性循环。[①] 可见,小学教师的自我效能感是其专业发展的重要心理基础。

另外,职业倦怠也是困扰小学教师专业发展的显著因素。有调查显示,小学教师长期处于紧张的工作状态,缺乏成就感,更谈不上幸福感。随着时代的发展,小学教师开始逐渐有了更加强烈自身发展需求,但是这种需求并不太明确。尤其是学校中有较多的缺乏教学经验的青年教师,这些小学教师感到即使全身心地努力投入也无法再使教学成绩提高。这种无力感,导致小学教师的职业倦怠成为影响其专业发展的重要因素之一。

(二)人格特点

人格特点可以对小学教师的专业发展产生深远的影响。小学教师的人格特点指的是小学教师所表现出来的稳定的、长期的个性特征和行为模式,包括小学教师的价值观、情感、思维方式和行为方面。

在价值观方面,具有正确的道德观念和人生价值观的小学教师,能够意识到教师职业的专业性和责任感,更加积极主动地进行学习,促进自身专业的发展。

在情感方面,小学教师积极向上的态度和强烈的责任感有助于提高工作热情和职业道德水平,从而更专注于教学质量的提高和学生的个性化需求。

在思维方式方面,自我意识和自我反省能力强的小学教师,可以更加敏锐地察觉学生的需求和问题,同时也能够不断地反思自己的教学方法和表现,从而不断提高教育教学水平。另外,拥有批判性思维和创新能力的小学教师,可以更好地应对各种教学挑战和变革,开拓自身的教学思路,充分发挥教育教学的潜能。

---

① 庞丽娟,洪秀敏.教师自我效能感:教师自主发展的重要内在动力机制[J].教师教育研究,2005(4):43, 45.

在行为方面,具有良好的沟通、合作能力和团队精神的小学教师,能够更愉悦地与同事、家长和学生交流,并且具备协调和解决问题的能力,这能对教师的专业发展产生积极的影响。

总之,人格特点是影响小学教师专业发展的重要因素之一,小学教师需要不断提高和完善自身的人格,以更好地适应教育环境的变化和满足学生的需求。

(三)价值取向

价值取向是指个人在生活和工作中所追求的基本价值观念。这些价值观念能够对小学教师专业发展产生深远的影响。

具备坚持以学生发展为中心的价值取向,注重培养学生的自我意识、创造力、合作精神等素质的小学教师,会更加关注每个学生的特点和需求,从而提高教学质量。

坚持因材施教理念的小学教师,注重发挥学生的个性优势,鼓励他们不断尝试和创新,能够更好地满足学生的多样化需求,提高教育教学的针对性和实效性。

注重职业道德和社会责任感的小学教师,能够更好地维护教育公正和学生权益,着眼于全局和长远,不断探索和推动教育改革和创新。

重视自我成长和专业发展的小学教师,不断学习和更新知识,适应时代变化和教育发展,能够更好地提高教育教学水平和专业素养。

因此,小学教师的价值取向对于小学教师的专业发展具有重要的影响,小学教师需要树立正确的价值观念,以促进自身的成长和学生的全面发展。

第二节　影响小学教师专业发展的外在因素

影响小学教师专业发展的外部因素即环境因素,主要包括社会环境和学校环境两个方面。社会环境中影响小学教师专业发展的因素包括社会期望、社会生产力、小学教师的社会地位、教师政策和初等师范教育制度等;学校环境中影响小学教师专业发展的因素包括学校文化、学校管理制度、校本培训等。

一、社会环境

随着社会的发展,教育逐渐成为社会持续发展的动力,教师的作用也在不断扩大。教师不但承担着教书育人的使命,也是社会物质财富和精神财富的创造者,对社会的变革起着重要的影响。而教师与社会各界发生各种互动的同时,其价值观形成、行为方式确立、教学工作推进等也受到社会和时代发展的影响。

(一)社会期望

随着我们国家步入社会主义新时代,高质量教育已成为社会各界的诉求,而高质量教育的发展路径之一就是教师发展的专业化。因此,社会对于各阶段教师的要求变得越来越高。对于小学阶段,社会既希望小学教师是道德楷模且教师专业素养过硬,又希望小学教师能够具有一定的综合性知识,能够在教学中因材施教,成为小学生的良师益友,并承担起学生心灵培育者的角色。

不同的社会群体对小学教师专业发展有着不同的理解和期待。党和国家希望小学教师坚持落实好立德树人根本任务,努力成为有理想信念、有道德情操、有扎实学识、有仁爱之心的"四有"好老师;家长期望小学教师能够关注学生的成长和发展,提升小学生的学习能力,发展小学生的良好品格,照顾小学生的学校生活;教育专业研究人员期待小学教师能够成为研究型教师,在一线教学工作中多进行研究与反思。

社会对于小学教师的发展期望能对小学教师专业发展形成推动力,但在某种情况下也会产生阻碍作用。一方面,社会期望对小学教师专业发展起着促进作用。社会期望是一种目标与要求,对小学教师专业发展起到了监督和鼓励的作用。另一方面,社会期望也营造了一种紧迫性的社会氛围,为小学教师施加了一定的压力。① 尽管这种压力有时会转化为小学教师发展的一种动力,但过高的、不合理的社会期望也会给小学教师带来沉重的心理负担。

(二) 社会生产力

生产力的发展影响着社会进步和人的发展。小学教师的专业发展也是与生产力的发展、生产关系的改进同向同行的。换言之,有什么样的社会发展水平就会有什么样的小学教师成长样态。

从社会生产力发展的进程来看,在人类社会的早期,生产力发展水平低下,教师还不是一个独立的专业群体,那些掌握知识的人(如:官员、神职人员)承担着教师的职能,因此当时也没有出现教师专业发展的概念。随着从农业社会向工业社会的转型,在社会分工不断细化的背景下,“教师”这一职业出现了。到19世纪末,自然科学已经取得巨大的成就,科学技术成为改造社会的主要生产力。此时开始有了“专业”的需要和觉醒,人们开始意识到,不是任何人都可以做教师的,也不是不经任何教育专业训练的人都可以做教师的。这时,社会的发展越来越需要有专门的“教师”来承担起培养人的专门职能。自此以来,小学教师必须是一种专业,只有具备小学教师专业知识、专业能力、专业情意、专业素养和专业自主的人才能“做”小学教师。可见,随着社会历史的变迁,小学教师专业发展和个体专业成长的内容、程度和水平要求都在不断变化,并且受到社会历史发展水平的制约。

一方面,生产力为小学教师的成长提供了物质需要。随着现代社会的不断发展,人类文明的日益进步,小学教师的物质需要也在向更高层次发展。小学教师的物质需要得到适当满足后,他们才会有更高境界的精神需求。物质需要是小学教师成长的基础和条件,精神需要是小学教师成长的高级阶段。物质需要是为了能够生存,精神生活是为了寻求生存的意义。

另一方面,生产力的高度发展为人的全面发展提供了更多的自由时间。社会历史的发展为小学教师提供可以自由支配的时间,这是人的自由而全面发展的前提和基础,也是必要的保证。小学生由于年龄小,思维处于发展早期,所见事物又是如此丰富多彩,所以他们对事物的认识大多是综合性的、整体性的。因此,小学教师的知识需要是综合的多学科知识。而生产力的高度发展,使小学教师能够充分发展自己的能力,来匹配小学教师综合性的职业特征。

(三) 小学教师的社会地位

小学教师的社会地位包括小学教师的专业地位和小学教师的经济地位。小学教师的社会地位是指社会按照小学教师任务的重要性和对小学教师能力的评价而给予

---

① 薛志华.社会期望对教师专业发展的影响:促进与抑制[J].当代教育科学,2006(6):36.

小学教师的社会地位或敬意,以及给予其工资条件、报酬和其他物质条件。[①]

《中华人民共和国教师法》规定教师是履行教育教学职责的专业人员,但实际上小学教师的专业地位并没有得到明显体现。并且,在某些地区,小学教师的经济地位不高,虽然拖欠小学教师工资的情况在逐年递减,但仍有发生。《中华人民共和国义务教育法》第三十一条规定,教师的平均工资水平应当不低于当地公务员的平均工资水平。此项政策要求在许多地方未能有效落实,教师的经济待遇与医生、律师、工程师等其他专业人员相比仍有很大差距。小学教师社会地位不高,必然降低了其职业吸引力,无法有效吸纳优秀人才从事小学教师职业,专业发展的动力也会减弱。

另外,我国小学教师的社会地位城乡差别显著。在一些偏远地区,小学教师的社会地位仍旧较低。城市里的小学除了有更好的工资待遇,更好的发展平台,也有相对更高的社会评价。而在部分农村小学,还有一些孩子没有漂亮的校舍、齐全的课本,缺乏专职教师。如果大量的毕业生都涌向城市,不愿意到偏远一些的地方去,会让小学教育的城乡差别进一步拉大,将会带来一系列的问题。

(四)教师政策和初等师范教育制度

教师政策对小学教师专业发展的影响是全面而深入的,无论是小学教师培养,还是诸如职称评定等,都是小学教师发展的重大事件,都要受到相关政策的广泛影响。

首先,教师资格制度是国家推行的一项针对教师行业的职业准入制度,它规定了在初等教育阶段任教的小学教师所必备的学历和接受专业教育的程度,有效地阻止不合格的非专业人员进入初等教育的小学教师队伍。这是一种促进初等教育小学教师专业化的有力的法律保证。我国推行小学教师资格制度的时间相对较晚,自1993年起,相继颁布《中华人民共和国教师法》《教师资格条例》和《〈教师资格条例〉实施办法》,我国开始逐步构建教师资格制度体系。1998年,教育部在6个省(区、市)的部分地区进行教师资格认定试点工作。随着《小学教师专业标准(试行)》的出台,国家对小学教师资格认证制度也做了较大的改革,在2015年进行了全面改革,实施中小学教师资格考试和定期注册制度,改革之后的小学教师资格考试难度增大,在报考条件、学历要求、考试方式与内容等方面都进行了重新修订,小学教师资格认证制度在小学教师专业发展中的作用愈加凸显。[②]

其次,教师职称是专业技术职称中的一种,表示对一名小学教师工作能力与水平的认可;同时,能评上高级职称也被许多小学教师默认为自我价值的体现。自1988年开始,我国开始实行小学教师职称评聘制度。2015年,人力社会部、教育部印发《关于深化中小学教师职称制度改革的指导意见》明确提出,随着中小学人事制度改革的深入推进、素质教育的全面实施和教师队伍结构的不断优化,现行的中小学教师职称制度存在着等级设置不够合理、评价标准不够科学、评价机制不够完善、与事业单位岗位聘用制度不够衔接等问题。小学教师职称改革对小学教师专业发展的要求不仅仅是停留在小学教师要有知识、有学问,而是要有符合现代社会发展要求的专业追求和专业理想。它不仅要求小学教师更深刻、灵活地理解学科知识,还要求小学教师掌握和

① 刘洁.试析影响教师专业发展的基本因素[J].东北师大学报(哲学社会科学版),2004(6).
② 刘义兵.教师专业发展[M].北京:高等教育出版社,2017:145.

获得新的课程资源和教育教学技能,维护小学教师的社会地位,充分调动小学教师的积极性等。职称制度改革对小学教师的意义重大。教师职称政策使得小学教师坚定了立足本职工作的信念,为小学教师专业发展带来了更大的活力和动力,成为小学教师提高社会地位、寻求更大发展机会的有力保障。①

最后,教师培训政策是国家对发展小学教师专业化的有力支持。职前小学教师培养由师范院校承担。在我国,师范教育基本上还是一种"终结性"教育,职前与职后脱节,条块分割、体制机构分离、课程体系各自为政,存在低水平重复的问题。小学教师职前培养与职后培训分离,造成教学内容、教学技能培养等方面与教育实践相脱节;小学教师职前培养与职后培训在教学水平上的倒挂,同时造成了教育资源的浪费。小学教师教育的制度设计关乎小学教师质量的高低。我国大多数师范院校一般只注重师范生的培养,很少关注小学教师的入职教育和职后培训。而小学教师教育中职前培养、入职教育、职后培训同等重要,三者前后衔接方能形成有机整体。另外,职前小学教师教育的课程设置也关系着小学教师培养质量的高低。目前,一些师范院校的初等教育专业使用教材内容陈旧;专业类课程分化过细,只是形成了与小学课程的简单对接;教育类课程轻视实践能力的培养;综合类课程设置较少,可自由选择的选修课程更少。这暴露了学科教学之间存在巨大的鸿沟,也影响了小学教师的专业发展。

伴随知识经济时代的到来,信息总量越来越大、更新速度越来越快,仅靠职前初等教师教育所获取的知识已无法满足初等教育教学的需要。在终身教育理念背景下,小学教师职后培训受到越来越多的关注。无数的实践证明,职前初等教师教育仅是进入小学教师职业的预备环节,其所进行的培养只是为小学教师职业生涯提供基础性的知识和技能,丰富多样的职后初等教育教学实践才是小学教师成长和发展的沃土。为此,国家尤其重视继续教育在促进小学教师专业发展中的作用,出台了一系列教师培训政策以推动小学教师专业化水平的提升。2010年由教育部、财政部联合启动实施的"中小学幼儿园教师国家级培训计划",以及省、市、县等各级教育行政部门定期举行的丰富多样的小学教师培训,对于提高小学教师特别是农村小学教师队伍整体素质至关重要。参加各种类型的培训,对于小学教师更新教育理念、增加知识积累、提升专业技能等发挥了显著功效,为小学教师自身专业成长提供了强有力的支撑。②

二、学校环境

小学教师专业发展是在学校空间内进行的,相较于社会环境,学校环境对小学教师的影响更具有直接性、全面性和持续性。

(一)学校文化

学校物质文化是促进小学教师发展的条件,它包括学校文化的物质形态,如学校环境文化和显现在外的学校主体的活动形式。③ 学校物质文化是小学教师在教育实践过程中创造的各种物质设施,它们能够迅速为人们提供感觉刺激,给人一种有意义的情感熏陶和启迪,学校的校园环境就是其中一个重要表现形式。小学教师办公环境

---

① 刘义兵.教师专业发展[M].北京:高等教育出版社,2017:146.
② 刘义兵.教师专业发展[M].北京:高等教育出版社,2017:147.
③ 茹荣芳.教师发展的学校文化生态基础[J].中国教育学刊,2012(3):49.

的舒适与否直接影响小学教师工作的情绪,舒适的办公室为小学教师提供了良好的专业发展环境。学校物质文化还包括学校的文化设施,如图书馆、阅览室等小学教师文化活动的场所。小学教师文化活动场所为小学教师发展提供了自主学习的空间,使小学教师有意识地追求专业发展。

学校制度文化是促进小学教师发展的保障,它包括学校内外特有的规章制度、管理条例,以及各种社团和组织机构及其职责范围等。学校制度文化依托某种管理机制,使用得当可以一定程度上帮助小学教师的专业成长。正所谓"没有规矩不成方圆",学校管理机制规定了小学教师要做什么、不能做什么,该怎么做、不该怎么做。有了明确的制度规定,小学教师就能明确自己的工作职责,便有更加明晰的努力方向。因此,良性的学校制度文化有助于挖掘小学教师专业发展的自主内驱力,能够促进小学教师的专业发展。

学校精神文化是促进小学教师发展的核心,它包括学校价值观念与办学理念、群体目标、治学态度和各种思想意识,表现为学校风气及师生的审美情趣、道德情操、思维方式等文化生态。可见,学校文化是一所学校的灵魂,不仅是学校发展的内生动力,更是办学特色的标志。学校的办学历史、办学理念、社会声誉,以及校园环境都属于学校文化。小学教师发展立足学校场域内,与学校文化产生关联。学校精神文化指引着小学教师的专业发展。学校的精神文化为小学教师提供专业发展的机会。学校的精神文化可以激励小学教师不断寻求专业发展机会,促进他们在职业上和个人层面上的成长和发展。例如,通过鼓励教师参加各种培训课程、研讨会、学术论坛等活动,学校可以为教师提供更多的专业发展机会。学校的精神文化可以塑造小学教师的职业形象,使他们在教育领域内受到尊重和认可。如果学校注重道德修养,追求卓越,强调团队精神,教师也会受到这些价值观的影响,并通过自身的行为举止来展现出这些价值观。学校的精神文化也可以增强小学教师的归属感和凝聚力,从而提高他们的工作效率和工作满意度。如果学校注重营造良好的工作氛围,注重加强师生关系,倡导教师自我管理等,教师们会感到自己是一个大家庭的一员,并且更加积极地投入工作中。学校应该注重培养一种开放、包容、鼓励创新的文化,让教师们在这样的文化氛围下不断进步和成长。

(二)学校的管理制度

在学校管理中,校长首先要发挥自身的行政管理、组织、指导等作用,成为小学教师专业发展的"发动机"。校长是学校发展的"风向标"。在日常管理中,校长要强化目标管理、过程管理、评价管理等。一旦有了管理目标,小学教师专业发展就会有方向、有针对性、有实效性。校长要善于为小学教师专业发展搭台子、压担子。例如,校长可以组织小学教师制订目标发展规划书,对小学教师进行骨干培训,让小学教师参加名师工作室活动,组织小学教师进行结对,组织建构小学教师教学研共同体等。在此过程中,校长应该创设条件,打造平台,赋予小学教师专业发展充分的自主时空。校长的行政管理、组织和指导是学校管理的骨架,校长要成为小学教师专业发展的"方向盘",通过规章制度把准小学教师专业发展方向。在学校管理过程中,校长不仅要用规章制度规范小学教师专业发展,还要用其挖掘小学教师专业发展潜能。校长可以邀请行政班子、小学教师代表和学生等参与学校规章制度的制定、完善、落实、监督等,让其成为小学教师专业发展可享受的"福利"，尤其是培训制度、科研制度、评价制度等，通过制度助推小学教师跨上专业成长的新台阶。例如，在学校管理中，创建学校公众号，展示小学教师专业发展风采，当小学教师、学生、家长阅读相关文章时，学校制度管理的理念自然而然就深入人心了。

（三）校本培训

校本，是"以学校为本"的意思，包括校本课程、校本管理、校本培训、校本研究等形态。[①] 除了各级教育行政部门组织的各级各类培训，校本培训也是促进小学教师专业成长的有效途径之一。以校为本的教学研究和培训，基于学校真实教学场域，以小学教师遭遇的实际问题为导向，重在培养和提升小学教师的实践能力，对于推动小学教师专业发展更具针对性和持续性。校本培训的内容主要有教育教学理念、学科教学方法、教学技能等，一般通过导师制、各类讲座形式的短期培训班、校际观摩与交流、课题带动等方式进行，立足小学教师生活与工作场域，解决小学教师面临的实际教学问题，对小学教师专业成长有着不可低估的作用。[②]

在职阶段，小学教师通过自身的实践性知识，以及校本培训等促进专业发展。小学教师的实践性知识主要指小学教师在教育教学实践中基于积极的教育价值追求，对教育教学工作的规律性把握、创造性驾驭，深刻洞悉、深度思考、敏锐感悟与反应，以及灵活机智应对各种问题的综合能力。小学教师的实践性知识是在个人专业实践场景中产生的，这种实践性知识能够帮助教师提升教育教学能力，促进教师的专业发展。此外，小学教师可以积极参与学校的教研活动，在交流中汲取他人的经验和教育思想，拓宽自己的视野。

案例故事

校本培训：助力教师成长

2023年2月2日至4日，某小学组织开展了为期三天的校本培训活动。孙校长解读了新学期教学工作计划，提出了聚焦主题、教研突破和优化常规、突出评价、立足国家课程提升教学质量的目标。学生部刘主任以大任务、教学评的模式解读了学校德育工作计划和校本课程、跨学科课程的创新实施方案和愿景。事务部、安全科负责人对新学期的安全工作提出新目标，构思新安排，确保新学期师生身心安全与健康。全体教师进一步明确了工作任务与要求，统一思想、提高认识、凝聚力量，为新学期各项工作有序、高效地推进打下了坚实的基础！刘老师和冯老师对班级两款教具的使用方法进行了培训。信息技术是实现教育跨越式发展的直通车，教师掌握了现代技术，有助于改善其的能力结构，进一步适应素质教育的要求。教师工作坊主持人对上学期工作进行了总结汇报。教师工作坊的运行，充分发挥了骨干教师在教师队伍建设中的引领和示范作用，为探索建立提升教师队伍专业能力的方法机制提供了强力路径。孙老师、董老师、郑老师三位老师对课题申报撰写进行了培训，帮教师理清了课题研究的思路。该小学紧抓课题研究工作，促进教师专业成长，借助课题这一平台，在研究中不断

---

① 胡惠闵,王建军.教师专业发展[M].上海:华东师范大学出版社,2014:249.
② 刘义兵.教师专业发展[M].北京:高等教育出版社,2017:152.

提升教育教学能力,使教育科研成为助力教师专业成长的有力翅膀。

第三节　小学教师专业发展的主要取向

一、理智-知能取向

小学教师专业发展的理智-知能取向认为,小学教师专业发展的核心任务是知识的增加与能力的增长。

（一）小学教师专业发展理智-知能取向的基本内涵

如今,小学教师必须增加发展所需要的知识,提升发展所需要的能力,以适应高质量教育发展的需要。小学教师专业发展的理智-知能取向认为,小学教师的教学实践背后有特定的知识和能力作为支撑。小学教师专业发展的理智-知能取向是在小学教师专业发展实践与研究中被采用较为频繁的取向。

其基本内涵包括:

（1）小学教师专业发展最为核心的,就是有关教育教学知识的增加和能力的增长,其他方面知能的提升不在小学教师专业发展首要考虑之列。

（2）小学教师专业发展既出于小学教师终身学习和发展考虑,也是为了教育事业发展的需要,小学教师在这类发展中具有主动地位。

（3）引导小学教师关注到教育教学不断改变的事实,让小学教师知能的提升成为一种必需,打消一些小学教师不愿意发展的念头。

（二）小学教师专业发展理智-知能取向的特征

小学教师专业发展的理智-知能取向有其自身的特征。首先,理智-知能取向强调对小学教师专业发展中知识和能力的要求。此取向重点关注小学教师的专业知识和专业能力。例如,小学教师如何更好地将学科专业知识和能力传递给学生等。这一取向也强调发展的系统性,倾向于让小学教师获得有关其专业的系统知识和能力,而非片段性的、感悟性的知识和能力。另外,要注意在取向中也要兼顾知识和能力的交互性,即在这种取向的小学教师专业发展中,知识和能力统一于一定的专题之下,知识为能力奠基,能力使知识落地转化为实践。

（三）小学教师专业发展理智-知能取向的意义

小学教师专业发展的理智-知能取向是在现实中被广泛接受的一种取向,其本身对于小学教师专业发展来说具有重要的意义。具体表现在如下几个方面:

第一,知识是人类智慧的结晶,尤其是经过深入研究所获得的知识,对于人类的发展更加重要。理智-知能取向强调把正确的知识纳入小学教师专业发展之中,自然具有非常重要的意义。在知识爆炸时代,小学教师需要不断地补充知识、更新知识,以适应时代的发展。

第二,能力是人类处理问题的核心素质,任何知识必须转化为能力才能够帮助小学教师有效地完成教育教学工作和实现自身的发展。理智-知能取向强调通过专业发展的历程,引导小学教师发展新的教育教学能力,因为任何教育教学改革都要求有新的能力与之相匹配,小学教师原有的能力可能不适应教育教学改革的要求。比如,对讲授方法很熟悉的小学教师,可能并不具备通过互动的方式让学生获得知识的能力。

第三,知识和能力相对来说都是比较显性的,容易把握和传递,理智-知能取向的小学教师专业发展更容易实施并取得效果。理智-知能取向所关注的知识都是显性知识,尤其是通过研究所获得的明确的知识,这些知识可以通过讲授的方式让小学教师理解和把握。理智-知能取向所关注的能力,实质上是系列化的行为,也可以通过反复训练的方式让小学教师获得。因此,相对于其他取向,理智-知能取向的目标更容易确定,也因此更容易实施、评价和管理。

正因为上述三个方面的原因,理智-知能取向往往成为小学教师专业发展机构的首选项,在小学教师培训等活动中得到了十分广泛的实践。

二、实践-反思取向

小学教师是终身学习者,应不断提升教育实践能力,并对自身的教育经验进行反思。反思自身的教育生活史是小学教师专业发展的有效途径。

(一)小学教师专业发展实践-反思取向的基本内涵

小学教师专业发展实践-反思取向的基本内涵是小学教师通过对自己的教育教学行为进行系统性、有意识的反思,从而不断提高自身专业素养和能力,促进个人职业成长和发展。

20世纪中期以后,社会科学界对于人的研究发生了一个重要的变化,那就是对"人"的分析单位的变化。个体的、具体的、独一的、丰富的、复杂社会关系中的、有着特定历史和境遇的"人",替代复数的、抽象的、一般的"人",成为新的研究和分析单位。小学教师专业发展的实践-反思取向,也正是建立在这样的基础之上的。当从"个人"的角度看问题时,世界突然变得与之前不同:那些以书面语言为载体,按照特殊的约定俗成的术语和逻辑表达的,通常暗含着这个学术领域的可能长达数千年的历史背景的,被假定可以共享的"知识",不管它在内容上属于哪一个分类,往往并不能对教师的教学实践直接产生影响。

因此,小学教师需要关注教育教学过程中所遇到的问题和困难,并及时进行反思和总结,来形成能够帮助改善教学实践的实践性知识和能力。例如,小学教师可以在接触新知识、开展教学活动、与学生互动等环节中,注意记录和分析自己和学生的表现情况,从而找到问题和解决方法。小学教师需要借助各种工具和方法,对自己的教育教学行为进行定量和定性的评价和分析。例如,小学教师可以通过课堂观察和问卷调查等方式,了解学生对教学内容和方法的反馈情况,从而有针对性地改进教学策略。小学教师需要在反思的过程中积极探索和尝试新的教育教学理念和方法,不断挑战和超越自身,提高个人专业素养和能力。例如,小学教师可以通过不断学习、交流和研究,了解最新的教育教学理论和方法,加强自身的教育教学实践能力和创新能力。小学教师需要将反思贯穿于整个教育教学过程中,注重细节和全局的把握,不断优化和完善自己的教育教学行为和成果。例如,小学教师可以定期进行反思和总结,分析自己的教育教学经验和教学效果,从而不断提高自身的专业水平。

总之,小学教师专业发展实践-反思取向是一种有意识、系统性的教育教学方式,要求小学教师在教育教学实践中不断审视自我、改进自身,提高个人专业素养和能力,同时也有助于促进学生的全面发展和未来成长。

（二）小学教师专业发展实践-反思取向的特征

1. 实践性

与小学教师专业发展的理智-知能取向假定"知识是一般性的"不同,实际上在小学教师的专业生活中起作用的知识总是实践性的。它们能且只能在实际的教学工作中由小学教师自己建构起来。它们与个人密切相关,具有明显的实践定向特点。这个特点,使得实践的知识在内容和表述上,都与专业知识大有不同。例如,实践的知识不是经由特定的、清晰的过程"推理"得出的某种结论,甚至它的结论也难以用合乎语法的、口头或书面的语言表达清楚。它是如此综合和复杂,以至于很难判别和离析出其中的要素来,它的内容只能用实践的语言予以表达。

2. 情境性

在小学教师的教学实践中实际产生作用的知识是情境化的,而不是一般的、抽象的、自足的。以学科知识为例,在传统的知识观下,数学家的有理数知识,应该和小学数学教师的有理数知识是一样的,差别可能只在于知识的丰富程度或熟练程度。但是实际上,小学一年级数学教师的有理数可能只是展现若干实物或图片,和小朋友一道先一个一个地数过来,然后说出它们的数量,直到每一个小朋友都能够熟练地用数字表达一定实物或图片的数量;小学教师根据其所任教的数学科目的进度,对"有理数"知识也有不同的解释。不但自成体系的学术领域中的知识与学校课程中的知识不同,而且学校课程中同一个科目的知识,在不同的学校、年级和班级,也大不相同。在小学教师的教学实践中实际起作用的知识,往往是在特定的情境中习得的(如在某所小学从教的若干年中积累的),正是这些特定的情境赋予了这些知识以意义,这些知识也受到特定情境的局限。这可以解释为什么许多小学教师一旦离开了某个特定的情境(如从小学进入中学,或从中学进入小学,或从一所小学到另一所小学),就至少会有一段时间不适应,需要重构自己的知识体系才能够重新进入较佳的专业状态;甚至有的小学教师在转换了教学情境之后,再也未能成为原来那样"成功的"小学教师。

（三）小学教师专业发展实践-反思取向的意义

小学教师在日常教育教学实践中,通过不断地反思、总结自己的行为和做法,提高自身的专业素养和水平。实践-反思取向能够激发小学教师的思考意识。小学教师通过反思,能够更加深入地了解自己的优点和缺点,激发自己的思考意识和探究精神。这有助于小学教师主动发现和解决问题,不断提高自己的教育教学水平和素质。小学教师通过不断反思自己的教育教学理念和方法,增强自己的学习动力;通过不断吸收新知识,掌握新技能,提高自己的教育教学能力和水平。小学教师通过反思,能够及时发现和纠正自己在教育教学过程中存在的问题和不足,提升教学效果和学生满意度。这有助于提高学生的学习兴趣和参与度,实现良好的教育教学效果。小学教师通过反思,能够不断总结自己的经验和成果,推动自己的专业成长和发展。这有助于提升小学教师的职业素养和水平,增强小学教师的专业成就感和自信心。

总之,小学教师专业发展实践-反思取向在激发教师的思考意识,增强教师的学习态度,提升教师的教学效果和推动教师的专业成长等方面具有重要的意义。这需要教师具备良好的自我反思能力和批判思维能力,注重从实践中发现问题和解决问题,推进自己的专业成长和发展。

三、生态-文化取向

小学教师群体构成专业社群,群体的专业发展依靠组织文化的建构与小学教师身份认同的形成,生态-文化取向注重教师团队的合作发展与小学教师群体的专业提升。

(一)小学教师专业发展生态-文化取向的基本内涵

理解小学教师专业发展的生态-文化取向,首先必须了解什么是文化,即文化的内涵。文化是一个非常广泛的概念,给它下一个严格和精确的定义是一件非常困难的事情,迄今为止仍没有一个有关文化的公认的、令人满意的定义。笼统地说,文化是一种社会现象,是人们长期创造形成的产物,同时又是一种历史现象,是社会历史的积淀物。确切地说,文化是凝结在物质之中又游离于物质之外的,包括能够被传承的国家或民族的历史、地理、风土人情、传统习俗、生活方式、文学艺术、行为规范、思维方式、价值观念等,是人类普遍认可的一种能够传承的意识形态。简而言之,一切打上了人的烙印的事物都可称之为文化。

小学教师专业发展的生态-文化是指在一个特定的小学教师团体内,或者在更加广泛的小学教师生态范围内,各成员为了小学教师群体的发展,共享实质性的态度、价值、信念、观点和处事方式,它反映在小学教师的观念和言行之中,分享和共识是小学教师文化内容观的基本要素。这是小学教师专业的一个社会化的过程。生态-文化取向认为教师的专业成长是个体和环境互动的结果,关注教师群体中的人、事、物等之间的关系。生态-文化取向的教师发展观指通过建构合作的教师文化或教学文化,实现教师群体的共同发展,强调场域中群体的作用,以及群体的价值观、文化、氛围等对教师主体意识的影响和激发。教师并非孤立形成其教学策略与风格,而是在很大程度上依赖于教学文化。生态学强调主体和环境之间的关联与关系,注重生物体与其生存的环境所形成的各种关系对其所造成的影响。学校通常是对小学教师的专业社会化产生影响的一个场域,在学校里可能还会有更小的场域,如教研组或年级组。

(二)小学教师专业发展生态-文化取向的特征

小学教师专业发展生态-文化取向的最主要特征就是合作文化。教师需要走出个人主义的牢笼,打破职业隔阂,超越教学竞争;需要建立非朋友之情的稳定的、积极的、专业的伙伴合作关系,重建民主、平等的教师学习文化,与同事发展成学习研究的共同体。教师之间不断地沟通,与同伴教师进行平等的交流,解决教学中的实际问题,从而使群体的智慧促进教师个体的专业发展。合作的教师发展观把教师学习看作最基本的社会实践过程,基于教师之间的自愿主动的合作,认为教师只有在合作的环境下才能进行持续的有意义的专业学习,只有通过与他人的合作才能更好地理解自己的经历和观点。这种合作包括教师之间的合作,教师和研究者之间的合作,教师和学生之间的合作,教师和管理者、教材开发者等之间的合作。教师之间的合作主要指同伴合作,包括同伴互助、师徒结对、教研室活动、听课活动等。

(三)小学教师专业发展生态-文化取向的意义

小学教师专业发展的生态-文化取向拥有强大的力量。个人往往无法独善其身,主流环境的影响作用是巨大的,主流文化的影响更为强烈和明显。就小学教师而言,如果将小学教师个体置于一个积极上进的环境中,那么即使是"躺平"的小学教师也会变得追求上进,因为在追求上进的主流文化氛围中,不上进的个体势必难以融入主流文化,必定面临被淘汰的危机。因此,不上进的小学教师会被同化,变得积极进取。同样,将一个追求上进的小学教师置于一个懒散、不思进取的环境之中,积极的小学教师也会变得不积极,因为主流文化是不积极的,积极的个体是不被大家所接受的,个体越是积极越是容易被排斥、被孤立,久而久之,积极的小学教师也会变得不积极、不进取。因此,在小学教师文化中,个体小学教师很难做到不受小学教师文化的感染、影响,这便是生态-文化取向的意义所在,它启示我们要将积极、平等、开放的教师文化营造作为教师专业发展的前提。①

四、儿童-关爱取向

小学教师专业发展的最终目的是要关注儿童的幸福健康成长。儿童-关爱取向以儿童发展为中心,贴合小学教师的职业特点与对象性特征。

(一)小学教师专业发展儿童-关爱取向的基本内涵

小学教师专业发展儿童-关爱取向的基本内涵是小学教师从关爱、关注儿童的角度出发,全面关注学生的身心健康和发展。小学教师需要了解每个孩子的特点和需求,建立起与学生之间信任和沟通的桥梁,从而更好地关注学生的身心健康。例如,小学教师可以通过定期与学生交流、观察和记录,了解学生的兴趣爱好、性格特点、情绪状态等信息,及时发现和解决问题。小学教师需要创造一个温馨、和谐的教育环境,为学生提供安全、稳定的学习氛围。例如,小学教师可以通过课堂布置、活动策划、改进教学方法等方式,让学生感受到关怀和尊重,鼓励学生积极参与课堂活动。小学教师需要注重学生的全面发展,从不同方面进行关怀。例如,小学教师可以通过提供各种资源和机会,支持学生的学术、艺术、体育等方面的发展,激发学生的潜能和创造力。小学教师需要与学生家长、社区等多方面合作,共同关注学生的身心健康和发展。例如,小学教师可以定期与家长进行交流,了解学生在课外活动中的情况,提供有针对性的建议和指导。小学教师应具有关注儿童需要的意识,具有关爱小学儿童的能力,读懂小学儿童的表达,切实关注儿童的需要,从而为小学生提供激活、引导、满足其需要的适合的教育。小学教育一定要关注小学儿童的需要,需要是人生存与发展的内在动力,关注需要,就是关注个体生命活动的内在动力。关注儿童的需要,就是要关心儿童的需要,注重儿童的需要,就是要研究儿童的需要(包括儿童需要的满足与引导等),实质是关注儿童的生命健康成长。②

小学教师专业发展的儿童-关爱取向,要求小学教师从走近、了解、关注每个孩子的角度出发,全方位、全过程地关注学生的身心健康和发展。

(二)小学教师专业发展儿童-关爱取向的特征

1. 以儿童为本

小学教师始终把儿童放在教育教学工作的中心位置,尊重、理解、读懂每个孩子的个体差异和需求。小学教师从儿童的角度出发,关注学生的身心健康和全面发展。

2. 以情感为基础

---

① 刘义兵.教师专业发展[M].北京:高等教育出版社,2017.
② 刘慧.关注小学儿童的需要:教育学的视角[J].湖南师范大学教育科学学报,2013,12(05):73-77.

小学教师注重与学生之间建立起良好的情感关系,建立互信、互敬、互助的师生关系。小学教师用自己的真诚、耐心和爱心去关注每一个学生,营造出温馨、和谐的教育环境。

3. 以个性化为特点

小学教师注重发掘、尊重和发展学生的个性特点,让每个孩子都能够得到充分的关注和发展。小学教师根据不同学生的需求和特点,采取个性化的教学方法,提高学生的成就感和参与度。

4. 以多元化为取向

小学教师注重多种资源的整合和利用,通过多种途径和形式,满足学生的多样化需求和愿望。小学教师关注学生的多元化发展,为学生提供多种经验和机会,让学生的成长更加多姿多彩。

这种取向需要小学教师具备高尚的职业道德、人文素质和感恩精神,用耐心和爱心去对待每一个学生,真正做到关心、关注、关爱每个孩子。

(三)小学教师专业发展儿童-关爱取向的意义

小学教师从关爱儿童的角度出发,全面注重学生的身心健康和发展,助力儿童生命健康成长。当代小学教育需要的不单单是以理智-知能为取向、以教学为本位的教育,而且需要以儿童教育为本位的小学教师。所谓以儿童教育为本位的小学教师,是能突破学科教学本位,"以儿童定教育"的小学教师,即以儿童生命为基点,从儿童的立场出发,围绕儿童生命成长规律和阶段特性、儿童生命需要、生命样态等思考、设计、实施小学教育教学,能为每个个体儿童生命的健康成长提供个性化的、适合的帮助的小学教师。只有这样的小学教师,才能适应当前小学教育改革和未来小学教育发展的需要。① 需要指出的是,儿童生命健康成长,绝不是儿童自身的事;小学教育为儿童生命健康成长服务,也绝不是仅仅关注儿童生命本身,而是要在儿童生命展开的生活中进行的。世上没有孤立的生命存在,尽管在儿童期,儿童生命的健康成长更多地"偏向"其生命内在自然,但其生命成长的方向、能量来源皆离不开社会。因此,对儿童教育的理解,不能与社会对儿童的要求,以及培养适应社会、改造社会之人的目标相脱节或相对立。小学教师通过儿童-关爱取向,能够更加全面地了解每个孩子的特点和需求,尊重、理解、关爱每个孩子。这有助于小学教师更好地开展个性化的教学活动,提高学生的参与度和成就感。儿童-关爱取向的小学教师能够更加关注学生的身心健康和发展,为学生提供一个安全、稳定、温馨的学习环境。这有助于促进学生成长,减轻学生的学习压力和心理负担。这一取向有利于增强小学教师的职业满足感,小学教师通过儿童-关爱取向,能够真正体会到自己的工作价值和意义,从而增强自己的职业满足感。小学教师在教育教学实践中,能够收获更多的快乐,以及成就感和幸福感。

五、小学教师专业发展取向评析

小学教师的所有"专业性",最终都必由教师与学生的教育关系体现并得到检验,因此,在探讨小学教师的专业及专业发展问题时,直接体现小学教师与学生之间教育

---

① 刘慧.以"儿童教育"为本位的卓越小学教师培养[J].课程·教材·教法,2017,37(02):114-118,100.

关系的部分最先引起关注,并且至今仍然是许多学者研讨的话题。在早期的这一类关注中,比较偏重技术、知识这些"外在于人"(而同时又为人所用的)的因素。当我们开始关注小学教师这个"人"本身的因素的时候,尤其当我们承认小学教师这个"人"的复杂性时,小学教师的个人经历和专业经历突显出来,这是小学教师当前专业状态的重要基础。小学教师基于个人经验的理解、自觉程度等,又直接指向他专业上的未来可能状态。小学教师尽管都有自己的个人经历,在进行教育教学时也一定会有其个性,但小学教师生活的集体中共享的价值观、规范、通行的教育论断、实际采纳的评判标准等这些"人与人之间"的因素,也是小学教师专业行为的重要组成部分。

小学教师专业发展的理智-知能取向、实践-反思取向、生态-文化取向和儿童-关爱取向,因基于不同的假设和思想背景,在对小学教师的专业和专业发展等关键问题上的理解有所不同,对于小学教师专业发展的实践亦有不同的启示。总结起来,我们似乎可以说,小学教师要以儿童的全面发展为目的,通过专业的知识和能力,在实践中不断反思自身的实践活动,通过群体合作的态度,形成四维教师专业发展的统一。

小学教师专业发展是一切为了儿童的专业发展。立足小学儿童的立场,小学教育不应是以学科教学为本位的,而应是以儿童教育为本位的,并以构筑专业教育的可靠基础为目的,当然这个"基础"所包含的内容,并不止于理智-知能取向所倡导的专业知识和能力。小学教师主动的、积极的反思与探究,也理应构成小学教师专业发展的一个重要途径,并最终以合作的方式,对自身教师专业发展产生重要影响。

目前,以儿童为中心、童心教育、走近儿童、读懂儿童、学生发展核心素养、整合课程、"学材"开发、综合实践、体验学习等,已成为当代小学教育改革的"关注点"和"着力点"。这些凸显的是小学教育对儿童的关注,为儿童提供适合的教育的行动。可以说,今天的小学教育改革正朝着注重儿童生命成长需要的方向努力。从小学儿童的角度看,小学儿童接受小学教育是为了自身生命的精神成长,而不单纯为了获取知识;小学儿童需要的是能为其生命健康成长提供有效能量的小学教育,而不是有悖于此的所谓教育;小学教育服务于促进儿童生命健康成长,而不是相反。所谓儿童教育是有关儿童生命健康成长的教育,是成人为儿童生命健康成长提供有效能量的活动。可以说,当代小学教育改革正试图突破学科教学本位,回归儿童教育本位。其实,小学教育的本质就是儿童教育,只不过现实的小学教育被"异化"了,学科教学成为本位,学科知识学习成为目的,而儿童生命却沦为获得学科知识的工具。当教育回归生命,生命不再成为知识学习的工具,小学儿童必然成为小学教育的主体。促进小学儿童生命健康成长,既是以人为本教育理念在小学教育中的具体体现,也是当代小学教育的本质回归。①

上述四种小学教师专业发展的取向,是一种便于理解的权宜划分,在实践之中,基本上不会存在着某种完全按照上述某一种专业发展取向的做法。小学教师专业发展作为一个复杂的过程,既包含小学教师本人的知识(内容知识、教育知识等)与技能的变革,也包括小学教师更基本的素质(如价值观、内在需要、兴趣及个人经验等)的变化,还包括小学教师所处情境中的组织架构、学校文化的变化对小学教师专业发展的

---

① 刘慧.以"儿童教育"为本位的卓越小学教师培养[J].课程·教材·教法,2017,37(02):114-118,100.

影响。

本章小结 本章通过情境导入、知识讲解、案例解析等多种方式,帮助学习者理解影响小学教师专业发展的内外部因素。其中,内在因素主要包括教师个人专业素养、个人生活经验与个人心理特质。外在因素主要包括社会环境与学校环境两大方面。明确不同专业发展阶段小学教师的发展需求与影响小学教师专业发展的因素,有助于激发小学教师的主动性和积极性,使其成为终身学习者。此外,本章还重点介绍了当前小学教师专业发展的基本取向,包括理智-知能取向、实践-反思取向、生态-文化取向和儿童-关爱取向,理解每种取向的合理性与局限性,有助于小学教师在专业发展过程中实现自身成长的最大化。

第三章
思考题

第三章
思考题参考答案

第四章 小学教师专业发展路径

理解小学教师专业发展的四种路径,明确不同的发展路径对小学教师专业发展的价值,能够批判性地思考如何善用各种路径促进小学教师的专业发展。重点掌握小学教师专业发展四种路径的意义和方法,理解每种路径对小学教师专业发展的重要性。

1. 识记

◆反思;经验;元反思

◆循证;循证研究

◆理论学习

◆合作;对话;学习共同体

2. 领会

◆经验反思的意义;反思的过程

◆循证研究促进教师专业发展的意义

◆理论与经验的关系点;教师需要怎样的理论

◆合作对话对促进教师专业发展的意义;影响合作对话的因素

3. 应用

◆结合实际,掌握经验反思可以从哪些角度和途径来进行

◆结合实际,说明如何利用方法进行循证研究

◆教师可以从哪些途径进行理论学习

◆教师可以从哪些途径进行合作对话

6 学时

苏霍姆林斯基是在苏联教育界有巨大影响的人物,他是乌克兰人,七年制学校毕业后,进了一年师资训练班,十七岁起担任农村小学教师,开始了教育生涯。他一边教书,一边以函授方式学完了波尔塔瓦师范学院语言文学系的课程,于 1939 年取得中学教师合格证书。此后,他先后担任中学语文教师、教导主任、中学校长、区教育局局长。从 1948 年起,他被任命为乌克兰一所农村十年制中学——帕夫雷什中学的校长,一直到 1970 年去世时止,他始终没有离开这所学校的实际工作。他的全部教龄长达三十五年。

苏霍姆林斯基一边从事实际教学工作,一边坚持进行教育科学研究。他一生中写了四十多部专著,六百多篇论文,一千多篇供儿童阅读的童话、故事和短篇小说。他的创作源泉就是学校生活。他深入观察,细心记录教学和教育工作中的经验,认真地思考,不断地进行理论上的概括。他每天早晨五点至八点写作,白天上课、听课和当班主任,晚上整理笔记,思考一天工作中遇到的问题,几十年如一日。因此,他的教育著作中既有大量生动活泼的事例,又有深思熟虑的理论概括。他的书被人誉为"活的教育学""学校生活的百科全书"。

苏霍姆林斯基是教育现象的细致而敏锐的观察者,持之以恒的研究者。例如,他

身为校长，始终兼教一门语文课，几十年不断地研究这门课的教学问题。又如，他曾试办六岁儿童的预备班，接着，又从一年级到十年级连续担任这个班的班主任，在十年内跟踪观察和研究了学生的童年、少年和青年期的各种表现。他先后曾为 3700 名左右的学生做了观察记录；他能指名道姓地说出 25 年中 178 名"最难教育的"学生的曲折成长过程。作为学校领导，他有一个小本子，里面记录了全校各种各样的统计数字，以致上级需要了解的任何数据，他都能随时做出准确无误的答复。他的教育科学研究，始终是建立在大量事实的坚实基础上的。

通过对苏霍姆林斯基成长案例的分析，我们可以发现在小学教师成长的过程中，有许多促进教师专业发展的路径。

第一节　经验反思

美国心理学家波斯纳提出教师成长的公式，即"经验+反思＝成长"。他认为，没有反思的经验是狭隘的经验，至多只能成为肤浅的知识。由此可见，反思可以促使教师梳理和提升教育教学经验，可以丰富教师的教育智慧，可以促使教师在不断的反思中探寻专业成长的路径。

一、经验反思的内涵

（一）经验

经验是指在实践活动中取得的知识或技能。[1] 由于这种知识或技能往往是凭借个人或团体的特定条件与机遇获得的，带有偶然性和特殊性的一面，因此，经验并非一定是科学的。它需要理论研究者和实践者做一番总结、验证、提炼加工工作。教育经验是指教育工作者在教育教学实践过程中所形成的感性认识。它同教育的理性认识相比，具有生动、具体的特点。小学教师在日常工作中积累了丰富的教育经验，这些经验是促进他们专业成长的日常养料，教师要善于利用自己的教育经验。

（二）反思

小学教师在实际的教育教学工作中确实能够积累大量的经验，但仅有经验的积累是不够的，经验并不一定意味着成长，教师还必须对自己的经验进行剖析和研究。如果教师能够有意识地记录、思考甚至怀疑自己的经验，并将这种对经验的反思用于自己教学的改进上，则教师将获得专业上的不断成长。所以，如果经验意味着成长，那么前提是这种经验必然同时包含着反思。

最早将反思系统运用于教育之中的是美国教育家约翰·杜威。他将反思定义为，个体在头脑中对问题进行反复、严肃、执着的沉思，对任何信念或假设，按其所依据的基础和进一步推导出的结论，对其进行主动的、持久的和周密的思考。[2] 教师反思主要以个人的教育实践活动为对象，对活动的内容、形式、过程及结果等进行审视和分析。它既包括对知识经验和价值的批判性验证，又包括对个人教育生活的理解、认同、批判和调整等。学会反思是每一位教师必备的专业素质，只有充分调动教师的反思与实践，使其以主体性角色投入日常教育教学和科研活动中，教师的教育教学行为才能

---

①　[美]杜威.杜威全集·中期著作：第十卷[M].王成兵，林建武，译.上海：华东师范大学出版社，2012：5.
②　[美]杜威.我们怎样思维：经验与教育[M].姜文闵，译.北京：人民教育出版社，2005：16.

得到改善,水平才能得到提升,科研素养才能得到提高,其专业成长才能得以实现。

(三)元反思

元反思是在"反思之后"的思维活动,或者说是"超越反思"的思维活动,即对反思之反思。元反思是对个体反思行动的调控、监管与评价,可见"元"不仅意味着时间上的"之后",也意味着空间和逻辑上的"背面"与"之外",是对反思活动的审视与观察。教师元反思是对教师反思的调控性指导,因为只有教师真正具有反思意识,才有可能自觉地、有意识地产生反思行为,这样的反思行为才不是被动的、受挫之后的自我检讨、自我反省,也不是为了应付检查的一种表面形式。

(四)经验与反思的关系

从波斯纳提出的教师成长公式中,我们可以发现经验和反思的关系。但是在实践中,经验和反思的关系却没有公式表述得这么简单,教师并不是只要经过对经验反思就能够成长。研究和实践都证明,经验、反思和成长之间的关系绝对不是简单的线性关系。

教师的经验本身非常复杂,具有两重性。一方面,教师的经验具有向上和向前的主动性与可能性,目前的经验可能蕴含着未来的意义,成为建构新经验的基础。教师可以从原有经验中生长出新的经验,这为他通过反思性教学重建自身的经验、获得专业成长提供了可能性。另一方面,教师的经验有着明显的局限性。例如,教师经验更多表现为情景化和不完整性,需要不断整合和改进。某种经验知识系统一经形成,在一定时间和范围内会保持稳定,会顽强地抵抗变革,这恰恰与经验自身具有的向前的主动性和可能性构成一对内在的矛盾。

教师通过反思,就可以优化其经验,使之系统化、结构化;如果经验自身缺少某些重要成分,还可以通过反思来弥补。反思可以在归纳概括原有经验的基础上产生新的经验,可以剔除原有的不合理的成分,整理和提升现有经验。

二、经验反思的意义

理论和实践研究均表明,反思对教师的专业成长具有重要的意义与价值。具体而言,反思对于教师专业发展的价值主要体现在以下几个方面。

(一)反思有助于改善教师的教育行为

教师的教育实践是否合乎教育规律、合乎新的教育理念,是否真正以学生的发展为目的,是否科学有效,需要别人的评价,更需要教师不断地自我反思。然而,在现实的专业生活中,许多教师的行为决策通常服从于权威、偏好、习惯或冲动,丧失了应有的理性。教育惯习是教育者在教育过程中常常出现的下意识行为,它是一种教师想当然地认为可以采用的教育方法的定式行为,是一种教师习以为常的教育观念、方法和行为的延续,是教师在很多场合会不自觉运用的教育行为习惯。教育经验丰富、从教时间长的老教师身上有教育惯习,缺乏教育经验、工作时间短的年轻教师身上也会有教育惯习。反思正是克服教师教育惯习的一种有效形式与策略。教师通过对自己教育教学中的问题进行反省、思考、探索,并做出理性的选择、判断和整理;通过实践与理论的契合,通过与教育目标的对比,努力追求其实践的合理性,教师可以从冲动的或例行的行为中解放出来,以审慎的方式行动,不断调整和改善自身的教育行为,从而促进自己教学观念的转化,提升教学能力,更好地解决教育教学问题和完成教育教学任务,从而不断提高自己的专业素质。反思的目的是改进实践,通过反思检视和发现自身教育观念和行为中不合理的成分并将其剔除,改进自己的教育教学行为,提升教育实践合理性,是使自己的工作做得更好、更有效率、更富有创见的重要途径。

(二)反思有助于教师将经验转化为个人理论

经验的获得是教师成长的重要前提,但没有反思的经验是狭窄的经验,意识性不够,系统性不强,理解不深透,它只能形成肤浅的认识,并容易导致教师产生封闭的心态,从而不仅对教师专业成长起不到帮助作用,而且可能阻碍教师的专业成长。只有经过反思,使原始的经验不断地处于被审视、被修正、被强化、被否定等思维加工中,去粗存精,去伪存真,经验才会得到提炼,得到升华。也唯其如此,经验才能对日后的教育实践产生深远影响,也才能成为促进教师专业成长的有力杠杆。反思有助于教师重建自己的经验,将经验上升为个人理论,不断生成教育智慧,最终促进教师的专业发展。

(三)反思有助于促进教师专业精神和品质的发展

教师的反思绝不仅仅是关注外在的教学技术发展,教师的专业伦理、情感意志、自主发展的责任与态度等都是反思的对象。教师的自主发展意识和态度等本身就是教师反思的内容。通过对这些内容的反思,教师会发现自己在此方面存在的不足之处,并在外界的科学引导和内在动机的激发下,主动地强化自己的专业发展意识,培养积极的专业发展态度,从而促进自身的专业发展。教师需要对自己教育教学活动中体现出来的教育观、课程观、学生观、评价观,以及自身在课堂中的情感、态度、价值观的体验进行反思和评价。对自己教育价值观的反思,能促使教师观念的不断更新、发展,并不断提高教师的研究意识与能力。

三、反思的过程

(一)产生疑惑,识别问题

思维起源于疑惑,起源于问题,起源于不确定性。反思是由某种事物作为诱因引发的思考和探究。教师进行反思之前要先发现教育教学中的困惑现象。教师通过对教育教学的观察、回顾,或通过他人的评价,意识到教育教学实际情况与自我认知情况不符,意识到教学中存在着一些不知如何解决的困惑,意识到还存在着一些问题需要去改进。这些问题、困惑等将引发教师去深入思考和探究,去寻找解释困惑的证据,去寻求解决问题的方法和途径,去进一步促使自己的教学行为发生改变。

(二)分析问题,探究解法

教师在识别出问题或困惑之后,接下来就要考虑对问题或困惑做出近乎合理的解释,以寻求适合的解决方法。这就需要教师借助以往的相关知识和类似情境的经验,这些知识和经验以图式的形式存储于头脑中,教师需要在认知结构中将其提取出来。在这一过程中,教师需要思考的是,当前的问题或困惑可以与什么相关概念、理论或事件联系起来,这些概念、理论或事件是否可以为此提供佐证或做出解释;这一问题产生的原因是什么;有哪些影响因素对其起作用;有什么相似情境的经验可以提供借鉴。通过对这些方面的考虑,反思者多角度、多侧面地分析、评价教学活动及其背后的观念、假设,积极寻求多种可能的解决问题的方法,进而做出合理的判断和选择。

（三）实践检验，重构经验

有了问题的解决方案，就要在实践中解决问题，一切假设和推理都需要在真实的情境中得到检验。检验的结果可能会产生两种情况：一是出现了所期望的结果，假设和解决问题的方法得到了验证和加强；二是产生的结果与期望的结果不一致，需要继续反思再付诸行动。在经过了实践检验之后，教师们要在已有经验的基础上对经验进行重新组织和重新建构，目的是对各种教学活动的背景有新的理解，对教师自身和教学活动的文化环境有新的理解，对关于教学的一些想当然的假设有新的理解。由于教学实践的不确定性、情境性、复杂性和创造性，教师的专业发展带有明显的个人特征，它不是一个把现成的某种教育教学知识或理论应用于教育教学实践的简单过程，而是蕴含了将一般理论个性化，与具体的应用场景相适应，并与个人的个性特征（情感、知识、观念等）相融合的过程。因此，教师必须以自己的已有经验为基础，对自身的教学实践不断重新认识和理解，不断建构和提升自身经验，从而深入理解教学实践，创造性地发展教学实践，不断提高自身的专业水平。

下面我们通过一个例子来展示反思的过程。A老师是学校主管教学的主任，每一学期都要组织教师进行考试后的试卷分析。每次试卷分析会议大都是常规性的工作。A老师通过调研发现，试卷分析会议没有达到预期的效果。对于如何改变试卷分析会议的模式，提升教师"教"的效能和学生"学"的效能，他进行了深入的反思。

案例故事

反思促进试卷分析会议质量提升

在初三第一次月考后的试卷分析会议上，我发现一个明显的问题。在一位教师积极发言的时候，其他教师却没有认真听，特别是发言教师分析所教班级的学生情况时，不任此班课的教师，有的眯着眼睛休息，有的玩手机，一副事不关己高高挂起的态度。看到这样的情形我非常生气，教师的这种工作态度，我们怎么能打好中考这一仗？散会后我不断思考，教师们为什么会是这种工作状态？初三的教师是学校经过深思熟虑挑选的，都是对工作认真负责的，他们对初三工作的重要意义都应该是心知肚明的。

对于这个问题产生的原因，我想了很多。以前的试卷分析会议大多是这么做的，环节上没什么大出入，这说明不是组织的问题，开会时发言的教师都按照学校的要求进行了比较充分的准备，都写了发言稿，教师还是比较认真的，这说明不是教师态度的问题。那是什么问题？回忆当时开会的情景，其他教师没注意听的时候，恰恰都是在发言教师分析所教班级学生情况时。我豁然明白了，发言教师在分析学生情况时，其他教师对学生根本不了解，这些分析对他们毫无意义，自然也就不关心，他们觉得是在浪费时间。

经过对以上问题的分析，我想，我们能不能改变一下试卷分析会议的模式，让这个会开得更有实效性，真正发挥试卷分析会议的重要作用。如果把原来年级教师整体开试卷分析会议变成分班级开，以班级为单位，教某个班的各科教师和班主任一起开，这样所有任课教师对这个班的学生都了解，在分析的过程中针对性更强，大家彼此间还能进行交流，一定会增强教师在教学中的合力。

第二次月考结束后的试卷分析会议如期举行，那次的试卷分析会议是我做管理工作以来最好的一次,会上所有任课教师都积极地发言。在讨论的过程中,不时有教师插话,指出一些问题和现象,大家就着这个问题进行你一言我一语的交流碰撞,真的把一些问题摆出来了,真的把问题的共性和解决办法提出来了。气氛相当热烈,完全没有拘束和顾忌。

这种分析会议增进了个体与集体的关系,恰到好处地激发了大家的智慧,在过程中真正实现了智慧和素养的升华,这样的分析会议解决了教师关注的问题,其实也就是解决了学校管理存在的问题,应该说效果是明显的。

从教师之后的工作状态看,确实发生了变化,但是另一种现象也引起了我的思考。考试后的一天,当我与一位学生聊天时,发现考试未能提高学生的学习成绩,原因在于教师讲的内容还是教师认为的问题,学生的许多疑问根本没有得到解答。试卷讲评课白浪费功夫,日常授课还是原来的一套。找了几个班的学生小组座谈,也发现了同样的问题。经过分析,我们想一定是与学生的贴近度不够有关。为此,我们在下次试卷分析会议之前,首先让各年级学生提供在本次考试中发现的问题,问题收上来之后交给不同的教师,然后让教师在试卷分析会上结合学生的实际问题和需求进行分析和解答。

在后续的试卷分析会议上,许多教师的分析相当到位,采取的措施也更切实可行了。

一个小小的变化,把我们的试卷分析会议开"活"了,既节省了无关教师的时间,又把相关教师结合在一起,把我们过去单打独斗变成了团队上阵,把对学生的学习分析由单一分析变成了综合分析,形成了合力,对学生掌握知识和技能有了全面的促进,整体提高了学生的学习素质。

四、经验反思的途径与方法

培养具有反思能力和反思态度的教师,可以采用的方法主要有:系统的教育理论学习,撰写教学反思日记,对他人和自己进行观察,撰写教育案例,进行行动研究,建立教学档案,生活史(自传)分析等。

(一)系统的教育理论学习

要促进教师反思意识的觉醒和反思能力的增强,系统的教育理论学习是必要的。教师在实践中的困惑和迷茫恰恰反映出教师教育理论的欠缺,教师只有在把实践中反映出来的问题上升到理论层面加以剖析时,才能探寻到问题的根源,使实践在理论的指导下更加科学和高效,使自身水平得到提升。

(二)撰写教学反思日记

教学反思日记不仅记录教师日常教学生活事件,写日记的过程也是教师与自己对话、对教学进行反思的过程。撰写教学反思日记可使教师将特定的成长经验记录下来,并使其能够深入而系统地反思个人持有的教育信念和假设,并加以修正。

(三)对他人和自己进行观察

教师可以通过对他人和自己的观察帮助自己发现问题,进行反思。一方面,教师可以通过对优秀教师及其他同事的课堂进行观察,与自己的实践工作做比较,从而发现自身存在的问题,获得经验,提高反思效果;另一方面,教师可以通过对自己的教学活动进行观察,借助一定的设备,真实地记录自己的教学活动,亦可以通过观察学生的态度与反应间接地获得与教学活动相关的信息。在这一过程中,教师实际上扮演了双重角色,即教师既是演员又是观众。因此,教师在观察时,应尽量保持公正性与客观性,不要带着先入为主的观念进入观察活动中。

（四）撰写教育案例

教师在日常工作中经常会遭遇一些对自己内心触动较大的教育教学事例,如果能用自己的笔将其记录下来,形成教育案例,就会帮助自己更好地反思。案例作为一个包含疑难问题的实际情境的描述,是一个教育实践过程中的故事,是为了突出一个主题而截取的教学行为片段,在这些片段中蕴含了一定的教育理论,读来发人深省。通过撰写教育教学案例,教师可以加强在传统的教育情境中可能难以产生的理解、洞察和移情,加强自己对教育教学经验的反思。在撰写教育案例时,案例的选择很重要,应遵循真实性、典型性、价值性等原则。

（五）进行行动研究

行动研究是社会情境的研究,是从改善社会情境中行动品质的角度来进行研究的研究取向。行动研究是行动者为加深对实践活动及其依赖的背景的理解进行的反思研究。行动研究本质上是深入地参与实践,批判性地反思实践,建设性地改进实践的过程。行动研究的基本模式是:计划—实施行动—观察—反思。这充分体现了行动研究是如何使反思与行为相互促进的。按照行动研究的模式,教师对自己教育实践生活中出现的问题进行反思,提出解决问题的方法,并在教育实践中加以运用,在运用之后进行观察,再次反思。如果计划存在缺陷或未能达到理想的效果,教师可以修正自己的计划,再一次应用到实践中去。在这一过程中,教师通过实践—反思—行动的方式,使反思与行为实现了有效的互动。教师不断地加深对自己和实践的理解,并在这种理解的基础上提高自己,使得自己的内隐观念不断地明朗与外化,并对之进行改造,从而最终实现以"反思"促进教师专业发展的目的。

（六）建立教学档案

教学档案是记录教师个人教学成果和发展历程的结构性文件,建立教学档案的过程是教师对已有的经验进行整理和系统化的过程,是对自己成长经验的积累过程,也是教师自我评价的过程。建立教学档案的目的在于促成教师的反思。通过制作教学档案,教师能够对教育教学工作的各个方面进行分析并给予有意义的说明,在分析与说明的过程中,教师得以重新思考目前行事的合理性,并重构自己的行事逻辑与思考方式。

（七）生活史（自传）分析

教师的行动与个人过去的生活历史密不可分。教师过去发生的一切生活历史内容,都会慢慢发展成足以支配教师日后思考与行动的"影响史",对教师后续的经验选择与重组具有重要的影响作用。教师通过对自我经历的反思与分析,可以发现自身的人格特征和认知特点、知识结构,对个人成长的决定性因素,个人专业发展的转折点和关键事件,个人常用的教学方法、教学成功案例和教学诀窍等。这有助于教师认识和了解自己,扩充教师对教育教学的理解、洞察、体会和认识。

第二节　循证研究

循证研究也称以证据为基础的研究或基于证据的研究,是近年来国内外最热门的研究方法之一。循证研究已成为教育研究中最新的领域。循证研究因其独具的特点,也是一条促进教师专业发展的非常重要的路径。

一、循证研究的内涵

（一）循证

循证就是基于证据。基于证据的思想最早来自医学领域,最初是教授医学院学生的一种方法。现在被更多的专业领域所拥护和采纳,如社会工作、人力资源管理、教育等。循证将科学研究所获得的证据作为实践的依据。循证的重点是要关注被证实有效的方法。

（二）教师循证研究能力

教师循证研究能力是指教师在要解决提出的问题时,从已有文献、实践中搜寻证据,对搜集到的证据进行系统分析,按照方法的严谨程度、评价证据的等级,寻找"最好的研究证据"的能力。大数据时代的信息具有大容量、高增长和多样化的特征,这就需要人们具备搜索证据的能力,知道寻找科学的研究证据的途径,知道采用何种工具和方法寻找科学的研究证据,并能进行系统综述。在这个过程中,不可避免地会出现数据杂音,因此更需要教师具有高度的循证研究能力。[①]

二、循证研究的意义

（一）为教育改革提供依据

循证研究能缩短教育理论和实践的差距,为教育改革提供依据。在教育实际中,因为某些原因,一部分教育行政人员可能会将广大受教育者当作研究品或"以权谋私"的牺牲品,进行教育改革,这有时会造成不可逆的重大失误。循证教育学的出现为解决这类问题提供了现实的思路。它采用科学的方法与程序,预先在研究层面对各种教育问题进行诊断与评估,综合考虑各种理论取向,对各种教育政策进行对比研究,从中找出最佳决策的证据。得到这些证据后,管理者必须遵照执行,从而将教育政策真正建立在严格的证据基础之上,为教育改革提供依据。

（二）革新教师教育理念

教育理念是某种教学活动、教学过程或者教学模式的核心思想的体现,反映了教师的教学观、教师观和学生观。循证研究主张通过科学的实验研究获得高级别的证据,并基于科学的证据展开教育教学。教师通过循证研究,对教学对象、教学内容、教学情境等进行综合分析,结合科学研究所获得的证据进行教育教学,有利于革新教育教学理念。

（三）使教学有法可效

循证研究可以引导教师形成一种新的教学理念——循证教学,使其教学过程具有很强的操作性。循证教学过程的明晰性、实施步骤的可操作性,提升了循证教学的应

---

① 茹秀芳. 教师循证教学能力及培养研究[J]. 教育理论与实践, 2016, 36(07): 58-61.

用价值。不同教师、不同教学领域或者不同学科都可以模仿和借鉴循证教学的操作流程,进而使得教学有法可效、有法可用。

三、循证研究的过程

循证研究的过程主要包括以下五个具体步骤。

(一)提出问题

从纷繁复杂的教学现象中提出所要解决的问题,或者从已有的教学困境和教学障碍中析出教学问题。这要求教师不仅要善于提出问题,还要能够对教学实践中的各类问题进行分析和归类。

(二)获取证据

针对提出的问题,寻找、搜集相关证据,查看是否有相关教学手册、教学指南、教学文献、教育数据库等,能够对问题作出回应和解答。

(三)分析、辨别和评价证据

对获取的证据进行鉴别和判断,剔除相关度较弱、证据级别较低的证据,为问题的解决和教学活动的推进提供直接有力的证据。

(四)运用证据

将获取的经过批判分析的有力证据运用于教学实践中,形成最佳的解决方案,促进教学问题的解决。

(五)效果评估

效果评估既包括对证据运用效果的评估,又涉及对问题解决成效的评估,进而为进一步调整证据和促进问题解决提供反馈信息。可见,循证教学的过程并不是线性的,而是一个循环往复、螺旋上升、不断推进教学问题解决的动态发展过程。[①]

四、提高教师循证研究能力的方法

(一)创造支持教师循证教学的氛围

教师在提升循证研究能力,以及将循证教学付诸实践时,如果缺乏支持循证研究改革的氛围,那么即使教师对循证研究的价值与意义有正确的认识,也会产生很多顾虑。例如,循证研究可能与教师已有的工作产生冲突,增加教师的工作量和角色负担。因此,培养循证研究能力还需为教师创造良好的支持氛围。从教育部门来讲,需要为教师提供宽松、民主的教学环境。在教师进行循证研究时,可适当降低对教师其他角色的期待。

(二)增强基于"实践取向"的教育研究类课程的设置

循证研究需要教师具有持续反思的能力,善于在教学实践中发现教学问题,并能将遇到的概括化问题转化成具体问题。《教师教育课程标准(试行)》提出"实践取向"的基本理念,要求"教师教育课程应强化实践意识,关注现实问题,体现教育改革与发展对教师的新要求"。因此在师范教育类课程中要增加基于"实践取向"的教育研究类课程的设置。这类课程应更多地引导教师参与和研究基础教育改革,发现和解决实际问题,在实践中增强问题意识以及研究能力,提升实践智慧。

---

① 崔友兴. 循证教学研究的现状、问题与展望[J]. 海南师范大学学报(社会科学版), 2018, 31(1):82-90.

（三）提高教师的信息素养

循证研究,无论是获取证据阶段,还是评价证据阶段,都需要教师具有较高的信息素养。2014 年,教育部办公厅分别印发了《中小学教师信息技术应用能力标准(试行)》与《中小学教师信息技术应用能力培训课程标准(试行)》。《中小学教师信息技术应用能力标准(试行)》明确指出信息技术应用能力是信息化社会教师必备专业能力,提出中小学教师信息技术应用能力的基本要求和发展性要求,设置"应用信息技术优化课堂教学"和"应用信息技术转变学习方式"两个维度的基本内容,帮助教师提升信息素养,提高学科教学能力,促进教师专业发展。基于《中小学教师信息技术应用能力标准(试行)》与《中小学教师信息技术应用能力培训课程标准(试行)》,高等学校和教师培训机构应设置相应的课程,促进信息技术与教育教学的融合;中小学校需配置相应的信息化设备,提供或引进丰富的教育资源,帮助教师基于技术整合教育资源。

（四）对师范生进行系统的循证实践培训

教师教育机构承担着培养高素质专业化教师队伍的重任,教师循证能力的培养也应纳入培训体系中,应围绕循证能力构建成体系的理论课程与实践活动,培养师范生的循证教学意识和能力,并将其纳入师范生质量评价体系中。

下面是某学校张老师所撰写的案例故事,张老师所在的学校进行"一课制"的循证研究,该校引领学校教师专业发展走向自主。通过阅读案例故事,我们可以看到该学校是如何进行循证研究的,以及循证研究是如何促进教师专业发展的。

案例故事

"一课制"循证研究

张老师所在学校的教师年龄结构偏大,长期没有年轻的新教师加入,导致一部分教师以经验型教师自居,对于课堂教学缺少研究热情。有些教师对课程改革持抵触态度,认为自己这么多年来上课都挺好的,没有必要进行改革。虽然学校提出了"情趣课堂""互动、合作、分享"的理念,但理念与教学行为严重脱节。学生和教师都沉浸在"题海"之中,形成恶性循环。

面对以上问题,他们对教师发展问题进行了再分析,认识到问题的根源在于,学校原有的校本教研流于形式,实效低,教师没有在专业研究中感受到职业的快乐和成就感。

找到了问题的根源,学校领导班子将目光聚焦到了课堂研究上,聚焦到提高校本教研的实效性上,提出了通过"一课制"研究提升教师专业素养的工作思路。"一课制"就是根据教师的自身特长,自愿申报研究课的内容,集教研组共同智慧,一课多磨,最终形成比较理想的课例。"一课制"研究的目的是通过集体的力量,提升教研实效,激发教师进行课堂教学研究的热情,促进教师教学理念与教学行为的转变,使教师教学理念与教学行为有机融合,达到提升教师专业素养的目的。

具体步骤如下:提交教学设计——集体研课;完善教学设计——教师上课;集体说课——教师修改设计;集体再研课——教师再上课……

课堂教学是对"一课制"研究最好的检验。学校每学期都会开展教研组示范课、

"知行杯"评优课、教研组精品课展示、教师论坛。以此来检验"一课制"研究的成果。

经过近两年的深入推进,各教研组和教师对"一课制"研磨流程已经熟悉,但如何让"一课制"研究变得越来越厚实,真正为教师专业发展助力?2018 年 9 月,学校首次推出了"一课制"研磨清单,但却遭遇了失败,调研时教师提出"一课制"研究不能成为表演这样的质疑。但学校领导班子更加坚定了继续推进研磨清单的信心。假期里,学校领导静心反思,发现学校的研磨清单在人员要求和具体操作系统方面存在着让教师感到模糊不清的地方,所以遭遇了失败。新学期,研磨清单从具体人员及格式修订上进行了改进,并且给出了一个研磨清单范例,以供教师思考。

经过两年的不断研究实践,教师的研究热情高涨,越来越多的教师开始主动投入课堂研究中,教师与学校都在研究中悄然发生着变化。两年来,该校教师共有 10 余人次先后在市级、区级教研活动中进行课堂教学展示、说课展示及论坛分享;教师共计有近 50 篇论文获得区级以上奖励;20 余节课获得区级以上奖励。在 2018 年语数英教师专业技能考核中,该校获得优秀组织单位称号。该校"一课制"研究走向市级舞台进行分享,《现代教育报》两次对"一课制"研究进行刊载。

第三节　理论学习

教育理论的学习是教师专业发展的基点,对教师专业素质的提高具有重要意义。教育理论是对教育实践的理性阐释,具有解释教育实践、指导教育实践的功能。它可以科学地回答与解释关于教育实践"是什么""为什么"与"怎么样"的基本问题,从而揭示其本质与规律。教师通过对教育基本理论的学习,认识教育规律,从而按照教育规律指导教育教学,提高其教育实践活动的科学性与有效性。总之,理论学习是促进教师专业发展的基本路径之一。

一、理论学习的内涵

（一）理论与经验的关系

教育理论来源于教育实践,教育实践依赖教育理论的产生和发展。只有在教育实践中,才有产生教育理论的可能,教育理论只有通过教育实践才能得以创新和丰富;教育理论产生和发展的目的是指导教育实践;教育实践是教育理论正确与否的唯一检验标准。总之,教育理论来源于教育实践,教育实践依赖教育理论。

不同的理论与实践的相关度不一样,各种不同类型的教育理论与教育实践间有不同的关系。例如,教育发展理论主要研究宏观教育现象,研究教育的外部关系和规律,抽象性和基础性是其主要特征。理论越抽象,越具有基础性,离实践的距离也就越远,对实践的指导作用往往要经过多层环节,如转化为人们的思想、观念等,从而对教育实践活动起作用,因而我们不能要求这种教育理论具有教育实践的直接指导作用。

（二）教师的教学行为受到个人教育理论的支配

人们经常把教育理论理解为对教育规律或本质的揭示与阐述,也有人认为教育理论是运用概念、命题、判断和推理等形式概括的对教育现象或事实的理性认识。实际上,每一种理论都只代表局部,只代表从某个角度得出的结论。因此,任何理论都具有不完备性,即没有一个理论能完全反映真理,一个理论只代表观察者观察环境的方式,不可能考虑到各种各样的实际情况,这也是教师经常会觉得理论不切实际的原因。所以,在将教育理论运用到自己教学的过程中,教师要具体情况具体分析。

每个教师都有自己的理论,这种理论经常被称为教师的个人理论,是指贮存于教师头脑中、为教师个人所享用的关于教育的各种看法和观点,具有个人性、实践性、默会性和综合性的特点。正因为教育理论默会性的特点,很多教师并没有意识到他们也有自己的教育理论,但实际上,他们的教学行为主要还是受到个人教育理论的支配。

二、理论学习的意义

1. 有利于教育教学质量的提高

在教育领域,教师进行理论学习能够更有效地实现教育理论与教育实践的沟通与衔接,这不仅有利于教育教学实践中实际问题的解决,而且能够有力地推动教育教学质量的提高,并最终促进学生的成长与发展。[①]

2. 有利于促进教师专业发展

有研究表明,教师发展有两种形式。一种形式是教师凭借自己原有的知识经验就书本讲书本,知识不更新,方法不改变,又不善于思考和总结,年复一年,日复一日,总在一个机械重复的圈子里循环。另一种形式是一条教师内在充分发展之路,沿着这条路,教师对外虚心学,广泛吸收先进的教学改革信息和经验;对内则兼收并蓄,进行创新和研究,不断追求新的教学境界,教学能力稳步提升。

案例故事

理论学习促进教师专业发展

贾老师是一位小学语文教师。贾老师在工作中发现,不少低年级小学生因为习作而痛苦,每逢要写作文时就感到苦不堪言,把习作看成最难以应付的任务。贾老师为了提高低年级学生的写作能力和兴趣,在教学中进行了一系列的尝试,积累了丰富的经验。例如,她尝试在阅读教学中抓住点滴机会,对学生的习作教学进行铺垫,平时在习作教学中也运用多种方法来帮助学生学习写作。例如,在习作前让学生进行充分的说话练习,在习作中指导学生运用习作方法进行练习,在课后讲评时,让学生知道什么是好习作。贾老师在辅导学生们学习写作方面积累了丰富的经验。贾老师教过的学生写作能力都不错。后来贾老师受教育行政部门邀请进行语文习作教学的经验交流。但是,贾老师对习作教学的研究只是停留在经验总结的程度。贾老师很苦恼,她想突破自己的瓶颈,希望将低年级习作教学的经验进一步提升,于是贾老师找到自己读大学时的教师进行请教。

大学的理论教师在了解了贾老师的相关情况后,给她推荐了一些文献,特别是给她介绍了习作教学中的读者意识理论。贾老师在学习读者意识的相关理论后,有一种豁然开朗的感觉。然后她用读者意识理论作为理论基础,对她的习作教学经验进行重新组织和整理,并发表了论文《利用读者意识进行习作教学》。在这篇论文中,她通过分析学生为什么写作,写给谁看,从而提出利用学生的读者意识来指导习作教学;通过抓住日常阅读教学、习作教学等有效时间,探索在小学习作教学中培养学生的读者意

---

① 魏建培. 教师专业发展理论与实践[M]. 北京:科学出版社, 2016:206-211.

识的有效教学策略。她指出,首先,利用读者意识进行低年级习作教学,可以唤起学生的表达动机,能点燃学生的表达欲望,使学生不再把习作当成困难的事情;其次,利用读者意识进行低年级习作教学,可以使学生意识到写作的本质,使他们在写作时能明确自己习作的读者定位,努力地为自己所要表达的信息与读者的心理需要找到最佳的契合点,从而达到写作目的、实现写作的交际价值与功能。

从以上贾老师的例子中,我们可以看到,正是理论学习促进了教师的专业发展。贾老师具有丰富的指导学生进行写作的经验,但缺乏理论的指导,她的经验并不能得到突破,正是对读者意识理论的学习,使她更好地理解了学生写作的规律,并且把自己的经验上升到一个更高的高度。在贾老师学习理论反思经验的过程中,理论学习促进了她的专业发展。

三、理论学习的条件

教师进行理论学习需要具备一些主客观条件。

1. 学习者内部条件

学习者自身的条件,如学习动机、学习能力等都是影响其学习成效的重要因素。研究表明,教师适应性的动机、认知变量,如自我效能感、主动性人格、成就动机的接近目标定向等对教师的学习过程和工作成就都有直接或间接的影响,它们能够引发内在的、主动性的学习调节活动,并能带来教师的适应性行为。

学习能力强的人学习成效高,教师学习成效在很大程度上取决于其学习能力。学习动力足也是有效学习的必要条件。一些教师的学习是兴趣驱动的,学习的兴趣能使教师主动求知探索不同的教学理念、教学方法、教学策略,试图从中找到更加合理、更加有效的内容与做法,并能够在学习过程中获得愉悦感。与兴趣驱动不同,有的学习是由责任驱动的。因为这些动力的存在,所以教师有学习的意愿,并表现出积极的态度,他们乐于学习,善于自我激励、自我修正和自我调节,用坚韧不拔的毅力和锲而不舍的精神去追求学习效益的最大化。[①]

2. 学习者外部条件

时间的不足、学习资源的缺乏、学习的有意义回报不够,是限制教师学习的重要因素。其中,时间和经费似乎显得更为重要。时间是教师学习的前提性保证。现实中很多教师都抱怨工作太多、时间有限、精力不济,对于读书学习可谓是"心有余而力不足"。因此,如何将教师的学校工作时间加以调整,如何安排教师的课堂教学时间,以便教师有充分的学习时间,是学校制度建设需要考虑的问题。

经费是教师学习的重要资源,它是激励教师积极学习的手段,也是教师获得学习资源和机会的保证。学校应该思考如何筹措资金为教师的学习进修提供经费保证。当然,所有这些都需要学校领导的支持,需要有相应的制度安排。

教师有效学习需要一个学习氛围浓厚的空间。教师学习往往是因为受了一种学习氛围的驱动。在一所学校里,如果许多教师都爱学习,学习氛围好,就很有可能影响那些观望者。教师们可以进行互动学习,这种互动学习不是封闭的学习,而是开放的

---

① 魏建培. 教师专业发展理论与实践[M]. 北京:科学出版社,2016:206-211.

学习,是与其他教师有交流和分享的学习,甚至是有共同目标的学习,教师之间有望形成学习共同体、学习型组织。

四、教师进行理论学习的途径和策略

(一)教师进行理论学习的途径

1. 教师个体自主的理论学习

随着信息化社会的到来,每一个人可能都需要做一些改变以适应社会的发展。教师作为教育教学的专业人员,要经历一个由不成熟到相对成熟的发展历程,必须改变自己以适应社会、学校和教学的发展需要。一方面,由于知识结构的变革,知识更新的加快,专业理论和知识层出不穷,教师只有不断自主学习,才能掌握所教学科的新知识,具备整合专业理论知识的能力。另一方面,面对个性化、多样化的学生,教师只有掌握和更新教育教学理论知识才能适应教学的发展。

教师个体自主理论学习的主要形式有自学、进修、参与培训等。教师自学是教师根据自己所学专业及兴趣的需要,或根据教学及工作的需要,有选择地学习相关的内容,教师可以通过阅读各类书籍增进知识,扩大视野,更新理念。为了提升自身素质,教师还可以主动去进修等,其最大特点是集中时间与精力系统学习理论知识。教师的自主学习还包括教师主动争取机会,积极参加各种培训,包括通识培训、专业培训,以及各种类型的与自身专业发展相关的培训等。教师在系统学习过程中可能调整过去的知识结构,增加新的知识与方法,使自己的知识能够与本学科知识和本学科教学的前沿知识保持同步。教师学习这类理论知识的方法就是理解、内化从而能迁移到其他环境并灵活应用。在这一阶段的学习中,教师要结合自身的经验建构自己对本学科知识的整体框架,经过系统的学习,完善自己的知识体系。教师个体通过系统性的理论知识学习和理解,结合自己先前的经验,把新知识内化为自己的知识,使新的理论知识成为旧知识的延伸和扩展,从而使自己在理论上达到较高水平。

2. 教师集体的理论学习

在学校,教师集体的学习主要通过教研室和年级组的组织领导来完成。教相同学科的教师为共同关注的专业生涯问题、教育教学问题等进行集体讨论、对话,由此推动每一个教师专业成长和发展。集体的学习也指教师聚在一起读书,或就培训的新理论知识进行分享或对一系列对他们专业有指导意义的理论知识进行分析、讨论,并使每一位教师都能参与其中。教师作为个体,可以从集体学习中获得鼓舞与支持,通过与其他教师的讨论和沟通,能够解决一些问题。集体理论学习的内容主要是延展性的知识,体现出前沿性、创造性、研修性。教师通过学习,能在短时间内接收到最前沿的知识与信息,了解相关学科的最新学术动态和前沿热点问题,从而更新教学理念,改进教学技能。

教师集体的理论学习主要是采用"请进来"和"走出去"的方式。"请进来"主要是指请专家来校授课、作报告、讲座等。教师通过听专家的授课、报告和讲座,学习本学科最前沿的理论知识,在这种方式中,教师应注重与专家相互之间的沟通,注重培训资料的收集、整理,如专家的讲稿、课件和报告的资料等整理归档。不断积累资料,可便于课后自学。"走出去"主要是指教师出去培训、进修。教师出去培训能够了解教育发展动态,加强理论学习与教学实践的联系,不断探索学科改革的突破点,提升创造

性使用教材的能力,适应教学改革与课程改革的需要;同时,学校能及时了解国内外教育科学研究新成果,积极进行学校各级课题研究,培养教师独立开展教育教学研究、自我反思、自主发展等能力。

（二）教师进行理论学习的策略

目前,教师在进行教育理论学习时,有两个最主要的矛盾:一是如何将抽象概括的理论与具体情境中的教学问题相结合;二是如何将外在的教育理论转化为教师个人的教育理论。解决前一个问题主要靠实践,解决后一个问题主要靠反思。因此,把"理论—实践—反思"相结合,应该是教师进行教育理论学习的有效策略。

1. 菜单式专题理论学习

学校可提供一些教师感兴趣的专题,供教师自由选择;在某一阶段围绕一个专题,大家进行共同的学习和研讨。从专题切入的好处是,有利于克服教师对理论的恐惧感,因为"大部头"的教育专著和论述往往使教师望而却步,而小专题容易与教师的教学实践相结合,使教师能够在较短的时间内对某一专题的了解达到一定的深度。

2. 问题式理论学习

例如,学校围绕"如何提高小组合作学习的有效性"这一问题,组织教师进行学习和讨论。在活动前一个星期,学校教科室搜集相关内容的理论文章供大家选择学习,并且要求教师在以后的观课、评课中运用学过的理论知识。教师反映这种有针对性的理论学习方式很好,学习之后有种"恍然大悟"的感觉。通过这样的教育理论学习方式,教师课堂观察的目的明确了,教师更容易发现问题,也能站在一定的理论高度分析课例。

3. 拓展式理论学习

在某一主题的教育理论学习过程中,教师们研讨时往往会生成很多其他问题,因此,进行拓展式的教育理论学习,能使教育理论学习的主题形成系列。例如,在"如何提高小组合作学习的有效性"的探讨中,教师们普遍发现小组成员的搭配与分工是影响合作学习的关键要素。于是,教师们决定围绕这一问题进一步学习和研讨。这样,拓展式的教育理论学习,可以让教师的教育理论连点成面,从而不断拓宽自己的理论视野。

4. 理论学习的批判性策略

运用批判性策略来进行教育理论学习也是一种有效的学习方式。只有当教师站在批判的高度来看待一种教育理论的时候,他们往往才能够尝试多角度地去解读一种教育理论,或者结合自己的实践来谈某种教育理论的局限性,而不是对教育理论顶礼膜拜。教师还可以运用各种教育理论来对自己或他人的教学行为进行批判,从中发现问题。在经验思维的支配下,教师感到没问题,往往可能是教师的头脑和心灵趋于懒惰、愚钝的过程,在这个过程中,教师往往会陷入惯习,维护自己熟悉的教学模式,容忍并宽容着各种教学问题的存在。而批判性策略能促使教师从麻木中醒悟,惊奇地发现其中的悖谬和偏狭,从而实现教学实践的创新与改进。

5. "知识地图式"系统学习

在教师对教育理论的学习有一定的基础之后,教师有必要进行"知识地图式"的系统学习,即对国内外的教育理论做一个系统的梳理和学习。很多教师之所以对教育理论产生恐惧,很大一部分原因在于教师要在短时间内对各个时代、各个地方的教育家的理论进行融会贯通时所产生的无序感和恐慌感。通过类似"知识地图式"的盘点,对各种教育理论进行归类和排序,教师们可以在头脑里形成清晰的认知结构,这种方式有利于培养教师系统的理论思维和对理论的自信感,也有助于教师在联系和发展中对各种理论的来龙去脉进行分析、比较和思考。

第四节　合作对话

合作对话是促进教师专业发展的有效路径,特别是在当前课程改革的背景下,教师如何有效合作,才能实现全员育人,是当前非常迫切的问题。

一、教师合作对话的含义

(一)教师合作

教师合作就是教师们为了改善学校教育实践,以自愿、平等的方式,就共同感兴趣的问题探讨解决的办法,从而形成的一种批判性互动关系。教师合作包括专业合作与非专业合作。区分这两种合作的主要标准是看教师之间的合作活动是否具有专业活动性质,即合作活动的目的、内容、结果等是否与专业生活和专业发展紧密相关。①

(二)对话

对话的英文单词"dialogue"由"dia"和"logue"两部分组成,前者有通过之意,后者为关系之意。两部分连在一起,即所谓"对话",就是"通过关系"。对话需要通过中介建立关系,它以人和环境为内容,是多种思想的沟通。对话的双方是平等、独立的主体。对话的主体之间有着对话的意愿,能在对话之中体验到其主体性和能动性的发挥。只有这样,我们才能更好地发现话语内容的逻辑和意义,对话才会有效。

人的本质就是人与人之间、人与自然之间的对话。对话不仅是人类个体的一种基本心理诉求,也是个体认识世界、解决问题的有效途径。对教育来说,对话是教育的言语方式,是教育实践活动的常态。对话既是教育手段,又是教育目的。作为教育手段,在对话过程中,师生之间平等交流、坦诚沟通,建立民主、平等、尊重的和谐师生关系。这个过程促成了教师主体和学生主体之间的主体间性。而主体间性的达成赋予教育实践活动新的意义,超出了原有的符号世界,也使对话充满了灵性。作为教育目的,即通过对话实现教育,促使受教育者沿着预期的方向不断成长,实现身心平衡发展。

(三)学习共同体

共同体成为一个严格意义上的学术概念,可以追溯到1887年德国社会学家斐迪南·滕尼斯的《共同体与社会》一书。在该书中,滕尼斯认为"共同体"强调人与人之间的紧密关系、共同的精神意识,以及个体对共同体的归属感和认同感。教师专业学习共同体蕴含着对教师作为一个特殊专业之独特性的思考,强调教师的学习不是一种外源性的附加功能,强调教师应学会如何持续性地共同学习。

---

① 罗蓉,李瑜. 教师专业发展:理论与实践[M]. 北京:北京师范大学出版社,2012:270.

二、合作对话的意义

（一）合作对话有利于教师个人持续的专业发展

合作对话对于教师知识、技能的提高和实践经验的总结、推广具有重要的价值,有助于教师把从专业发展中学习的理论知识和技能向课堂教学实践转变,同时教师也能够积极寻求和吸收学校外部新的思想和知识。合作对话可以激发与强化教师发展意愿,促进教师个体反思能力的提高,加速提升教师专业水平。教师通过教学合作和对话,能够扬长避短,优势互补,拓宽视野,不断丰富教育教学知识,提高教师教育教学能力。

（二）合作对话有利于缓解教师职业压力

当前教师职业是一个压力较大的职业。当这些压力得不到释放时,教师就会产生越来越严重的焦虑情绪,而过度的焦虑对教师专业发展来说意味着一种阻力和危机。教师的压力来源很多,教师同事关系紧张就是其中之一。研究表明,来自同事的支持会减轻教师压力和倦怠。同事之间的互动与合作活动能给教师提供一个社会认可和支持的基础,是深受教师欢迎的一种"压力释放"的途径,有了这种途径,就可以减轻教师的紧张和焦虑。因为互动与合作活动有利于营造学校里相互信任的人际氛围,有助于教师在相互支持、相互理解和相互帮助中消弭过大的职业压力。

（三）合作对话有利于学生学业水平的提高

教师合作对话与学生学业水平的提高之间存在着密切的关系。新课程改革强调课程的综合化,这就要求教师之间打破学科和年级的界限,相互配合,有机融合,齐心协力地培养学生。教师合作的文化氛围,使教师把提高学生的学习水平,培养学生的良好行为和态度作为一个共同追求的目标和共同承担的责任。这种团队工作的方式,促进了教师专业技能的发展,提高了课堂教学的水平,进而提升学生的学业水平。[①]

（四）合作对话有助于提高教师个体反思的能力

教师合作对话有助于教师个体反思能力的提高。在教师专业发展历程中,教师希望能够得到多方面的及时的形成性回馈与协助,以便其能够不断地提升专业素质和水平,因为教师个人的独立反思可能会由于视野的局限性而出现偏差,而且也会由于视野的有限性而难以走向深入。而同事间通过听课、观摩、讨论、交流等合作形式,可以扮演形成性评价的角色,这有助于减少教师独立反思的偏差,有助于使教师个体的反思走向深化。

三、影响合作对话的因素

虽然合作对话对于促进教师专业发展非常有效,但现实中,中小学教师之间的合作情况却并不太理想。因此,了解影响教师合作对话的因素,有助于帮助教师克服困难,进行积极的合作。具体来说,影响合作对话的因素主要包括合作方式本身、学校管理和教师自身等方面。

（一）合作方式因素

教师合作是可以通过多种方式实现的,这些方式往往影响着教师对合作的积极性

---

① 余文森,连榕. 教师专业发展[M]. 福州:福建教育出版社,2007:23.

和合作的有效性。教师合作方式主要分为正式合作和非正式合作。

正式合作是指一系列制度化的、有组织的合作。这样的合作通过统一规定要做什么、和谁一起做等，传承自下而上的创新。这样的合作往往建立了明确的目标，显示出很高的合作效率，也有利于合作的有序进行，在合作建立之初，这样的安排可以为教师开展合作提供契机，为教师找到一个合作的支点。

非正式合作可以使教师们在一个轻松、自在的环境中，依据自己的意愿开展合作。非正式合作体现出的是一种自然的合作文化，它建立在合作者自发、自主的基础之上，教师们自愿分担合作中的任务和工作，他们自觉地成为合作的主人。

（二）学校管理因素

学校管理因素主要体现为学校内在合作体制，合作体制是学校文化的重要组成部分。一般包括以下三个方面的内容。

1. 合作时间

时间是有效合作的一项重要保障。教师职业的工作时间相对固定，而在相对固定的时间内，教师又有着繁重的工作量。繁重的工作往往使教师焦头烂额，自顾不暇，很少能够真正有时间与其他教师交流、互助。可见在这样的前提下产生自然合作是十分困难的，教师的合作需要学校管理因素的推动。当学校可以真正提供机会与时间时，教师的合作也会得到巨大的保障与支持。

2. 合作平台

学校作为一个学习型组织，可以为教师的合作提供重要的支持。平台是教师合作的基础，它可能成为推动教师合作走向常态化的桥梁。支持性的平台可以帮助教师组建起合作的组织，提供给教师一个合作的机会。然而，真正建立起来并且可以有效支持、推动教师合作的平台并不多，这也就影响了教师合作的积极性。

3. 合作评价

教师评价是学校管理的一部分，与所有的评价一样，教师评价对于教师有着强烈的导向功能。传统的教师评价体制着重于教师的教学能力，学生的成绩如何成为评价教师的决定性因素，因此教师间竞争激烈，很难走到一起进行合作。将有关教师合作的评价列入学校教师评价之中，会极大提高教师组织、参与、投入合作的热情与积极性，延长合作的持续时间，使得合作更进一步、更深入地展开。

（三）教师自身因素

作为合作的主体，教师自身因素无疑对合作有着全方位的影响。

1. 教师职业的封闭性

教师职业一直被称为一种"孤独的职业"，正是这样的孤独和封闭给教师造成了一定的局限，限制了教师们吸收新的思想，交流有益的经验，这无论是对新课程改革或是教师合作都造成了极大的阻碍。

2. 教师自身对合作的认识

教师本身如何看待合作，对于教师的合作有着基础性的影响。教师只有真正认识到合作的意义，自发地接受合作，相信合作，寻求合作，形成合作意识，才能使教师间的合作事半功倍。

3. 教师对合作中矛盾的认识

人与人之间的交流难免出现矛盾，教师间的合作也是这样。教师们应相信，合作中的矛盾与冲突也能够摩擦出新的火花。教师正确认识到这种矛盾所蕴含的意义，能够以一种兼容并包的思想来接纳、处理那些"不同的声音"，只有这样才可以真正地投入合作中，也才可以真正发挥合作的力量。

四、合作对话的形式

（一）集体备课

集体备课是促进教师合作发展的有效途径之一。集体备课能将教师的个体创造性置于群体之中，变静止封闭为互动交流，变内耗为相助，通过集思广益、扬长避短、信息共享，达到共同提高、发挥整体效益的目的。集体备课是一条事半功倍地提高教师理论水平、教学水平、科研水平的良好途径。

（二）同伴互导

教师之间相互观摩课堂教学和评课也是教师合作提升实践智慧的有效形式。同一层级教师之间的互助，既能避开上司对下属评鉴考绩的"干扰"，又能促进教师的专业发展。相互听课还能有效缩小课程发展与教师实践之间的落差，引发相互切磋和教学研究，学校如果能长期坚持运用这种合作方式，可以促成研讨与培训一体化的校本教师发展机制。

（三）合作科研

合作科研也是教师合作的一种较好的途径。它是指教师们围绕一定的课题研究任务而进行的合作攻关活动。教育科研是一项系统的工程，需要调动多方人员，运用集体智慧来共同解决问题。合作因此成为实施教育科研的客观需要。但从另一个角度看，这种需要也为教师合作提供了难得的机会。在教师们组成课题组，共同对教育课题进行研究的过程中，合作成为可能。课题组成员有着共同的目标——通过完成一定的科研任务，获得共同的专业发展；课题组成员都是为了共同的任务自发地走到一起来的，因而其兴趣和利益有着一致性；在课题组里，教师的人际关系相对简单，大家平等协商，合作共事，没有严格的等级关系。具备了这几个核心要素，教师的合作就能顺利进行。

（四）结对式合作对话

结对式，就是教师之间形成师徒关系或同伴关系，通过共同的学习与讨论、示范教学，特别是系统的教学观察与反馈等方式，来彼此学习新的教学模式或者改进既有的教学策略，促进双方教师专业水平的提高，进而提高学生的学习成效，达成教学目标的一种合作模式。这种合作模式既适合同学科教师之间的教学合作，也适合相关学科间的合作；合作对象既可以在本校范围内产生，也可以从外校名教师、骨干教师中挑选。结对式包括师徒结对、同伴结对等形式。[1]

（五）沙龙式合作

沙龙式合作是一种非正式状态下的自由交流的合作模式。它既可以是同一学科内教师的交流，也可以是跨学科教师的聚会。从内容上来说，可以从教学理念、教学模式、教学方法和教学手段展开探讨，也可以从典型的教学案例出发进行交流。沙龙式

---

① 罗蓉,李瑜. 教师专业发展：理论与实践[M]. 北京：北京师范大学出版社，2012：273.

形式新颖,生动有效,是教师教学合作中比较前卫的一种合作模式。沙龙式最大的优点就在于教师参与的机会多,在活动中大家可以充分交流教学上遇到的问题,研究大家共同关心的问题,教师之间通过谈天、交流,表述各自的心得体会,抒发各自的情感体验,而听者则带着与之分享并反思自己教学行为的态度,并非一定要接纳,但要学会倾听。在这种知识与经验分享的氛围中,可以拉近人与人之间的关系,也能推动人们为实现彼此间的分享做出自己的努力。如果经常进行沙龙式合作,则会促使教师不断努力去钻研业务和拓宽知识面。这样不但对教师个人成长有利,而且对于提高教师队伍的整体素质作用显著。

(六) 基于网络的虚拟合作

随着信息技术的发展,网络已成为人们交流与合作的重要途径之一。在教师专业发展领域,以网络为载体的专业合作受到教师的青睐。网络为教师提供了多种多样的交流途径,如电子邮件、网络论坛、博客、微信群等。

博客不仅在实践中最受欢迎和最有实效,而且也是学术研究涉足最多的领域。作为一种教师合作途径,教师通过博客,以多媒体形式,将自己的日常生活感悟、教学心得、教案设计、课堂实录、课件等上传发布。博客是超越传统时空局限,促进教师个人内隐知识的显性化,并让教师团队共享知识、生成新知识的一种方法。教师博客通常供同事、同行或其他人员阅读和评判,并在"发布—回复—再发布—再回复"的循环往复中实现与包括同事在内的外界人员的广泛交流与对话,达到有效管理个人知识,与同伴分享教学经验和心得,消除职业孤独感等多重专业发展的效果。

由此可见,相较于其他类型的教师合作而言,基于网络的虚拟合作具有便利性、灵活性和超越时空性等独特优势。因此,我们有必要在实践中积极地推动教师通过博客、微信群等来实现与同行的合作对话,谋求共同的专业发展。但同时也必须指出,包括教师博客、微信群在内的所有网络教师合作都具有自身的缺陷,这决定了我们只能将教师博客、微信群视作有效教师合作方式中的一种方式,而绝不是唯一的方式,更不能把教师引入过于依赖网络进行专业对话和人际交往的误区。

某小学有一位优秀的数学教学主任,但遗憾的是这位优秀的数学教学主任被隔壁小学"挖"走了。因此该小学面临着没有合适的人选担任数学教学主任的情况。校长决定让英语教学主任暂时兼任数学教学主任,以度过特殊时期。英语教学主任李老师是一位非常优秀的特级教师,具有丰富的教学经验。但毕竟不是数学学科教师,英语教学主任在兼任数学教学主任的一年中,和数学教师们进行了各种合作,特别是通过微信群进行合作互动,取得了非常不错的效果。以下案例故事来自英语教学主任从这个案例故事中,我们可以对教师们通过微信群进行合作对话有更加直观的感受。

案例故事

微信群促进教师合作

三月份的一天,我的微信突然跳出来几条信息,打开一看是数学教研组的于老师发来的,主要内容是她在某小学听反弹高度一课的总结和反思。收到她的这份总结,说实话内心充满喜悦,我马上打开读了起来。首先,于老师从数学学科教学方面进行了认真的分析。她从三个方面总结了本课的优点,同时对授课教师的个人魅力也进行了分析,最后是她对本课的理解和思考。看完这样一份逻辑思维清晰,有思考、有学科特点的总结,真的很是欣喜,更是充满成就感。

于是我马上回复:"于老师,你真牛!"

于老师回复说:"向您学习,您每次梳理完的总结,都让我们受益匪浅,我也想像您一样,能够通过自己的努力给别人带来收获,更希望自己也能够影响到别人。"

我回复:"一定会的,因为你的总结很有深度,一定会带给大家帮助的。"

于老师:"梳理完,我心情特别好,突然觉得自己在用心做事的时候心里特别踏实,特别有成就感。谢谢您!"

我的回复:"抓住每一个机会去锻炼自己,让自己在实践中不断地学习,不断地思考,不断地提升,相信你一定会越来越强大!"

于老师:"我一定会坚持的。"

刚刚进入四月份,学校里的各项工作接踵而来,我有点应接不暇。原定4月6日开展的数学组教研活动我不能参加。没有办法,我开始在微信群里征集:"大家好,明天下午的教研活动我由于临时有会,故不能参加,特此征集教研活动的负责人,还有相关事宜的负责人。"大约过了五分钟,微信群弹出了信息。

谷老师:"李老师,您放心去吧,我来全面负责。"

我回复:"非常感谢,你越来越棒了。"

接着,冯老师说:"李老师,我负责照相和录像。"

张老师说:"李老师,我负责梳理整个记录。"

宋老师说:"我负责总结,不过我可能总结得不是特别好,但是我会尽力,希望大家多提建议。"

谷老师说:"宋老师,你放心吧,我也来总结,这样我俩的信息一定就更全面了。"

宋老师说:"谢谢您,加油!"

王老师说:"我虽然要讲课,但是讲完课,我也可以进行教研活动的梳理。"

我回复:"谢谢大家,有你们的支持,我们一定会收获更多。"

大约4点50分,我的会议结束了,这时才想起来看看手机,啥信息也没有,我心想,难道是教研活动还没有结束吗?正打算发个信息问问,信息还没有编写完,群里的信息就响了起来,有零散的发言,上课的照片……在众多照片间,我发现了一大段谷老师对两节展示课的点评。没想到活动刚刚结束,谷老师竟然细致地将本次活动中个人对课堂的理解和思考进行反思。随即,宋老师结合专家的建议、老师们的想法和个人的思考,按照主题进行了细致的梳理,当时我真的是既高兴又吃惊,马上点赞表扬。

突然,谷老师的微信信息弹出:"我觉得自己反思得还不是很到位,但是我觉得您做得特别好,我在努力学习,今天反思梳理完很开心,感觉到了积累带给自己的踏实、力量和成就感,我想这是我自己的一种积淀,谢谢您。"

此时,宋老师的信息弹出:"特别感谢王老师给予我的帮助,和她的沟通让我的思路更加清晰,梳理得更加及时顺利,特别感谢大家的帮助,我一定会多锻炼。"群里的其他教师纷纷表示总结得特别好,自己也会以此为范,勤动笔,勤思考,让自己不断成长。

谷老师说:"非常高兴能够和大家一起工作,觉得在这个集体里特别幸福。"

贾老师说:"非常赞同,我喜欢上课,每次都是大家诚心诚意地帮助我,有你们,我才会越来越自信,喜欢我们这个大家庭。"

通过对这个案例故事的分析,我们可以发现,在这个微信群里,由于李老师创设了一个平等尊重、放松自然的学习共同体的合作氛围,因此教师们每个人都是组织者、反思者和分享者。我们也可以发现,基于微信群的这种合作方式具有便利性、灵活性和超越时空性等独特优势,能在很大程度上推动教师们的合作对话,谋求共同的专业发展。

本章小结

本章通过情境导入、知识讲解、案例解析等多种方式,帮助学习者理解小学教师专业发展的路径。小学教师专业发展的路径主要包括经验反思、循证研究、理论学习和合作对话。本章详细介绍了每种促进教师专业发展路径的含义、意义,以及操作过程和方法等。明确不同的发展路径对小学教师专业发展的价值,能够批判性地思考如何善用各种路径促进小学教师的专业发展。重点掌握小学教师专业发展四种路径的意义和方法,理解每种路径对小学教师专业发展的重要性。

第四章
思考题

第四章
思考题参考答案

第五章　职前小学教师专业准备

学习目标

了解职前小学教师的阶段性发展特征,明确目前自己所处学习阶段的特征;理解职前小学教师学习的目标、内容、途径,明确小学教师职业的特有属性;掌握教育教学研究的基本过程、具体研究方法和研究成果的表述方式,明晰教师作为研究者的真正含义。

1. 识记

◆ 非关注;虚拟关注;实习教师

◆ 通识教育;专业教育;实践教育

◆ 行动研究;民族志研究;个案研究;教学叙事;教育叙事;教育自传

2. 领会

◆ 职前小学教师的阶段性发展特征

◆ 职前小学教师学习的目标、内容、途径

◆ 教师进行教育教学研究的基本过程、具体方法、表述方式

3. 应用

◆ 结合实际,能够判断职前小学教师在不同发展阶段的特征和要义

◆ 结合实际,能够选择适合于自身专业发展的具体路径

◆ 结合实际,能够运用具体的教育教学研究方法开展研究,并指导自己的教学实践活动

建议学时

6 学时

案例导读

你为什么教书①

三个工人在砌一堵墙,有人过来问:"你们在干什么?"

第一个人没好气地说:"没看见吗？砌墙。"

第二个人抬头笑了笑,说:"我们在盖一座高楼。"

第三个人笑得更灿烂:"我们正在建设一个新城市。"

十年后,第一个人在另一工地上砌墙,第二个人坐在办公室里画图纸,他成了工程师,第三个人呢,是前面两个人的老板。

心理学研究显示,一个人把工作的价值看得越高,激发的动机就越强,在工作中焕发的内部力量就越大,由此我们不难理解,从事一样的砌墙工作为什么会有不一样的前途。

第一个人为建一堵墙而工作,砌墙的价值局限在一堵墙,他在砌墙中焕发的内部力量就很有限。

第二个人为建一座高楼而工作,他把工作看作建设一座楼的一部分,砌墙的价值扩展到一座楼,他在砌墙中焕发的内部力量就比较大,工作态度也要好许多。

---

① 张永明.课程理念与实践[M].北京:北京大学出版社,2013:95.

第三个人为建一个新城市而工作,他把工作看作建设一座城市的一部分,砌墙的价值扩展到一个城市,他在砌墙中焕发的内部力量就更大,工作态度也就更积极。

看了以上的案例及案例分析,请你思考以下两个问题:

(1) 作为一名职前小学教师,我们应该树立怎样的职业理想与职业信念?

(2) 将来我要做一个怎样的小学教师?

第一节 职前小学教师的阶段性发展特征

职前小学教师具有阶段性发展特征,这些阶段包含从孩提时代一直到正式入职前。当前,国内外学者对教师专业发展阶段的研究已经有了不少成果。下面以我国学者提出的"自我专业发展意识"与"自我更新"取向教师专业发展理论①为依据,结合职前小学教师发展的特殊性,将职前小学教师发展的阶段性特征归纳为以下三个方面。

一、"非关注"阶段: 从教的潜在性

"非关注"阶段指的是教师本人并没有意识到自己会成为教师,这是进入正式教师教育之前的阶段。这一阶段的经历对后来真正从事教师职业的人的影响不可忽视。在这一阶段所形成的"前科学"的教育教学知识、观念可以一直延伸到教师的正式执教阶段。研究发现,对于教师来说,学生时期头脑中存储的无数生动的课堂场景,以及他们所熟悉的教育教学模式会逐渐内化到自己身上,而当他们自己执教时,这些模式会被重新激活,许多从事教师职业的人都认为,他们在课堂教学中会或多或少地模仿自己中小学时教师的样子。

以下案例故事中的描述有助于我们理解职前小学教师在"非关注"阶段具有的潜在性特征。

案例故事

我的老师对我意味着什么②

一名教师在谈及儿童时代某教师对自己后来为师的影响时这样写道:"一天中最美好的一刻便是老师讲故事的时候。我凝视着她的一举一动,聆听她说话时发音的方式。回到家里,我就开始玩'当老师'的游戏,我照着老师的样子把她讲给我听的故事再争取原原本本地讲给想象中的小朋友听……虽然这已是多年以前的事了,但我至今仍记忆犹新,因为我知道这位教师对我意味着什么。"

有研究者从三个角度给出了职前小学教师"非关注"阶段具有的潜在性特征。③

第一,从进化论角度来说,人生来就有一种"好为人师"的倾向。这是因为,人类之所以能够幸存下来,就是因为我们拥有相互纠错的本性。儿童不仅在学校教育中获取大量知识,而且也在家庭、社会中获得有益的教育影响,这一点很容易从儿童游戏活

① 叶澜,白益民,王枬,等.教师角色与教师发展新探[M].北京:教育科学出版社,2001:276-302.

② 傅道春.教师的成长与发展[M].北京:教育科学出版社,2001:116.

③ 叶澜,白益民,王枬,等.教师角色与教师发展新探[M].北京:教育科学出版社,2001:278-280.

动中得到证实。

第二，从心理分析角度来说，一个人成长为教师的过程类似于他从孩提时代开始，逐渐变得与他的重要他人相似的过程。学者哈里斯在对150名准备做教师的大学生调查后发现，其中有120人能够对自己难忘的教师做出生动的描述，31人提及的是幼儿园至五年级的教师，55人提及的是中学教师。这表明，儿时的教师对一个人成长为一名教师具有潜在的影响力。

第三，从社会化角度来说，做学生的过程对教师成长具有重要价值。学生在长期的求学过程中，逐渐把教师的教学模式内化到自己身上，而当他们自己执教时，这些模式又被重新激活。

总之，师范生在进入正式的师范院校之前就已进入对教师专业发展的"非关注"阶段，师范生在此阶段会具有一种在无意识状态下形成的较为稳固的教育观念，这是一种直觉式的教育信念。这个阶段的发展虽然谈不上是正式的教师专业发展，但是师范生在这一阶段的语言表达能力、交往能力、组织管理能力等却为正式教师专业发展打下了一定的基础。

二、"虚拟关注"阶段：从教的虚拟性

"虚拟关注"阶段是指师范生明确自己以后会成为教师，但还没有真正进入一线学校。这一阶段主要指师范生在师范院校学习的阶段，这一阶段也称为"准教师"阶段。师范生心目中的小学教育和他们心目中的小学教师带有某种虚拟性。他们缺少对专业教师的体认，专业发展的自我意识不太强烈。但是，进入教师教育之前所形成的教育观念将对师范教育阶段的学习起"过滤器"的作用，导致师范生很难接受或有保留地接受新的、更为合理的教育观念。以上情况在他们任职"实习教师"后会有所改变。

三、专业发展意识的萌芽阶段：从教的基础性

在实习期，师范生在教师专业发展方面的一个重要特征是，他们原有的教育信念受到冲击，开始重新界定自己的教育信念。他们感到理论学习阶段并没有为当教师做好准备，开始对自己的专业素养进行反思，意识到自己知识、能力等方面的欠缺，并试图重新建构自己的专业素养。经过实习期，师范生的自我专业发展意识会被唤醒。如果实习期较长，师范生可能出现自我专业发展意识的萌芽，为进入正式任职阶段打下良好基础。

据雷文、卡特赖特等人的研究，师范生在实习阶段的发展要经历六个时期。[①]

第一个时期为预期期。在这一时期，师范生所体验到的主要是畏惧和激动人心的预期。这一时期的师范生往往对小学教师有一种浪漫的幻想，而对自己改造世界的能力估计过高。

第二个时期为预期幻灭期。随着时间的推移，师范生对教学工作的原有观点开始发生变化，进入了预期幻灭期。有的实习教师在反思日记中写道："原来教师还要做那么多的文书工作，真不知道指导教师平时是怎么过的！"有的写道："现实中的教学

---

① 叶澜,白益民,王枬,等.教师角色与教师发展新探[M].北京:教育科学出版社,2001:287-288.

工作要做的事情比我想象中的多多了!"还有的写道:"上周五我还激动不已,终于可以到我梦寐以求的地方了。现在除了这儿,我到哪儿都行。"师范生不仅要学习怎样教学,而且要努力学习怎样当教师。在对原有的教学工作预期幻灭之后,他们要重新调整自己,适应现实。

第三个时期为重新界定期。师范生在实习工作中寻找对教师和教学工作的新解释。有的实习教师写道:"通过这一星期的实习,我才意识到学生也喜欢风趣的老师。"有的写道:"教学有时比我想象中的要丰富得多,有时与我的设想迥然相异,我发现了真实的教学。"还有的写道:"我每天都有关于教学的新发现。"与前一阶段不同的是,这一阶段师范生所表现出的重新发现的特征,在有些情况下可能一直持续到入职后数年。

第四个时期为转型期。随着实习教师赋予教学以新的意义,他们对自己作为专业人员的认识也在拓展。在转型期,师范生开始尝试把对教学的新认识落实到自己身上,转化为自己的内在专业结构。有的师范生在反思日记中这样写道:"我刚开始上课的时候真是紧张,过了一段时间后就好多了,自己也更加自信。我已经能够在不同的班级以不同的方式上同一内容的课。"与上一时期类似,这一时期所表现出来的特征也可能要持续数年,甚至贯穿教师整个职业生涯。

第五个时期为专业投入期。这时,师范生在对作为专业教育者的义务、责任和回报明确认识的基础上,决心献身教学专业。有的师范生写道:"我要成为一名教师的志向,这次真正受到了检验。教学尽管有其不令人满意之处,但没有比我教学生更重要的事情了。"在实习期结束时,研究者在访谈中问及师范生是否决定从教,他们中的多数回答:"为什么不呢? 我也曾经动摇过,也曾反复思考,但我还是决定从教,我能做一个好老师。"

第六个时期为预期更新期。这是师范生原有的教学观念经受现实冲击,他们对教学工作和自己的教学能力重新评估之后,对自己今后正式走向工作岗位的再次预期。这一时期在学生反思日记和访谈中没有直接反映,但从他们的行动态度,与同伴、朋友的谈话中可以明显地感受到这一时期的存在。这一时期他们讨论的热门话题是"如果以后我有了自己的班级,我将……"。

如果实习期较长,师范生可能出现自我专业发展意识的萌芽,为进入正式任职阶段打下良好的基础。

第二节 职前小学教师的学习

一、职前小学教师学习的目标

依据《小学教育专业认证标准(第三级)》,师范生通过本、专科的学习,要达到一定的毕业要求,毕业要求可总结为"一践行三学会"。"一践行"包括师德规范、教育情怀。"三学会"包括学会教学(知识整合、教学能力、技术融合)、学会育人(班级指导、综合育人)、学会发展(自主学习、国际视野、反思研究、交流合作)。[①] 依据以上师范

---

① 刘慧,孙建龙.小学教育专业认证:理论与实践[M].天津:天津人民出版社,2022:115-126.

生的毕业要求,结合小学教师的职业特性,职前小学教师学习的目标主要表现为养成良好的师德规范和教育情怀,获得综合性的知识结构,具备自我反思的能力。

（一）养成良好的师德规范和教育情怀

师德是教师工作必须遵守的道德规范和行为准则的总要求,是引领和指导师范生学会教学、学会育人和学会发展的第一要素。这就要求小学教育专业的师范生准确把握新时代中国特色社会主义特征,以"立德树人"为根本任务,以立志成为"四有"好老师为专业发展动力,以社会主义核心价值观为专业政治方向,以依法执教为专业行为依据,系统构建师德认知和体验养成教育体系,重在养成毕业生爱生、敬业、为人师表的行为规范;要立足"知行合一",创设师德践行环境,创新师德养成路径、形式和方法,注重将师德认识内化为师德认同,转化为师德行为,帮助师范生成长为思想政治信念坚定、职业发展目标明确、具有立德树人理念、理解依法执教内涵、认同师德规范并能在专业实践中积极践行的新时代好教师。

教育情怀是以情系学生、胸怀育人为标志的教师核心素养,建立在正确的职业认知和良好的综合素养基础上。通过学习活动,师范生要树立正确的教师观,能够正确认识小学教师工作的价值和意义,理解其专业性要求,愿意从事小学教师职业,立志做学生锤炼品格、学习知识、创新思维、奉献祖国的引路人;师范生要养成较好的职业行为规范,树立正确的学生观,能够正确处理师生关系,在教育教学活动中尊重学生、爱护学生,富有爱心、责任心、耐心和细心;师范生要具有较好的人文科学底蕴和艺术素养,人格健全、心理健康、情感丰富,做到为人师表。

（二）获得综合性的知识结构

从儿童认知发展的角度来看,小学阶段的儿童思维尚未细致分化,此时,他们对世界的认识是整体化的、生活化的,所提出的问题来自生活世界,而生活世界的背景知识是一个综合的整体。按照胡塞尔和哈贝马斯的观点,生活世界是一个非课题性的、奠基性的、直观的世界。因此,职前小学教师在学习中必须具备综合性的知识结构。[①]

综合性的知识结构是师范生从事小学教学工作的基础素养,是师范生提高教学能力的前提条件。由于小学教育具有基础性和综合性,并考虑到小学生的认知特点,因此小学教育专业师范生应具有一定的人文社会科学与自然科学通识知识,具有较广博的知识基础;在学科专业知识方面,要具有扎实深厚的小学主教学科知识,了解知识体系主要构成部分的逻辑关系,掌握知识探究与创新的基本技能和思想方法;要具有小学兼教学科的基本知识、基本原理和技能,并对小学其他学科知识有一定了解;要善于进行知识整合和迁移,了解主教学科与其他学科之间的知识关联,以及学科知识与社会实践、小学生生活实践的联系,形成综合的知识结构和跨学科的思维方式。

在《小学教师专业标准（试行）》提出,适应小学综合性教学的要求,了解多学科知识;掌握小学教育教学基本理论,掌握小学生品行养成的特点和规律,掌握不同年龄小学生的认知规律和教育心理学的基本原理和方法,掌握所教学科的课程标准与教学知识;具有相应的自然科学和人文社会科学知识,具有相应的艺术欣赏与表现知识;等等。

---

① 李玉华.小学教师专业发展概论[M].北京:人民教育出版社,2015:99-100.

（三）具备自我反思的能力

教师是反思性的实践者。学会反思是师范生毕业后从事小学教育教学工作，实现专业发展的基本能力要求。这就要求师范生能够树立终身学习理念，具有专业发展的自我意识，了解并掌握教师专业发展的基本知识和实现路径，明确专业发展的方向；能够适应时代和教育发展的需求，在了解国内外基础教育，特别是小学教育改革发展动态基础上，对自己的学习活动和职业生涯进行初步规划；能够认识教育反思的价值与意义，初步掌握教育反思的基本方法和技能，具有一定的创新意识，在小学教育实践过程中，能够运用批判性思维方法分析和解决小学教育教学实际问题，形成较好的教育反思能力。

除了学会反思，还需要具备沟通合作的能力。沟通合作也是师范生毕业后从事小学教育教学工作，实现专业发展的基本能力要求。这就要求师范生能够认识学习共同体对于促进自身专业发展的价值和意义，具有主动积极参与团队协作活动的意识，初步掌握团队合作与人际沟通的方法与技能；在学习活动中能够积极参加小组互助合作和协作学习，在小学教育教学实践中能够获得与小学教师、家长和社区等沟通的积极体验，形成较好的沟通合作能力。

二、职前小学教师学习的内容

要选择哪些学习内容实现以上职前小学教师学习的目标？依据职前小学教师学习目标，在师范院校有以下学习内容供师范生学习。

（一）通识教育

通识教育也称为文化素质教育。通识教育思想源于古希腊的"博雅教育"（又称为自由教育）。从字面意思可知，"通识"意为"通"与"识"，即见识与智慧的通性，强调人的智慧及其对人类文化的通晓与把握。通识教育包括科学文化（自然科学）和人文文化，具体涉及社会科学、自然科学和人文科学三大领域。在小学教师的职前培养中，通识教育的功能表现在以下几个方面。[①]

1. 基础性

通识教育要求师范生在人类广阔的知识领域进行基础性的学习，即了解和掌握社会科学、自然科学和人文科学的基本内容和基本方法，以获得基本的知识和技能，为以后的专业学习及个人的发展打下广泛的基础。扎实的通识教育有利于养成师范生的科学世界观和方法论，进而塑造他们的精神品质。

2. 通识性

通识教育的特质就是要体现学科的融通性，通过通识教育，师范生可以整合不同领域的知识，在学科的交叉学习中形成跨学科的创新能力。所以，通识教育有利于优化师范生的知识背景，进而拓宽他们的学术视野。

3. 发展性

通识教育不仅是让师范生获取多方面的知识，更重要的是通过知识的学习，拓展师范生的思维，发展其理性，触及其灵魂，陶冶其人格，从而促进师范生的和谐全面发展。所以，通识教育有利于形成师范生的终身学习能力，有利于师范生将知识积淀内

---

① 王泽农,曹慧英.中外教师教育课程设置比较研究[M].北京:高等教育出版社,2003:124.

化为能起长效作用的素质。

（二）专业教育

专业教育是养成师范生的专业品质,保证师范生获得专业知识、形成专业素养的教育形式,是小学教师教育区别于其他类别教师教育的具有独有特征的教育形式。一般情况下,专业教育一般由开设专业基础课程、专业核心课程和专业方向课程来体现。

专业基础课程主要由小学教师教育的基础课程和相关跨学科基础课程组成,其设置坚持专业知识的基础性、综合性和相对学术性的原则。专业基础课程设置的目的是让师范生获得专业基本知识,加深对专业的理解,提高专业学习的适应能力和社会适应能力。专业基础课程的学习是为了增强师范生对职业内在生命的感悟,提升其精神境界、审美情趣、人文素养,为形成综合的知能素质、优雅自信的教育气质奠定基础。例如,教育学基础、儿童研究、教师职业道德与心理健康、人文素养、艺术素养等课程的学习。

专业核心课程是体现小学教育专业特点和人才培养目标的课程,主要依据我国《教师教育课程标准(试行)》以及对小学教育的认识而设置,由有关小学生、小学教育、小学教学、小学教师发展等方面的课程构成。专业核心课程的开设在原理性课程的基础上,专门设置针对小学教育教学中的实际问题进行研究和剖析的课程,注重体现基于情境、基于案例的课程设置,打造具有适切性的专题化、微型化的课程。例如,小学优秀教学案例解析、小学教育实践与研究、小学班级管理及优秀案例解析等课程。

专业方向课程主要是指学科课程,是关于未来小学教师任教学科知识类的课程,将其作为专业方向课程设置,作为小学教育专业课程结构中专业教育课程的一个组成部分,体现了小学教师教育的"学科知识"的特点,即任教学科知识要融于专业教育知识中。专业方向课程主要与小学教育中开设的各门课程对应,如小学数学、小学语文等课程。

（三）实践教育

实践教育是与理论教育相对而言的,是以专门训练师范生实践技能,使其体验真实的实践情境为内容,以培养师范生的综合实践能力为目标的教育形式。实践教育体系包括专业感知、模拟教学、教育见习、教育实习四个模块,是理论与实践相联系的基本方式和关键环节,是相对于理论而言的对教育实践的感知、理解与体验。

1. 专业感知

专业感知主要通过聆听小学校长、名师的讲座与报告和小学教师的优秀观摩课,参加学校的主题活动观摩活动等来获得。专业感知通过感受小学教师文化、小学教育文化,树立感性学习的榜样形象,真切关注作为未来小学教师的生命意义和价值追求,使师范生获得基本的专业认知与专业学习动力。

2. 模拟教学

模拟教学主要通过营造虚拟的小学课堂教学环境,让师范生模拟小学教师的角色,让同伴充当小学生予以协作,进行片段或完整的课堂教学试教,并根据教育知识和学科教学内容的要求相互评课,促进师范生熟悉教学的各个环节和教学规范,熟悉教材教法,为教育实习做好充分的准备。

3. 教育见习

教育见习是实习的前奏,是使师范生获得对小学教育、教学、班级管理和与儿童交往的体验的感知阶段,是一种观察性的教育实践活动。教育见习使师范生的专业学习与教育实践密切结合,为师范生的教育实习奠定基础。

教育见习的内容主要包括体会学校办学理念、课堂教学见习、参与教学活动、班主任工作见习。如表5-1所示。

表5-1 教育见习的内容和具体要求

内容	具 体 要 求
体会学校办学理念	1.通过见习,了解小学校的自然状况、办学理念、办学特色、教育教学改革与发展的思路,认真体会学校建设的整体情况。 2.通过优秀教师的教育教学经验介绍或座谈,了解小学教育教学的过程、规律、教育的发展现状和其对小学教师的要求
课堂教学见习	1.随见习班听课,观察任课教师的课堂教学活动,学习教学方法和教学技能、技巧。做好每节课的听课笔记,见习结束时提交完整的听课记录。 2.在指导教师的指导下,撰写课堂实录,见习结束提交一份完整的课堂实录报告。 3.观察小学生的课堂行为,写出观察记录,提交一份观察报告
参与教学活动	1.经指导教师同意,协助教师批改作业、辅导学生自习,以熟悉各个教学环节。 2.适当参加教研室的教研活动,了解任课教师的教研状况,了解小学教育课程改革基本情况,初步形成学科教研概念。 3.积极、主动参与见习学校和指导教师组织的各种教学活动,协助指导教师开展日常教学工作
班主任工作见习	1.了解班级管理的日常规范,学习处理班级事务,观察见习班每一天的教育活动,包括升旗仪式、早操(课间操)、早读、班会、少先队活动、课间活动、课外活动、个别教育等;了解活动规则、组织活动的策略等;写好见习日记。 2.了解班级学生,并与学生建立良好的师生关系,至少与班级2/3学生谈话一次,并做好记录;了解学生的思想状况,学习与学生沟通的技巧。 3.观摩、参与学校大型学生活动

4. 教育实习

教育实习是师范院校人才培养方案的重要内容,是教育教学的重要组成部分,是提高师范生专业素质和专业能力的重要途径之一,也是一门具有师范特色的综合实践课程,也是小学教育专业的必修课。教育实习为师范生提供了教育实践的平台,使他们能够亲身体验教育教学实践活动,帮助他们实地了解小学教育状况,初步研究小学教育,为毕业后服务小学教育做好准备。

教育实习的内容主要包括课堂教学实习、班主任工作实习和教育研究实习。如表5-2所示。

表 5-2 教育实习的内容和具体要求

内容	具体内容	具体要求
课堂教学实习	课堂教学实习的具体内容	以主修方向课程教学为主;同时实习所选修的兼教方向的课程(小学数学、小学语文、小学英语、小学科学、小学电教、小学音乐、小学美术、小学体育、小学书法、小学道德与法治、少先队活动和小学生心理咨询等方向之一);倡导跨学科、跨年级教学实习
	听课要求	每位实习生观摩、听课不少于 15 节,且有详细的听课记录;实习结束时,听课记录由学院带队教师签字检查;观摩指导教师的示范课不少于 2 次。要求:课前,认真钻研教材,做好听课准备;课上,认真听讲,做好记录;课后,及时向指导教师汇报听课体会,并请指导教师剖析教学设计思想和实施方案;实习生之间相互听课,交流、分享感受,并记录在手册中
	完成教案设计与教学实施	第一次上课前必须试讲;认真备好每一节课,写好教案,并于上课前一周将教案交给指导教师审阅,经指导教师批准签字方可执教;课后,主动征求指导教师的意见,及时修改教案,完善补救,写出教后记、教学反思;积极创造条件,运用多种现代化教学手段辅助教学,鼓励制作多媒体课件和网络课件
	上一节公开课	每名实习生必须上一次主修学科方向的公开课,且有翔实的课后评论和小结
	参与教学活动	积极、主动参与实习学校和指导教师组织的各种教学活动,积极协助指导教师开展日常教学工作
	提交课堂教学实习资料	实习结束时,实习生要提交一份全面的实习总结和至少一份教育教学案例。每个实习队在队长组织带领下,完成一个不少于 60 张幻灯片的 PPT 总结。其中必须包括一张带有校名的实习队全体照片、每个人的照片,并附带实习感言、班级和姓名
班主任工作实习		1. 了解班级管理的日常规范,学习处理班级事务;积极参加升旗仪式、课间操、晨会、班会、团队活动、大扫除、卫生检查、值周等活动,了解活动规则、组织活动的策略等,逐步积累班级管理的经验与策略。 2. 深入了解班级学生,并与学生建立良好的师生关系。熟记班级学生的姓名,了解学生的思想状况,学会与学生沟通,关心班级弱势群体,耐心解答小学生提出的问题,不推脱敷衍。 3. 组织主题班队活动。至少组织一次主题班会活动,要求有完整的策划方案与实施记录;多人在同一个班级实习,可合作组织。 4. 学习处理班级特殊事情。 5. 观摩、参与学校大型学生活动
教育研究实习		1. 积极开展教学研究活动,主动参与实习校的教学研究活动,撰写教学研究报告。 2. 注意观察、搜集、整理教育教学案例,完成科研课题、毕业论文的资料收集工作。 3. 运用问卷调查法、观察法等,研究小学教育问题,撰写有关研究报告

综上所述,职前小学教师学习的内容基本包括通识教育、专业教育、实践教育三个方面。表5-3是首都师范大学《小学教育专业本科人才培养方案》(2014年版)的课程设置情况,从中我们可以看出,小学教师职前学习的内容主体是通过开设各门课程体现的。

表 5-3　课 程 设 置①

课程体系	各课程类别和学分要求					
	课程模块	课程说明		属性	学分	学分合计
1 通识教育	通识基础课程	包含大学英语、体育、思想政治教育等全校学生必修公共课		必修	34	50
	通识核心课程	包含人文精神与社会认知、科学精神与自然关怀、艺术修养与审美体验三个系列		选修	6	
	通识拓展课程	包含六个系列:人文精神与社会认知、科学精神与自然关怀、艺术修养与审美体验、语言艺术与文化交流、身心健康与职业发展、教育理解与教师素养		选修	10	
2 专业教育	专业基础课程	含《教师教育课程标准(试行)》中的所有教师教育课程,以及儿童类课程群,旨在加强师范生对教育的理解、对儿童的理解、提升师范生教育教学能力		必修	35	41
	专业核心课程			选修	6	
	专业方向课程	主教学科课程	语文方向课程	必修	31	45
				选修	14	
			数学方向课程	必修	34	48
				选修	14	
			英语方向课程	必修	51	69
				选修	18	
			信息方向课程	必修	36	52
				选修	16	
			科学方向课程	必修	39	53
				选修	14	
		兼教学科课程	包含小学语文、数学、英语、科学、教育技术、书法、音乐、心理辅导、德育与少先队教育、国学经典教育、生命教育、班主任工作12个方向	必修	8	8
3 实践教育	专业实践课程	包含小学见习、实习、研习,以及毕业论文等研究性实践		必修	15	29
	通识实践课程	通识基础必修课对应的实训环节		必修	13	
	社会实践课程	社会实践活动,野外综合实践等		必修	1	

---

① 刘慧,孙建龙.小学教育专业认证:理论与实践[M].天津:天津人民出版社,2022:157-158.

三、职前小学教师学习的途径

（一）教育理论学习的地位与作用

卡尔曾论述,教育实践并不是能够按一种完全无思维的或机械的方式完成的机器人式的行为。相反,教育实践是一种有意识地做出的有目的的活动,在某种程度上,这种活动常常只能根据缄默的、最多只在一定程度上得到阐述的思维图式,实践者用这种思维图式来认识他们的经验……从事教育实践必须先有一种理论图式,这种理论图式同时又是构成这种实践的要素和理解其他人的教育实践的手段。[①] 教育理论是理性认识的成果,它是对教育现象和教育规律的解释和判断,它具有科学性、普遍性、逻辑性。教育理论能够在理论形态和思维深处为教育实践澄清一些认识的基本问题,为教育实践提供有力的精神动力和智力支持。[②] 在一定程度上而言,教师对教育理论的认知直接关系到教育改革的成败。在职前小学教师学习中,理论学习具有的地位与作用表现在以下几个方面。

首先,理论学习增强师范生的教育理性。师范生在理论学习的过程中,在教育理论的指导和滋养下,会产生理论思维和运用教育理论的心向,确立与社会发展和教育发展相适应的教育观念,激发行动的热情,提升教育信念和教育责任感,对教育、对儿童、对自身的存在与发展有更理性更深刻的理解,保证教育实践"合规律性""合目的性""合情理性"。

其次,理论学习使师范生在理论的滋养下反省并纠正自己的教育理念与行为。在师范生的经验 中,存在着大量民间教育学知识,但是,这些知识如果没有理性的分析和探讨,就会显得表面化与感性化。所以,理论学习是师范生审视自己的直觉判断和缄默知识的工具和标准,它可以促使师范生在更广阔的理性视野中审视和纠正自己的教育观念和行为,累积实践性知识,发展实践性智慧。

最后,理论学习增强师范生对教师专业角色的认知。对教育理论的学习和探究可以提升师范生的理论思维能力和革新创新意识。同时,可以使师范生在专业学习中重塑自身的专业形象,努力成为反思性实践者和教育研究者。

（二）基于教育实践的教育理论学习

传统的教育理论将教育实践中的种种问题概念化,这样才有了教育理论与教育实践隔离的焦虑和无奈。职前小学教师要将对教育理论的研究与学习放置于鲜活的教育实践情境中,在教育实践的基础上进行理论学习。基于教育实践的教育理论学习表现为以下的特征。

第一,面向实践问题并分析实践问题。理论的原初意义便具有"观看"的亲身直接性,它是孕育在活生生的教育实践中的,是亲近与观照实践的。教育理论的形成是在分析教育实践问题的过程中,运用概念、范畴等理性思考形成的具有一定概括程度的理论样式,是去除"灰色"、保持"常青"的理论。

第二,观照实践的教育理论可以建构新的话语体系。观照实践的理论走出了书斋式的演绎方式,它建构一种可以与实践工作对话的、生动明晰的、具有感染力的话语

① 瞿葆奎,沈剑平.教育学文集:教育与教育学卷[M].北京:人民教育出版社,1993:559.
② 曲振国.当代教育学[M].北京:清华大学出版社,2006:254.

体系。

第三,具有持续的生成性。这种理论由于对教育实践有深刻的体验和认识,是对教育现实问题的研究与回应,不是在实践之外的,从外部审视实践;而是始终处于实践之中,在实践活动中内隐地发挥作用,实践主体不再只是被动地为理论所控制,而是参与"理论"的构建。① 所以,基于教育实践的教育理论学习具有不断生成的特性。

(三)教育理论学习和教育实践学习的辩证统一

理论和实践可以相互沟通和转化,沟通和转化二者之间的桥梁就是实践中的主体对于理论和实践的理解、反思、批判,以及在此基础上采取的行动。② 教师在成长过程中不仅要参与富有共性的"理论学习",而且要躬行颇具个人特征的"经验学习"③。对于小学教师职前学习而言,我们要扩大对理论与实践的理解范围,打破二者之间的对立,通过对理论的实践化和实践的理论化,从理论视角、实践视角和它们之间的差异进行"理论反思",不断深化对"实践理论"的认识,实现两者之间的相互渗透与对流。

职前小学教师既需要学习共性的教育原理、规则和规范,遵循"理论的逻辑",也需要具体的、个性化的对教育情境的理解和认识,遵循"实践的逻辑",理论与实践对于师范生而言都是重要的。但是,教育理论不能简单地运用于教育实践中,只有在真实的教育实践情境中,通过个人对情境的理解才能实现对教育理论的同化和顺应。也就是说,作为鲜活的教育实践而言,系统的理论知识学习只有融入实践过程才具有意义和价值。所以,师范生的教育理论学习与教育实践学习要相互融合。

第三节 教育教学研究方法

《教师教育课程标准(试行)》关于"小学职前教师教育课程目标与课程设置"中明确提出,职前小学教师要"具有发展自我的知识与能力"。这表明,职前小学教师应该具备教育教学研究的能力。自从教师专业化运动开展以来,教师要成为研究者的观点已得到共识。近年来,将教育教学研究的重心放置于学校层面,建立以校为本的教育教学研究是学校发展和教师成长的主渠道。以校为本的教育教学研究以促进学生的发展为宗旨,以课程实施过程中学校所面对的具体问题为对象,以教师为研究的主体。作为职前小学教师,未来要投入小学教育的教科研工作中,所以要了解教育教学研究的过程、方法,以及最终成果的表述方式。本节以校本研究基本过程、具体方法、成果表述为思路展开具体的论述。④

一、教育教学研究的基本过程

一般来说,教育教学研究的基本过程包括以下环节。

(一)研究问题的提出

研究总是从问题开始的。教学研究以教学问题为起点,教学问题可分为理论问题

① 杨燕燕.论教师职前实践教学的取向转换[J].教育研究,2012(5):84-89.

② 彭寿清,蔡其勇,苏贵民,等.实践取向的职前教师教育课程建构[J].课程·教材·教法.2012,32(7):107-111.

③ 白益民.教师的自我更新:背景、机制与建议[J].华东师范大学学报(教育科学版),2002,20(4):28-34.

④ 余文森.新课程背景下的公共教育学教程[M].2版.北京:高等教育出版社,2009:324-339.

和实践问题两类。理论问题是针对"是什么"而提出的问题（事实问题）和针对"应该是什么"而提出的问题（价值问题）；实践问题则是基于事实问题与价值问题，针对"怎么做"而提出的问题。比如，根据新课程的教学观以及新课程所倡导的学习方式，在实践层面上教师具体应该怎么做，才能实现新课程的培养目标，这便是指向实际的教学问题。当前随着新一轮义务教育课程标准推进的不断深入，这类问题层出不穷，突出表现在新课程理念与教师教学现状的矛盾和冲突上。

但是，教学中出现的问题能否成为研究的问题，关键在于教师是否具有问题意识和探索精神。如果教师安于现状，把一切现存问题都视为合理的，那么就不会发现真正的问题；同样，缺乏探索热情和教育责任感的教师，即使面对问题，也绝不会有改革的意向和追求。

爱因斯坦曾说过，提出一个问题往往比解决一个问题更重要。教学研究中的"提出"问题实际上是一个过程。它是一种"参与""介入"的态度，提问者已经"把自己摆进去"。这种"把自己摆进去"意味着提问者已经成为此问题的"参与者"，而不是"旁观者"；也意味着提问者已经成为此问题的"当事人"，而不是随意地提出一个问题，甩手等待"专家"来解决。

教师能否以"参与者"而非"旁观者"的态度提问，教师能否以"当事人"而非"局外人"的角色提问，将直接影响着教师"参与"教学研究的程度，也直接影响着教学研究对教学实践的"改进"程度。因此，有人将"改变教师的提问方式"作为教学研究的一条首要策略提出来。教育教学研究所指向的问题是教师"自己的问题"而非"他人的问题"，是在教室里发生的"真实的问题"而非"假想的问题"。仅此还不够，还要进一步把教师个体发现和提出的问题转化为教师群体共同关注和思考的问题，把教室里发生的真实的问题概括、提炼、升华为有价值的课题，唯其如此，才会有真正意义上的研究。

（二）研究问题的设计

设计指的是解决问题的一种方案、设想、构想、策划。按照老传统或照搬他人经验，也就无所谓设计了，设计意味着针对问题提出假设。任何假设都具有假定性、科学性和预见性。所谓假定性，是说它具有推测的性质，即这种假设是现实中暂不存在的或未被确认的，因此，假设决定了研究的探索性。但是假设又并非臆断，它以科学理论为导向、以经验事实为根据，又经过研究者的论证和交流，因此，假设又具有科学性，正是科学性避免了研究的盲目性。假设也是一种走在行动之前的思想、一种先于事实的猜想，是研究者从思想观念上对未来的洞察和把握，所以它能使研究活动更富有预见性。

凡事预则立，不预则废。教学设计犹如建筑的图纸，是教学研究活动的直接依据。教师要把日常的备课活动提升到教学设计的高度来认识，使备课与研究成为一件事而非两件事，这正是"教学即研究"的本意。

（三）研究问题的实施

研究问题的实施意味着将研究设计方案付之于行动，对教师而言，行动意味着改革、改进和进步。它具有以下特性。

第一，验证性。验证性也可以理解为检验设计方案的可行性。所有的设计在行动之前都只是一种假设,它的科学性、有效性是需要实践来检验的。从这个角度来说,教师作为研究者要尽量按原计划行动,否则,检验也就无从谈起,研究的科学性也就无从保证。

第二,探索性。探索性也可以理解为发现和寻找各种新的可能性。行动绝不是按图索骥、按部就班的机械活动,而是一种积极寻找和探索解决问题、达到目的的最佳途径和最佳策略的过程。这意味着教师在行动时,不能拘泥于事先的设计,要根据实际情况,随时对设计做出有根据的调整、变更。反映在课堂上,上课不是执行教案而是教案再创造的过程。反映在教师上,不是教教材,而是用教材教;不是把心思放在教材、教参和教案上,而是放在观察学生、倾听学生、发现学生身上;不是把学生当作一种对教的配合,而是把学生看作学习的真正主体和教学过程运行的不可缺少的重要组成部分。

第三,教育性。教育性也可以理解为教育研究的行动要服从、服务于学生的成长和发展。任何行动都应该无一例外地遵循人道主义原则,体现教育活动的价值导向和人文关怀,无条件地有利于所有学生的成长和发展,这是行动的最高原则。验证和探索只有在完整地关注学生的全面成长的前提下进行才是有价值的、符合教育伦理的。

(四)研究问题的总结

总结在教育教学研究中既是一个螺旋圈的终结,又是过渡到另一个螺旋圈的中介。在这个环节中,教师作为研究者的主要任务体现为以下几点。

第一,整理和描述。对已经观察和感受到的,与问题、设计和行动有关的各种现象进行回顾、归纳和整理,其中要特别注重对有意义的"细节"及其"情节"的描述和勾画,使其成为教师自己的教育故事或教学案例。这是叙事研究在校本研究中的体现,它会给教师的研究带来新的变化,教师作为研究者,不再依赖于他人的话语而转向直接讲述自己的教育生活经历和教育生活体验,"做自己的事""说自己的话"。这是教育教学研究改变教师职业生活方式的关键。

第二,评价和解释。在回顾、归纳和整理的基础上,对问题、设计与行动的过程和结果做出判断,对有关现象和原因做出分析和解释,探讨各种教学事件背后的理念,揭示规律,提高认识,提炼经验。

第三,重新设计。针对原有方案及其实施中存在的各种偏差或"失误",以及新的感悟、新的发现、新的认识和新的思考,修改原有方案或重新设计方案,并付诸实施,进行进一步的检验、论证和改革探索。教育教学研究的目的是提升教育教学质量,它不可能停滞在一个凝固的"成果"上,而是一个不间断的自我修订、自我完善的"过程"。所以,任何总结,都只是意味着一个新的开始。

上述研究问题的提出—研究问题的设计—研究问题的实施—研究问题的总结四个环节构成了教育教学研究的相对完整的一个过程,教育教学研究过程就是问题—设计—行动—总结循环往复、螺旋上升的过程。值得强调的是,在实际运行的过程中,四个环节的顺序并不是固定不变的,提出问题可以在研究之始,也可以在行动中,检验也并不是等待最后才进行,它们中间有的可以两个环节合并起来,有的环节也可以匆匆带过,关键在于解决问题,提高质量。

二、教育教学研究的具体方法

教育教学研究的具体方法主要有行动研究、课堂民族志研究和个案研究三种。[①]这三种研究方法之所以适合于小学教师，是因为它们都强调对微观的情境、现实的情境进行研究，同时都强调实践问题，或是为解决实践问题提供参照，而不追求创建或证明理论。真正地说，这三种研究方法都不是具体的研究方法，而是一种进行研究工作的方式，也就是说，教师在进行行动研究、课堂民族志研究或个案研究时，仍须采用或借用其他具体方法。

（一）行动研究

1. 行动研究的概念及类型

行动研究就是为行动而进行的研究，即不是脱离教师的教学实际而是为解决教学中的问题而进行的研究；是在行动中的研究，即这种研究不是在书斋里进行而是在教学的活动中进行；是对行动的研究，即这种研究的对象和内容就是行动本身。可以说，行动研究把教学与研究有机地融为一体，它是教师由"教书匠"转向"教育家"的前提条件，是教师持续进步的基础，是教师提高教学水平的关键。

行动研究可以从不同的角度分为几种不同的类型。按照研究的不同侧重点，有以下三种类型。

第一种，行动者用科学的方法对自己的行动进行研究。这种研究带有学理性，重在认识行动，揭示行动的本质。

第二种，行动者为解决自己实践中的问题进行研究，这种研究旨在解决问题，而不是为了建立理论。

第三种，行动者对自己的实践进行批判性反思。这种研究强调以理论的批判和思想的启蒙来引领和改进行动，实践者在研究中通过自我反思追求自由、自主和解放。

具体的某一行动研究可能会含有这三个方面的特征。教师从事的行动研究更多体现为以上所提的第二种和第三种类型。

此外，从参与研究的成员的角度，行动研究还可以至少分为三种类型。

合作模式：专家（专门研究者）与实际工作者合作，共同进行研究。

支持模式：专家帮助实际工作者形成理论假设，计划具体的行动，评价行动的过程和结果。

独立模式：实际工作者独立进行研究，不需要专家的指导。

目前在教师从事的教育行动研究中，更多的是合作模式和支持模式。当然，随着研究者研究能力的不断提高，独立模式的行动研究会越来越多。

2. 行动研究的特征

（1）以问题的解决为导向。行动研究以实际教育情境中产生的问题而展开，具有实用性的目的。

（2）以合作的方式来进行。行动研究并非一两位研究者或实际工作者的"单独行动"，而往往是若干人的整体行动。合作通常是实际工作者与专家之间，以及同事之间的合作。

---

① 余文森.新课程背景下的公共教育学教程[M].北京:高等教育出版社,2004:337-344.

（3）研究与行动之间不断循环。实际问题往往不是经过一次研究就能得到最妥善的解决，而且实践本身也是一个不断延续的过程，所以，研究—行动—再研究—再行动，构成了行动研究的过程。

（4）一个团体互动的历程。由于行动研究是一种合作的研究，所以在研究过程中，个人的观念、态度或行为都会因为互动的关系而发生改变。因此对参与者（无论专家还是教师）来说，行动研究的过程也是一个学习和提高的过程。

（5）研究在特定的情境中进行。行动研究不是大样本的研究，而是在问题发生的真实情境中进行的研究，一个学校或是一个班级就是其特定的研究对象。它以一个特殊的局部问题为限，其结果只应用于此种特殊情况，不具有普遍性。

（6）研究结果具有即时性。因为行动研究所关心的就是特定对象和特定问题的解决，所以它的外在效度并不高，不强调研究结果的推广性，只追求解决此时此地此境中的实际问题。

3. 行动研究的一般程序

行动研究作为一种特殊的研究，着重于指向实践的改善，而不仅仅是一个事后的思考与解释。因此，行动研究更强调对整个过程的记录与反思。

就像所有研究一样，教育实践中的行动研究有着完整的研究流程，从准备干预问题、确定问题、制订计划开始，到研究的实施——形成资料、分析资料，再到研究的评价——呈现研究结果并加以反思。其独特之处在于，伴随着整个研究过程，研究者始终以开放、审慎的态度不断调整行动计划，并不断付诸行动展开研究，研究始终指向寻求问题解决的最优行动策略。一般来说，行动研究包括确定问题、制订计划、实施行动、评价反思、成果表达等具体步骤。

总之，行动研究强调研究和行动的结合、研究过程的多元参与和共同合作。其目的在于解决实际的问题，同时使教师的研究能力在研究过程中得以提升。

（二）课堂民族志研究

1. 课堂民族志研究的概念及特征

民族志研究来自人类学，ethnography 译为民族志。其中"ethno"来源于希腊语中的 ethnos，意思是人类、民族或一个文化群体，而 graphy 则意指描述某事物，因此，ethnography 一词的基本含义是，通过描述某种文化，以及从当地人的观点来理解其生活方式。[①] 民族志研究的旨趣是阐明人们的信仰、价值观、观点、动机，剖析事物是如何随时间与情境的变化而发展变化的，试图以局内人的身份与观点，用局内人的语言与意义体系来解释一切。

民族志研究的"方法论"是胡塞尔的"回到事物本身"，即任何方法都以尽可能地接近社会现象本身为原则。民族志研究体现出两个重要的取向。第一个是"方法的独特适当性"。它力图根据社会现象及其局部场景的特点来"因地制宜"地采取研究方法，一切都依情境而定，既可以用定量描述统计，也可以用质的研究。第二个是"描述"取向。民族志研究通过描述现象，使现象变得"可见"。它通常将人们想当然的、习以为常的现象原汁原味地描述出来。在收集资料时，可以使用一些工具协助完成，

---

① 宁虹.教育研究导论[M].3 版.北京：北京师范大学出版社，2018：132.

如录音笔、摄像机等。

课堂民族志的研究方法就是运用文化人类学的民族志研究方法对课堂中的群体进行研究,试图最真实自然地揭示这一文化群体中人们的行为方式、意义、价值、观点和动机等。在此意义上而言,课堂民族志关注课堂中师生的具体交互作用,了解教室内部的生活及其意义,是一种微观的研究。课堂民族志是民族志研究方法在教育研究中的运用,它具有如下特点。

(1)课堂民族志是质的研究。

课堂民族志研究要求详细地记述人物、地点、事物及谈话的内容,而不以统计的程序来收集处理资料,研究的主题不是操作变量、验证假设,而是探讨问题在脉络中的复杂性。所以它多以参与式观察、深度访谈等方法,首先进入研究对象的世界,系统地记录所看到的、听到的,然后加以分析,并以其他的资料来补充,如学校的记事、记录、校刊、照片、录像、个人生活史等材料。

(2)课堂民族志研究自然的情境。

课堂民族志研究要求研究者深入课堂实地,做田野研究,不但不试图操纵课堂情境,而且还尽量使研究者对课堂的影响降到最小,以展示事情发生、发展的本来面貌。

(3)课堂民族志研究程序富有弹性。

课堂民族志不强调固定的研究程序。研究者可以随时发展一套策略或技巧,以便组织、管理、分析资料,也可随时使用田野笔记、观察、访谈、文化分析等具体的方法收集资料。

(4)课堂民族志资料收集途径及来源具有丰富性。

课堂民族志最常使用的资料收集方法是参与式观察、无结构访谈、文本分析(文本可以是会议记录、校史、课表、日记、书信),还可以用照片、录音、录像等来记录情境中人们的语言、行动和姿态。所以课堂民族志的资料可来源于说、听、问、看、感觉等方面。

2. 教师与课堂民族志研究

从课堂民族志的概念和特点分析中,我们得知这种方法要求研究者长期地"生活"在课堂中,深入地、一致地、持续地进行实地研究。最好成为班级团体中的一分子,并参与他们的大多数活动。一般情况下,外来研究者很少能获得这样的机会。而教师就是课堂的完全参与者,教师进行课堂民族志研究具有天然的优势。

课堂是教师极为熟悉的情境。教师成为研究者,如果能化熟悉为新奇,寻找问题甚至制造问题,并不断进行反思,就能从这些看似琐碎的小事中发掘出新的观点和意义。

从事课堂民族志研究不但发展了教师的很多个人特质,比如观察力、记忆力、持久力、描述能力等,而且还促进教师的专业化发展。教师从事课堂民族志研究,必然要选择自己关心的论题,并且关注问题的解决,这增强了其专业自主性,并有助于提升教师的教学技巧、教学质量和研究能力。

(三) 个案研究

1. 个案研究的含义与特征

(1)个案研究的含义。

个案研究是针对单一个体在某种情境下的特殊事件,广泛系统地收集有关资料,从而进行系统的分析、解释、推理的过程。因此,狭义的个案研究是指对单一特定的人、事、物所做的描述、分析及报告。广义的个案研究是采用各种方法,收集与研究与问题相关的资料,对单一个体或一个单位团队做深入细致研究的过程。这里我们主要强调的是狭义的个案研究。在教育研究中,个案研究往往适用于对不良问题的研究,或对某些难以重复、难以预测和控制的事例进行研究,如学生辍学、学业失败、家庭破裂、道德不良,青少年犯罪等;个案研究也适用于对学生心理问题和人格偏差的诊断研究和矫正研究。

在学校教育中,个案研究由于研究对象少,研究规模较小,在自然状态中进行,需要较长时间的跟踪,因此是一种特别适合于教师使用的研究方法。在一所学校或在一个班级中,总会有学习困难或行为偏差的个别学生,采用常规的教育教学方式往往难以奏效,因此,需要对其进行全面而深入的研究,从而给予特别的处理。通过收集有关个人的资料,可以了解学生的实际情况或问题的症结所在,诊断形成问题的原因,然后有针对性地提出矫正方案或提供正确的指导策略,帮助学生解决问题。

（2）个案研究的特征。

在下面的案例中,吴樱花老师用写随笔的方式记录了她如何对一个特殊学生进行教育与转化的过程。这个案例故事有助于我们分析个案研究的特征。

案例故事

孩子,我看着你长大①

吴樱花,一位普通的小学教师,为了关注班上一位特殊的学生,她通过写随笔的方式记录学生的成长,一方面督促自己以研究的态度来对待这个学生的转化工作,另一方面系统地收集自己与这位学生之间所发生的事情,以总结对特殊学生教育与转化的历程、做法和经验。

从2002年10月开始,吴樱花用特殊的方法对这位特殊的学生进行了关注。在3万多字的记录中。吴樱花还原了一个普通教师在工作中的喜、怒、哀、乐,还原了一个学生琐碎而真实的成长历程:

"SD,聪明却个性极强,素以调皮捣蛋出名,成绩比较好。曾在五年级就公开宣布喜欢某女生,是一个最让老师头痛的学生。"

——2002年10月29日

"今天刚上完早读课,宿管部的姚阿姨打电话过来,说SD屡教不改……每次批评他时,他的态度蛮好的,可是接下来他就又犯了。"

——2002年12月11日

"我对她(SD的妈妈)讲,SD这学期进步很大,是老师的得力助手……11日晚上和12日早上他非常卖力地劳动,拖地、排位置、搬椅子,他一直冲在前面。公开课上,他发言异常踊跃,见解也很精辟。"

"今天,课间他一直没有走动,默默地做作业。晚自习前一段时间,他跑到我身边对我说:"吴老师,我作业都完成了,我帮你批试卷吧!我告诉他答案的把握尺度,他很有灵气,很快就领会了。于是他乖乖地站在我身边,一直帮我批完试卷。我望着他,想:是否因我在他妈妈面前夸奖了他,所以他更加想做一个好孩子、好学生?"

---

① 梁伟国,李帆.教育随笔:改变教师的行走方式[J].人民教育,2004(7):109.

"今天,我在他的日记里写下批语:老师欣赏你,就像欣赏一部作品!"

——2003 年 3 月 13 日

在接近一年的记录后,吴樱花把所有文字整理成册,起名《孩子,我看着你长大》,并把它作为礼物送给了这位学生。

结合以上的案例故事,我们认为个案研究具有以下特征。

第一,研究对象的单一性。

个案研究,顾名思义,研究的对象通常是单一个体或单一群体,即使研究中有多个被试,通常也把他们作为一个单位看待。个案研究的对象往往是那些具有特殊行为表现的个体或具有反常行为的个体。

第二,研究方法的综合性。

个案研究收集个案资料的方法是多样的,研究的手段是综合的。研究中常常要综合测验法、访谈法、调查法、观察法、实验法、文献法等多种方法进行。只有这样才能比较全面、系统地考察研究对象的特点,及其发展变化的过程和规律,从而得出比较科学的结论。

第三,研究内容的深入性。

个案研究的研究周期一般比较长,需要对个案进行连续的跟踪研究。不但要研究个案的现状,也要研究个案的过去,还要跟踪研究个案的发展。由于个案研究的对象单一,因此便于对个案进行深入细致、全面系统的分析和研究。

2. 个案研究的基本步骤

如果个案研究的对象是学生的话,可参照下列基本步骤进行。

(1)确定研究对象。

研究者应根据个案研究的目的和内容,以及对个案问题行为的界定,选择典型的人或事为研究对象。例如,研究目的是了解超常儿童的特点,探索超常儿童的成长规律,那么就应该选择智商高的、学习成绩出众的学生作为研究对象。在教育教学研究中,个案研究的对象通常是生理心理障碍者、行为偏差学生、情绪异常学生、学优生和学困生等。

(2)收集个案资料。

全面地收集个案资料是个案研究有效性的重要保证。全面系统的个案资料有助于研究者对个案的完整认识。收集资料的方式是多样的,可采用书面调查、口头访问的方式,也可采用观察、测验、评定的方式,还可以通过查阅个案的个人资料的方式获得信息。个案资料的来源主要包括以下几种。

① 个案的个人资料。个人资料众多,除了收集个案的基本资料,如姓名、性别、年龄、出生年月、籍贯等,常常还涉及个案的身心健康状况,如身高、体重、病史、性格、气质等。另外,还要收集个案历年来的作业、日记、周记等相关资料。

② 学校有关记录。个案的学校记录资料比较规范,又有延续性,易做前后对比,包括各种情况登记表,成绩记录,能力、兴趣、人格、智商等测验结果,操行评语,奖惩情况,教师和学生的评价等。

③ 家庭和社会背景。家庭和社会背景涉及研究对象的个人生活史,是个案研究的重要信息源。这方面的资料往往涉及父母的受教育程度、职业、社会经济地位,父母的管教方式,家人与个案的关系,个案在家庭中的地位,所在社区的文化状况等。

（3）诊断与假设。

在广泛收集个案资料的基础上，常常还需要对相关问题做进一步的测试，以诊断问题的症结所在，推论原因——主因、次因、远因、近因等，形成初步的假设。诊断最好能有标准化的测验量表。

（4）个案分析与指导。

做个案研究时收集到的资料往往比较粗糙、琐碎，难以直接解释问题，因此需要用逻辑思维对有关资料进行理性的加工。个案研究不仅仅要提出研究的问题，还需要提出解决问题的策略和指导性意见，因此在对个案问题做出明确的诊断与假设后，接下来需要有针对性地提出解决问题的策略和行为矫正的方法。

（5）实施个案指导。

通过跟踪、观察、记录等方式验证先前的诊断和假设。在个案研究的诊断与假设、分析与指导过程中难免会有错误的判断和推论，因此需要在实际的个案研究实施过程中，通过多方面的信息和资料来检验先前主观推断的合理性。

（6）形成结论。

对个案的表现进行讨论和评估，提出建议，得出结论，撰写个案研究报告。

个案研究除了收集个案相关资料外，还需与个案进行沟通，以达到辅导、咨询、解决问题的目的。沟通方式可以是一对一的，也可以是多对一的。沟通形式可以是正式，也可以是非正式。在沟通过程中，研究人员要特别关注个案的非语言信息，如动作、表情等，以了解个案反映情况的真实性。

个案研究毕竟是定性研究，无论是个案资料的收集，被研究者个人的陈述，或是他人的判断，以至研究者的决策，都不能避免主观因素的影响。如果判断错误或处理不当，将使被研究者蒙受莫大的损失，这是值得注意的。

上述三种研究方法实际上是相互交叉、相互重叠的关系，是一个方法的组合与体系。作为一种相对独立的方法（类型），它们都有自身的优势，也有自身的不足与弱点。关键的问题在于，教师必须根据自己所选择的研究对象和研究问题的特性，来选用与之相适应的研究方法。

三、教育教学研究的成果表述

教育教学研究的目的是追求具体教育问题的解决，但为了给人提供借鉴和保留研究资料、积累研究经验，研究者还有必要把研究过程及成果表述出来。相对而言，教育教学研究的表述更多的是采用一种"叙事式"的表述，可分为教学叙事和教育叙事，由于教学叙事与教育叙事总是叙事者"个人生活史"的一系列片段，因此真实的教学叙事或教育叙事往往具有某种"自传"的性质，因此也可以用"自传叙事"的方式提出自己的受教育经历，以及在教育经历中发生的教学事件或者生活事件。

（一）教学叙事

教师的日常生活主要是课堂教学，教师所寻求的对教育实践的改进主要是对教学生活的改进，因此教师的叙事报告主要是由教师亲自叙述课堂教学生活中发生的"教学事件"，可以将这种对教学事件的叙述称为"教学叙事"。"教学叙事"类似于以往人们所谈论的"教学案例"，但"教学叙事"不仅强调所叙述的内容具有一定的"情节"（"情节"是案例的一个核心要素），而且强调"叙述者"是教师本人而不是"外来者"，另外，作为叙事的行动研究,教师所叙述的教学事件除了"偶发事件"之外,更多的是属于教师本人有意识地"改变"的事件,这样,教学叙述就是对改变之后所发生的事件的叙述。

相对而言,传统的"课堂教学实录"很难反映教师的"反思"以及"反思"之后所引起的"教学改进"与"教学重建"。教学叙事则要求教师将自己对"教育"的理解以及对这一节课某个"教学事件"的反思插入相关的教学环节中。教师可以用"当时我想……""现在想起来……""如果再有机会上这一节课,我会……"等方式表达对"教学改进""教学重建"的思考。在教育教学研究中,有教师将这种"夹叙夹议"的方式称为"插入"或"涂抹",即教师将自己对本节课的感想"插入"课堂教学实录中,将自己对整个教育或相关教育理念的理解"涂抹"到相关的课堂教学实录中。①

"写"教学故事不是为了炫耀某种研究成果,它的根本目的是通过教师"写"自己的教学故事来"反思"自己的课堂教学。由于教师的"反思"总是以某种教学理念来"反思"自己的教学行为,教师个人化的教学理论以及教学行为将由这种"反思"来实现。

(二)教育叙事

如果说,教学叙事关注的是课堂和教学活动问题,那么教育叙事关注的是学校(班级)和师生交往问题。以下的案例故事就是一位教师在班级管理中针对自己的所思所想而写的教育叙事。这位教师的教育叙事将他如何管理班级,以及他与学生之间发生的事情非常生动地呈现出来,而且在教育叙事过程中,这位教师不断对"扣分教育"进行了反思,从而将自己教育学生的过程及思考呈现在大家面前。

案例故事

反思"扣分教育"②

中午放学后,我正在办公室改作业,我们班有个同学战战兢兢地跑到办公室对我说:"老师,我和几个同学一起玩飞碟,不小心,飞碟碰着了日光灯,把学校的日光灯打破了。"看到这位同学那副神情,我知道这孩子是诚实的,我不忍心再批评他,便安慰他说:"你做错了事能主动认错,是个诚实的孩子,以后注意就是了。好,现在我们一起去把那儿打扫干净吧。"他妈妈接他的时候知道了这件事,不断地向我表示歉意,并马上找人买回了日光灯,安装好。

可就因为这事,我们班那一个星期没有评上文明班。学期末评文明班,我们班也没有评上。因为学校有制度:只要有一个星期评不上文明班,期末就不能评文明班。后来我们班也就因为上学期没评上文明班,与先进班也无缘了。当然,我不能告诉学生评不上的真正原因,我怕全班同学会责怪他,怕当事人要承受这么大责任,怕他以后在同学面前抬不起头,更怕学生以后丢失了诚实的美德。

前一段时间,我们班有两个同学打架,在被本班同学劝停后,他们就到大队部去承认自己打了架。按学校扣分条例,打架者一个人扣五分,其后果可想而知。大家都在笑,笑我们班的学生愚蠢。

我没有笑,我在反思。我们班的学生是"愚蠢"吗?是的,这样做不是太"幼稚"了

---

① 刘良华.校本教学研究[M].成都:四川教育出版社,2003:100-101.

② 余文森.新课程背景下的公共教育学教程[M].北京:高等教育出版社,2004:348-349.

吗?如果他们不向上报告,就没有人知道,我们班就不会被扣分。然而,从教育的角度去思考,学生诚实的美德,难道不是我们教育者梦寐以求的品质吗?我们班的学生在文明班的评比中是扣了分,但在诚实上他们加了分。我庆幸我的教育没有失败。我不能批评学生,我应该为他们喝彩。

上个星期的早晨,学校洗手间发出一声巨响,办公室的老师跑过去发现洗手盆被打破了。为了这事,学校曾在全校大会上呼吁那位打破洗手盆的同学主动承认错误,也请目睹这件事的同学到老师那里反映;在教师会议上也要求老师们认真彻查这件事。但这件事却如石沉大海,杳无音信。这不是一件令人深思的事吗?是洗手盆自己打破的,还是我们的学生已经"成熟"了,或者是让我们的老师给"包容"了?

这几年,我们学校实行了规范管理,定下了很多扣分条例,而这些条例就成了我们一些领导、一些老师的口头禅:"不准……,否则扣分。"他们把禁止、防堵作为立足点,进行消极防范,忽略了正面的引导。学生一旦触及禁区,就不由分说地扣分,没有申辩的余地,更没有将功补过的机会。现在我们的学生一般都具有判别是非的能力,他们对自己犯下的错误是有所知觉的,但当他们看到勇于承认错误的人得不到"好下场",为求自保,逃避可能受到的批评和惩罚,避免累及班级,他们就不得不想方设法来掩盖真相,自己不得不尽快"成熟"起来。学校的教育管理方式、教师的师表作用都是导致学生"成熟"的催化剂。

我希望学生能具有诚实的美德,不希望他们过早地"成熟"。

(三)教育自传

当教师们讲述他们自己的教育故事时,这种谈论教育的方式有些像叙述自己的"自传"。我们把它叫作"教育自传"。教师的"教育自传"也可以视为一种"教师日记",这种日记能使人清理自己的人生经历而"找到自己的位置","有助于理清自己的思想和感情,保持对过去生活的回忆"。小学教师是否一定要像大学的专业研究人员那样谈论教育呢?是否需要、是否可以有自己的谈论教育的方式呢?中小学教师在提交研究报告时,是否可以"换一种说话的方式"呢?

所谓换一种说话的方式,也就是让教师用自己的话语而不是专业概念和术语讲述自己教育生活中发生的教育事件。我们不必担心教师没有教育理论,我们只担心教师对自己教育生活中的"教育事件"不敏感。当教师已经具有对教育事件的敏感性,当教师讲述自己的教育事件时,教育理论已经蕴藏其中。

以下案例呈现的就是靳娜老师的教育自传,靳娜老师在她的教育自传里讲述了她的学生如何让她转变了对学生和对整个教育的理解,为我们理解什么是教育自传,以及理解教育自传的特征提供了一个很好的范例。

案例故事

教 育 自 传[①]

初为人师,我 22 岁,很担心学生不怕我。我遇到的第一个问题是,一个因病留级到我们班的学生总是不能交作业。我让他写检查并让家长签名,然后拿到班会课上念。

---

① 余文森.新课程背景下的公共教育学教程[M].北京:高等教育出版社,2004:350.

当时我也觉得这样会伤害他的自尊心,但一时又想不出更好的办法,我担心他会反抗,所以提前和他商量。他答应了,我松了一口气,总算没有在学生面前丢面子。

这件事就这样过去了,他按照我说的做了,也起到了我预期的"杀一儆百"的作用。可是后来过了很长一段时间,从这位同学的日记中,我知道了在这件事中真正对他起教育作用的并不是那次难堪的当众检讨。

他在日记里说:"今天,我心里很矛盾,因为前些天我有一件事骗了你,今天我想把事实告诉你,不想再骗你了。因为今天早读的时候无意中我看到你正费力地给我们班糊窗户,那么冷的天气,同学们读书都不愿伸出手来,可是你却不怕冷,吃力地把一扇扇窗户的缝隙糊好,把刺骨的寒风挡在外面,让我们的教室温暖起来。老师,上次你让我念的检讨,我并没有让家长签名,而是我偷了爸爸的印章自己盖上了印。当时我骗你说是爸爸盖的,我还为蒙混过关而庆幸,可是直到今天,看到你是这样关心我们,我忽然觉得我这样做是多么对不起你,老师,我决心以后改掉不写作业的毛病。我没有勇气向你道歉,就写在这篇日记里,当你看到的时候,希望能原谅我。"

这篇日记震撼了我的心灵,原来孩子的心是那么细腻,孩子们那么懂感情。我为我以前的过激行为而悔恨。

这篇日记让我对眼前的这群"毛孩子"刮目相看,我开始喜欢这群孩子了。以后我们班上发生了很多温暖人心的事。那些学生直到现在还常常提起他们难忘的初中生活。

现在想起教育生活中发生的教育事件,我真有些感动。是学生坚定了我的教育信念,是学生教会了我,让我尊重学生,爱学生。

本章小结

本章主要围绕职前小学教师的阶段性发展特征、职前小学教师的学习、教育教学研究方法展开。其中,职前小学教师的阶段性发展特征表现为"非关注"阶段从教的潜在性、"虚拟关注"阶段从教的虚拟性、专业发展意识的萌芽阶段从教的基础性。职前小学教师学习的目标主要表现为养成良好的师德规范和教育情怀、获得综合性的知识结构、具备自我反思的能力。职前小学教师学习的内容主要包括通识教育、专业教育、实践教育。职前小学教师既需要学习共性的教育原理、规则和规范,遵循"理论的逻辑",也需要对具体的、个性化的教育情境理解和认识,遵循"实践的逻辑"。此外,本章还介绍了教育教学研究方法,研究的基本过程包括研究问题的提出、研究问题的设计、研究问题的实施、研究问题的总结。教育教学研究的具体方法包括行动研究、课堂民族志研究、个案研究。教育教学研究的成果表述可以是教学叙事、教育叙事、教育自传等。

第五章
思考题

第五章
思考题参考答案

第六章　初任小学教师入职适应

学习目标

理解《小学教师专业标准(试行)》的制定依据与定位,明确《小学教师专业标准(试行)》的基本理念与基本要求,了解初任小学教师入职适应方面存在的一些问题及解决方法,重点掌握成为一名合格的小学教师在专业理念与师德、专业知识与专业能力等方面应该达到的要求。

1. 识记

◆ 《小学教师专业标准(试行)》的基本要求

◆ 小学教师入职适应出现的难点

2. 领会

◆ 《小学教师专业标准(试行)》的基本理念

◆ 小学教师应对入职适应问题的要点

3. 应用

◆ 结合具体案例,说明教师如何达成《小学教师专业标准(试行)》的基本要求

◆ 结合实际,说明教师如何分析与应对入职适应难点

建议学时

6 学时

案例导读

我们究竟还有什么"不可替代"?①

科技潮流滚滚而来,人工智能方兴未艾,越来越多的人开始问这样一个问题:随着时代的发展,我们教师是否会在未来某一天被取代?

建立在知识和技能获取上的关系必将被取代,而建立在生命展示和灵魂唤醒上的关系却会在人类文明中永葆青春! 有的教师活泼轻快,有的教师博学多才,有的教师沉稳踏实,有的教师天真烂漫。放眼望去,数十个班级各有各的特色,每一位教师都让孩子们无比喜欢。

是我们,在向孩子们展示着一个人可以与众不同地生活,在向孩子们示范着如何跟与众不同的人相处。我们在用自己的生活方式让孩子们看到这个世界的丰富多彩。

这样的事业怎么能不让人骄傲呢? 这样的鲜活和真实,这样的博大和灵动,生而为人,无可替代!

第一节　小学教师专业标准

本章将从依据与定位、基本理念和基本要求的角度对《小学教师专业标准(试行)》进行解读,从宏观上为理解和把握《小学教师专业标准(试行)》的精神与宗旨奠定基础。其中,基本理念和基本要求对小学教师来说意义重大,所以这两部分所占篇幅较多,对小学教师及其工作做出了详细的要求。以下内容将以《小学教师专业标准

---

① 刘慧,等.小学教育学[M].北京:北京师范大学出版社,2023:95.

（试行）解读》为参考,具体内容可见《小学教师专业标准(试行)解读》。[①]

一、依据与定位

（一）小学教师专业标准的依据

《小学教师专业标准(试行)》的制定着重依据了《中华人民共和国教师法》《中华人民共和国义务教育法》《儿童权利公约》《国家中长期教育改革和发展规划纲要(2010—2020年)》,借鉴了其他国家的教师专业标准和初等教育理论研究成果等。

1. 法律依据

《小学教师专业标准(试行)》制定的最主要依据是《中华人民共和国教师法》和《中华人民共和国义务教育法》。《中华人民共和国教师法》第三条规定,教师是履行教育教学职责的专业人员,承担教书育人,培养社会主义事业建设者和接班人、提高民族素质的使命。教师应当忠诚于人民的教育事业。《中华人民共和国教师法》还规定了教师的权利和义务等。《中华人民共和国义务教育法》第二十九条规定,教师在教育教学中应当平等对待学生,关注学生的个体差异,因材施教,促进学生的充分发展。教师应当尊重学生的人格,不得歧视学生,不得对学生实施体罚、变相体罚或者其他侮辱人格尊严的行为,不得侵犯学生合法权益。第三十条规定,教师应当取得国家规定的教师资格。第三十四条规定,教育教学工作应当符合教育规律和学生身心发展特点,面向全体学生,教书育人,将德育、智育、体育、美育等有机统一在教育教学活动中,注重培养学生独立思考能力、创新能力和实践能力,促进学生全面发展。这些都是制定《小学教师专业标准(试行)》的重要依据,也为《小学教师专业标准(试行)》的制定提供了框架和元素方面的参考。

同时,《儿童权利公约》也是制定《小学教师专业标准(试行)》的重要依据。《儿童权利公约》旨在保护儿童权益,为世界各国儿童创建良好的成长环境。其中,第六条规定,缔约国确认每个儿童均有固有的生命权。缔约国应最大限度地确保儿童的存活与发展。并规定缔约国铭记,儿童因身心尚未成熟,在其出生以前和以后均需要特殊的保护和照料,包括法律上的适当保护。第十二条规定,缔约国应确保有主见能力的儿童有权对影响到其本人的一切事项自由发表自己的意见,对儿童的意见应按照其年龄和成熟程度给以适当的看待。这些规定充分体现在《小学教师专业标准(试行)》有关领域的基本要求中。

2. 政策依据

《国家中长期教育改革和发展规划纲要(2010—2020年)》是《小学教师专业标准(试行)》制定的重要政策依据。

《国家中长期教育改革和发展规划纲要(2010—2020年)》描绘了中国2010年到2020年的教育改革与发展蓝图,提出了"优先发展、育人为本、改革创新、促进公平、提高质量"的二十字工作方针。该文件明确指出,坚持以人为本、全面实施素质教育是教育改革发展的战略主题,是贯彻党的教育方针的时代要求,其核心是解决好培养什么人、怎样培养人的重大问题;把育人为本作为教育工作的根本要求;要以学生为主体,以教师为主导,充分发挥学生的主动性,把促进学生健康成长作为学校一切工作的

---

① 教育部教师工作司.小学教师专业标准(试行)解读[M].北京:北京师范大学出版社,2013:1-6.

出发点和落脚点。关心每个学生,促进每个学生主动地、生动活泼地发展,尊重教育规律和学生身心发展规律,为每个学生提供适合的教育。在"战略主题"中,明确提出三个坚持。一是坚持德育为先。立德树人,把社会主义核心价值体系融入国民教育全过程。二是坚持能力为重。优化知识结构,丰富社会实践,强化能力培养。三是坚持全面发展。全面加强和改进德育、智育、体育、美育。这些内容是制定《小学教师专业标准(试行)》的重要依据。

3. 借鉴国际教师专业标准

《小学教师专业标准(试行)》的制定也借鉴了世界许多国家和地区的小学教师专业标准或相关内容。20世纪80年代以来,美国、英国、澳大利亚、新西兰等许多国家颁布实施了一系列的中小学教师标准,经过多年的开发与修改,形成了相对成熟的教师专业标准体系,例如,主要包括专业知识、专业能力、专业理念三方面的教师素质结构构成要素,也成为教育界对教师职业所应具备的专业素质结构的共识。这也是我国制定《小学教师专业标准(试行)》的主要依据所在。

4. 吸收小学教育和小学教师教育的研究成果

近年来,伴随着小学教师培养的本科化进程,小学教育及小学教育的理论研究也取得了一些成果,这为《小学教师专业标准(试行)》的制定提供了理论基础。其中,对小学教育的性质认识,对小学教师"身份"、专业素质的认识,成为制定《小学教师专业标准(试行)》的重要依据。

从我国现行学制系统看,小学教育属于初等教育阶段,小学教育除了具有基础教育的全民性、全面性、基础性、义务性、启蒙性等特性外,又有贯穿全程的衔接性、综合性和养成性。小学阶段是一个人基础性道德品质和行为习惯养成的最佳时期,小学教育要在遵循小学儿童生命成长规律的基础上,依据社会要求培养小学儿童并使之形成良好品德与行为习惯,这是小学教育的重要特性。

小学教师是专业性很强的职业。小学教师是小学儿童教育工作者,不是小学某一学科的教授者。作为小学教师,除了应达到一般公民的品质要求外,更应有其职业的特殊要求,这些要求可以概括为:"五爱"品质,即爱生命、爱自己、爱儿童、爱角色、爱教育,其中最为重要的是爱生命;"六大"知识结构,即自然科学知识,人文与社会科学知识,关于儿童的知识,教育学的知识,有关学科知识,学科教学的知识,六大方面缺一不可;"四大"能力,即德育能力、教学能力、管理能力和研究能力。

(二)小学教师专业标准的定位①

《小学教师专业标准(试行)》是国家对合格小学教师专业素质的基本要求,是小学教师开展教育教学活动的基本规范,是引领小学教师专业发展的基本准则,是小学教师培养、准入、培训、考核等工作的重要依据。

1. 国家对合格小学教师专业素质的基本要求

《小学教师专业标准(试行)》是国家对合格小学教师的基本专业要求,无论是新教师、经验型教师还是专家型教师,只要在我国小学任教,都要符合《小学教师专业标准(试行)》的要求,同时在任教过程中也要遵循《小学教师专业标准(试行)》的基本

---

① 教育部教师工作司.小学教师专业标准(试行)解读[M].北京:北京师范大学出版社,2013:7-10.

要求。因此,《小学教师专业标准(试行)》是我国小学教师的通用标准。

教师专业标准的类型

教师专业标准因其适用对象和范围的不同,可以划分出不同的类别和类型。根据适用对象的不同,教师专业标准可以划分为两类,一是不分对象特性、适用于所有教师的共同性标准,即通用教师专业标准;二是针对不同教师群体或不同的目的而制定的教师专业标准,即具体教师专业标准。根据教师所处专业生涯阶段的不同,可以划分为毕业生标准、新教师专业标准、经验教师专业标准、专家教师专业标准等。根据适用范围的不同,可以将教师专业标准分为国家教师专业标准、地方教师专业标准、学校教师专业标准。根据教师从事教育的学段和学校的不同,可以划分为幼儿园教师专业标准、小学教师专业标准、中学教师专业标准、职业学校教师专业标准、国际学校教师专业标准等。

2. 小学教师开展教育教学活动的基本规范

小学教育教学工作既是科学也是艺术,小学教师开展教育教学活动必须遵循一定的规范要求。《小学教师专业标准(试行)》对合格小学教师的"专业理念与师德""专业知识""专业能力"三方面提出了明确的要求,并用13个领域中的60条专业素养明确了小学教师的从教规格,确定了国家对合格小学教师的职业信念、职业道德、专业知识、专业能力的基本要求,是所有从事小学教育教学工作的小学教师都应遵循的基本规范。

3. 引领小学教师专业发展的基本准则

随着我国经济社会的发展和基础教育课程改革的深入,从总体上来说,小学教师队伍建设还不能完全适应当前社会发展的要求。《小学教师专业标准(试行)》是小学教师队伍建设的基本准则,是小学教师专业化的重要保障,对我国小学教师队伍建设具有基础性、先导性和全局性的作用,也是制定小学教师专业发展阶段标准的基础。

通过明确教师专业标准来突显教师职业的专业性、推进教师专业化进程,已成为世界各国提高教师质量的共同战略。例如,英国逐步开发并不断修订出比较完整的一套教师专业标准体系,其中包括从职前的合格教师专业标准到教师入职标准,再到促进教师入职后不断提高的资深教师标准,以及高级技能教师标准等,这些标准既彼此独立又前后衔接;美国也研制出候选教师标准、新教师入职标准、成熟教师标准和杰出教师标准等教师质量认证体系。依据不同专业发展阶段教师的特点制定教师专业标准,能够为教师指明发展方向,明确不同阶段的发展目标,促进教师的可持续发展。

4. 小学教师培养与培训目标、内容和要求确立的标准

《小学教师专业标准(试行)》的制定有利于小学教师教育机构明确培养目标,完善培养方案,科学设置小学教师教育课程,改革培养方式,降低和消除教师职前培养的盲目性和随意性,提升小学教师的培养质量。《小学教师专业标准(试行)》也为小学教师在职培训提供了明确的目标、内容与要求,有利于克服以往缺乏小学教师的合格标准所导致的教师在职培训的随意性与盲目性,有助于提高教师在职培训质量,促进小学教师教育职前培养与在职培训的一体化,从而确保小学教师专业的持续发展。

5. 小学教师资格准入、考核与评价的重要依据

《小学教师专业标准(试行)》的制定为小学教师的资格准入提供了专业依据,是健全小学教师管理制度的重要保证。以往由于缺乏明确的合格教师标准,我国小学教师的招聘、任用过程基本上是经验性的,因而存在较强的随意性。《小学教师专业标准(试行)》为有关部门或学校招聘、任用小学教师提供了标准、依据,有利于选拔符合专业标准的人员进入小学教师队伍,以保证和促进小学生接受有质量的教育。《小学教师专业标准(试行)》还为小学教师的考核与评价提供了客观依据,有利于相关部门制定教师管理制度,改变目前小学教师职称评定中唯学历和唯论文发表的倾向,确保小学教师的质量和教师队伍的健康发展。

二、基本理念①

《小学教师专业标准(试行)》提出了四项基本理念:师德为先、学生为本、能力为重、终身学习。这是《小学教师专业标准(试行)》制定的指导思想,是贯彻《小学教师专业标准(试行)》始终的基本精神,是理解《小学教师专业标准(试行)》的核心所在。这四项理念突出强调了师德的首要性、学生的主体性、能力的重要性、终身学习的时代性。其中,"师德为先"明确了师德居于教师专业的首要位置,是教师专业的第一要素;"学生为本"体现了以人为本的教育理念,也是教师专业的出发点与归宿;"能力为重"强调了教育教学能力是教师专业的重点或重心;"终身学习"则对教师专业的可持续性和发展性提出了要求。

(一) 师德为先

"师德为先"突出强调了师德的重要性。新时代教师要做"四有"好老师,在锤炼品格、学习知识、创新思维和奉献祖国四个方面当好学生的"引路人"。"学为人师,行为世范"作为教师的第一要素,小学教师特别要注意师德修养,重视榜样作用,遵守《中小学教师职业道德规范(2008 年修订)》中的要求,即"爱国守法、爱岗敬业、关爱学生、教书育人、为人师表、终身学习"。《小学教师专业标准(试行)》中也明确规定,小学教师要平等对待每一位小学生,不讽刺、挖苦、歧视小学生,尊重个体差异,主动了解和满足有益于小学生身心发展的不同需求,等等。

(二) 学生为本

以"学生为本"是"以人为本"的理念在学校教育中的具体体现,也是教育的价值追求所在。小学儿童具有发展性、主动性、不稳定性、可塑性等特点,他们好奇好问、天真活泼,在教育教学过程中处于主体和中心的位置。"学生为本"强调小学教师要尊重儿童的主体地位和平等权益,尊重和遵循小学儿童的年龄特点和身心发展规律,对小学儿童的身心健康和教育工作全面负责。因此,《小学教师专业标准(试行)》要求

---

① 教育部教师工作司.小学教师专业标准(试行)解读[M].北京:北京师范大学出版社,2013:19-24.

小学教师首先要做到关爱小学生的身心健康、生命安全,在这个基础之上,还要尊重小学生,相信小学生,为小学生创造快乐成长的条件,以促进小学生健康成长。这是小学教师对待小学生的最基本的态度和行为。

(三)能力为重

能力为重,实质是强调小学教师把学科知识、教育理论与教育实践相结合,不断研究,改善教育教学工作,不断提升专业能力。教师的专业能力是教师教育理念、专业知识的载体,它直接关系到教育教学质量和效果,直接影响到学生学习能力、实践能力和创新能力的形成与发展。在不同情境和条件下的学校教育教学活动中,小学儿童都会有不同的需求和行为表现,小学教师只有具备较强的专业能力,才能提供具有发展适宜性的教育策略,灵活运用有效的教育方法。小学教师要主动把理论学习与教育实践相结合,通过实践—反思—再实践—再反思,提升专业能力,增长教育智慧。

(四)终身学习

终身学习是当代社会的重要特征。教师的专业发展是一个不断完善的过程,需要终身进行专业学习。教师的终身学习主要体现在具有主动发展的意识,具有不断反思和制订发展规划的能力。这就需要教师主动适应经济社会和教育发展的要求,在建设全民终身学习的学习型社会、学习型大国的过程中起到领头羊的作用。科学文化知识的不断发展和儿童世界的不断变化,使得小学教师更应该把终身学习放在重要位置,不断优化知识结构,不断提高文化修养,在"育人"的同时实现"育己",做终身学习的典范。

三、基本要求[①]

《小学教师专业标准(试行)》的基本要求包括三个维度,分别是:专业理念与师德、专业知识、专业能力。每个维度下又划分了各自的领域及其基本内容。下面将从其内在逻辑、意义与价值、主要含义、特点等层面进行阐述,以便学习者更好地理解与把握。

(一)专业理念与师德

"专业理念与师德"维度将围绕"职业理解与认识""对小学生的态度与行为""教育教学的态度与行为",以及"个人修养与行为"四个领域的基本要求进行阐述。

1. 职业理解与认识

教师具有正确的职业认识与信念是教师职业发展和师德养成的先决条件。教师的职业理解与认识,简而言之,是指教师如何看待和对待自身的工作,并在教育生活中对工作自然流露出来的、稳定的情绪、情感和态度。

关于教师的"职业理解与认识",《小学教师专业标准(试行)》具体涉及五项要求,可以从小学教师的职业准入资格、职业认同要求、职业发展需要三个方面来理解。从职业准入资格来看,一个人若要从事教师职业,首先要热爱教育事业,其次要了解相关政策,遵守教育法律法规;从职业认同要求来看,教师应意识到自己是履行教育教学职责的专业人员,通过提升自身的专业品质以促进专业发展;从职业发展需要来看,教师应该结合现代社会的特征与需求,坚持终身学习与发展,积极与他人开展协作与交

---

① 教育部教师工作司.小学教师专业标准(试行)解读[M].北京:北京师范大学出版社,2013:25-125.

流。职业准入资格、职业认同要求和职业发展需要为教师顺利实现专业化成长奠定了重要基础,共同构成一名小学教师从事教师职业的重要支撑,缺一不可。围绕这三个方面的具体要求如下:

第一,认识小学教师专业的独特性。

首先,小学教师要将教育看作一项事业,而不是看作单纯为了谋生的职业。将教育当作一种事业,就意味着有真诚的教育理想,有长远的教育规划,有自觉自愿的教育担当。其次,教师要有自身的职业理想。培养什么人,怎样培养人,都是教师应该时常思考的。再次,教师还要有长远的眼光。对于教学而言,小学阶段是知识传授的起点,教师应该呵护儿童的学习兴趣,培养儿童的学习习惯,为他们未来更高层次的学习打下良好基础;对于教育而言,人人都是任课教师、人人都应做班主任。因此,教师应该科学引导,合理介入,及时给予关怀,让儿童在和谐友爱的氛围中健康成长。最后,教师,尤其是小学教师,要有敬业精神。小学生的培养事无巨细,每一个学习习惯的培养,每一处育人细节的处理,都需要耗费教师的精力和心血。这就要求教师具有极高的责任意识和极大的奉献精神,只有真正把教育当作事业的人,才能够全心全意地投入其中。

第二,了解国家的教育方针政策。

首先,小学教师应该主动学习与自身相关的教育法律,一方面是了解自身的权利,如教育教学权、科研学术权、获得薪酬权、参与进修权、对学生的指导评价权和对学校的民主管理权等,以便在权利受到侵害时,维护自身权益;另一方面是明确自身的义务,如遵纪守法、为人师表、贯彻国家教育方针、对学生进行教育教学、关爱全体学生、尊重学生、促进学生全面发展等。其次,小学教师需要深刻领会教育政策精神。教师们只有了解了党和国家"优先发展、育人为本、改革创新、促进公平、提高质量"的教育工作方针,才能方向无误地开展自己的教育教学实践。作为小学教师,还应该知道国家对义务教育发展的有关规划,以自身努力来促进义务教育水平的提高,以自身行动来推进义务教育均衡发展,以自身觉悟来减轻小学生课业负担。最后,小学教师要深刻理解党和国家的教育方针,理解坚持教育为社会主义现代化建设服务,为人民服务,培养德智体美劳全面发展的社会主义建设者和接班人"的重要意义,克服不正确的教育观念,树立正确的人才观、学生观、质量观。

第三,懂得小学教育的专业属性。

教师专业品质标志着教师职业的"不可替代性",是教师职业认同中最为重要的概念。小学教师在理解这一概念时,应该抓住"专业知识是基础,教育教学实践能力是关键,育人是实质"的主线。专业知识包括关于学生的知识、学科知识、教育教学知识等。对于小学教师来说,最需要关注的便是关于学生的知识。教育教学实践能力是小学教师专业发展的关键。如何能够以最有效的方式吸引学生的注意力、引发学生的学习动力、让学生掌握基本知识和基本技能,是小学教育的重点,也是难点。此外,小学教师的专业性还体现在教育教学对小学生道德和心理成长的恰当指引。

第四,为人师表和具有合作精神。

小学教育是一项系统的育人工程,因此会对教师提出为人师表、终身学习、善于合作等品质方面的具体要求。首先,认识为人师表是教师重要的职业道德。小学教师要有良好的工作和生活习惯,以及端正的品行。其次,要认识到终身学习是教师发展的根本途径。小学教师需要具有坚定的学习信念,这是培养学生的需要,是自身专业成长的需要,更是获得自身职业幸福的有效途径。最后,小学教师还要树立合作的团队精神。这就要求教师学会与同事合作,努力促成教师职业共同体;学会与家长合作,建立长期联系,及时沟通;学会与社区合作,合理调动社区资源,以获得社区协助,拓宽教育的影响范围。

2. 对小学生的态度与行为

《小学教师专业标准(试行)》要求小学教师首先要做到关爱小学生,关注小学生的身心健康和生命安全,在这个基础之上,还要尊重、信任小学生、为小学生创造快乐成长的条件。这是小学教师对待小学生的最基本的态度和行为,它直接反映出小学教师的职业道德和专业素养,同时也是《国家中长期教育改革和发展规划纲要(2010—2020 年)》中提出的"育人为本"工作方针的体现与落实。关爱、尊重和信任小学生、是为小学生创造快乐成长的条件的重要前提,而为小学生创造快乐成长的条件是关爱、尊重和信任小学生的具体体现。这几个要求互为一体、承前启后、相互作用。

第一,关爱小学生。

"关爱小学生"是每一位小学教师的基本素养,是教育事业永远的话题、重要的话题。小学教师关爱小学生就是要尊重规律,遵循小学生身心发展的特点,给予小学生生命成长的能力,关心和呵护小学生,对小学生负责,将促进小学生的健康成长作为本职工作的核心。另外,本项要求特别提出"将保护小学生生命安全放在首位",这是《小学教师专业标准(试行)》的最大亮点之一,它将"关爱小学生"的生命安全作为最重要的内容,展现出当代小学教育的应然状态。

第二,尊重、信任小学生。

"尊重学生"是学校教育一直提倡的重要理念,在小学教育中尤为重要。"尊重学生"首先是尊重和维护学生的人格和权利,不能因为他是儿童而忽视他的人格和权利。"尊重小学生独立人格"主要突出的是"维权"和"平等"的问题。所谓"维权"就是维护小学生的合法权益,包括小学生的受教育权、人身自由权、身心健康权、隐私权、荣誉权等;所谓"平等"就是要平等对待每一个学生,不把学生分成三六九等。另外,《小学教师专业标准(试行)》还特别强调要"信任小学生,尊重个体差异",这就要求教师在信任每一个学生都是好苗子,都能长成参天大树的同时,认识到小学生的身心发展具有阶段性、可变性、不均衡性和个体差异性等特点,其成长状态、所需所求各不相同。因此,《小学教师专业标准(试行)》特别强调"小学生独立人格",要求小学教师要熟悉教育法律法规,不断提升教育理论水平,将呵护小学生的人格和维护小学生的权益落实在具体的教育教学工作中,从生命平等的意义上尊重每一个小学生。

第三,为小学生创造快乐成长的条件。

小学教师做到了关爱小学生和尊重、信任小学生,则为小学生创造快乐成长的条件就成为可能。《小学教师专业标准(试行)》中"积极创造条件"的意义非常广泛,这里的"条件"包括精神、环境、生活、学习、安全等各个方面的条件。小学生的大部分时间是在学校度过的,因此,学校的整体环境直接影响着他们的成长。整体来看,本领域特别强调生命安全教育。这要求小学教师具备安全教育的意识,随时向学生宣传安全和防范知识,在遇到危难时能够采取积极的救护措施,在学生发生冲突时及时制止并采取恰当的方法加以解决,这是对小学生最根本的关爱和尊重,更是保证小学生拥有快乐的学校生活的大前提。小学教师只有把爱放在心底,相信学生,特别是理解小学生发展的特性,才能够为学生创造快乐成长的条件。

3. 教育教学的态度与行为

《小学教师专业标准(试行)》从五个方面对小学教师教育教学的态度和行为提出了要求。这些要求反映出教育教学观念上的重要变化:由过去重"教学技能"转向更为根本地从学生的状态和需要出发来调整教育教学的态度与行为,如"育人为本""尊重教育规律和小学生身心发展规律""引导小学生体验学习乐趣""引导小学生学会学习"等条目。

第一,提高对素质教育的认识,德育为先,引导学生全面发展。

素质教育关注的核心是培养什么人、怎样培养人的重大问题,重点是面向全体学生、促进学生全面发展,着力提高学生服务国家服务人民的社会责任感、勇于探索的创新精神、善于解决问题的实践能力。在认识素质教育时,一定要认清其本质,即思想性和时代性。它是新时代引领我国达到教育新境界的一种新的教育理想与教育价值观。因此,素质教育的理念与其所关注的核心会深刻影响小学教师的教育教学态度与行为。《小学教师专业标准(试行)》中提及的育人为本、尊重教育规律和小学生身心发展规律、引导小学生学会学习等要求就是对《国家中长期教育改革和发展规划纲要(2010—2020年)》的具体落实。

第二,育人为本,为每个学生提供适合的教育。

"育人为本"具体到对小学教师的教育教学态度与行为方面的要求,即要求以学生为主体,以教师为主导,充分发挥学生的主动性,把促进学生健康成长作为学校一切工作的出发点和落脚点。关心每个学生,促进每个学生主动地、生动活泼地发展,尊重教育规律和学生身心发展规律,努力为每个学生提供适合的教育。"为每一个小学生提供适合的教育"要求教师对传统的班级授课制和"秧田型"课堂教学形式进行反思,关注学生的差别,因材施教,扬长避短,突破学校教育时空的局限,调整师生角色关系,转变以"教师为本"的教学思维,让教与学的生活呈现出更多学生的气息、学生的需要、学生的色彩。

案例故事

于漪:《记一辆纺车》的备课故事①

上海市语文特级教师于漪在说到备课时举过一个例子。她执教一节"记一辆纺车"课时,问:"今天学习第十一课《记一辆纺车》。昨天请同学们预习了,说说看,你们喜欢这篇文章吗?"学生回答:"我们不喜欢。"此时,随堂听课的二十几位老师有点惊讶。于老师也感到意外,稍停,笑着说:"不喜欢?那就说说不喜欢的原因吧!"课后,

---

① 刘慧,等.小学教育学[M].北京:北京师范大学出版社,2023:90.

于老师对在这一教学中出现的"语文事件"进行了反思:备课时考虑欠周密,原以为学生会喜欢散文,想由此激发兴趣,引入课文,未考虑到叙事散文与抒情散文的差异。课堂上发生了意料之外的情况,当即因势利导,先听取学生的意见,然后强调该篇散文的特点,培养学生的学习兴趣。对学生的实际想法应做充分的了解和估计,不可再犯"闭着眼睛捉麻雀"的毛病。要继续提高基于课堂教学的能力,力争做到运筹帷幄,成竹在胸。

第三,重视教育教学质量的提升。

对于小学教师而言,提高教育教学质量的要求落实在实践中将依托三种途径实现:一是通过学校来推进、引导、管理教师的教育教学态度和行为;二是通过转变教师自身的教育教学观念,使其自觉调整教育教学行为、不断积累教育教学经验,提升小学阶段的教育教学质量;三是通过政策监督与评价机制从外部保障,使学校和教师将工作重心放在对教育教学质量的提升上。小学教师要提高教育质量,就要认真钻研教材,研究学生,设计好每一节课,上好每一节课,教好每个学生。

第四,培养学生良好的行为习惯,引导学生学会学习。

基于"育人为本"的教育观念,一些具体的教育教学环节和要求都会随之发生许多重要变化,其中包括,强调关注学生的体验,让学生在学习生活中养成良好的行为习惯,引导学生学会学习,注重培养学生的创新精神和实践能力。

第五,尊重和发挥好少先队组织的教育引导作用。

对小学教师提出"尊重和发挥好少先队组织的教育引导作用"的要求,实际上是让广大小学教师认识到教育还承载着更广泛的社会功能和政治功能。争当"四好少年"的教育期望与学校教育的人才培养目标和规格是完全一致的,落实到平时的教育教学工作中,需要教师适时适宜地引导小学生在品德上求进步,在思想上有为国家做贡献的意识和精神。

4. 个人修养与行为

《小学教师专业标准(试行)》非常重视小学教师的自身修养,从品质、性格、心态、文明形象等方面对小学教师提出具体要求。

所谓个人修养是指人的行为和涵养,它与人的性格、心理、道德、文化等有着紧密的联系,是人综合素质的表现。小学教师的个人修养非常重要,它作为一种重要的教育资源伴随着小学教师本人进入小学教育职场中,在潜移默化中对小学生的心灵与行为发挥教育引导作用,这种影响甚至能改变孩子的一生。在教育职场中,教师不仅以自身的专业知识与能力施教,更是以自身的修养立教。首先,小学教师应该拥有良好品质,包括两项基本要求:一是富有爱心、责任心、耐心和细心,即"四心";二是勤于学习,不断进取。其次,小学教师还要具有积极的性格,对此,《小学教师专业标准(试行)》提出了"乐观向上、热情开朗、有亲和力"三方面的具体要求。小学教师应以乐观向上、热情开朗的性格,以及良好、平等、友善的师生关系影响小学生。再次,小学教师要保持健康心态,既能灵活应对小学儿童的各种突发状况,又善于调控自己的情绪,成为小学生心理健康成长的榜样。最后,小学教师要呈现文明形象,基本要求如"衣着整洁得体""语言规范健康""举止文明礼貌"等。

把爱放在不经意之间①

三年级的教室里,同学们紧张地进行期中考试,监考老师静静地守在这里。教室最后有一个男孩脸一阵红一阵白的,并不是因为试题太难,而是他太想上厕所了。腼腆的他想等考试结束以后再上,可漫长的考试一直没有结束,小男孩忍得满头大汗。忽然,最尴尬的事发生了——他尿裤子了。小男孩惭愧地想,这下完了,如果同学们发现,我会被笑话死的,再也不会有人和我一起玩了,怎么办啊!小男孩的眼里充满了泪水。幸好同学们都在埋头答题,没有人发现他的异常。

只有细心的老师发现了小男孩的不安,他轻轻走到小男孩的身边,立刻明白了这一切。随后,老师不动声色地来到窗边,端起窗台上的金鱼缸走了过来,经过小男孩身边时,他"不小心"打翻了鱼缸,水溅得小男孩满身都是,大家都回过头来看着老师和小男孩。老师连忙向小男孩道歉,并示意其他同学继续考试。接着,他领着小男孩来到办公室,擦干男孩身上的水,并找了一条干净的裤子让他换上。

小男孩回到教室时,穿着一条极不合身的裤子,看上去滑稽极了。但是,没有一个同学嘲笑他,而是对他报以友善和同情的眼神,男孩的心中充满了对老师的感激。

考试结束了,同学们陆续离开了教室,小男孩最后一个来到老师面前,怯生生地对老师说:"谢谢您,老师。"老师拍着男孩的头,微笑着说:"不要紧,我小时候也弄湿过裤子。"

(二)专业知识

教师专业知识是教师从事教育教学工作必备的专门性知识,区别于其他专门职业的知识,教师专业知识是教师成为专业人员的必要条件,也是教师专业信念和专业能力的基础。《小学教师专业标准(试行)》对小学教师专业知识提出了小学生发展知识、学科知识、教育教学知识和通识性知识四个领域的基本要求。其中,小学生发展知识在四个领域的知识中所占比重最大,这体现了小学教育是服务于小学生的性质特点。

1. 小学生发展知识

小学生发展知识是合格小学教师应具备的专业知识的首要组成部分,属于教师必须了解和掌握的内容。如果教师不能真正了解学生,盲目行事,不仅无法收到良好的教育效果,还有可能给小学生的发展带来消极影响。《小学教师专业标准(试行)》中关于小学生发展的知识主要指的是以保护并促进小学生生存与健康发展为目的,要求教师了解和掌握有关政策法规、小学生身心发展、小学生安全防护及其教育的知识。具体包括以下四个方面的内容。

第一,了解关于小学生生存、发展和保护的有关法律法规及政策规定。

作为教育工作者,教师必须严格遵守国家的法律法规,尤其是在教育日益走向法治化的今天,教师的责任不仅在于向学生传授科学文化知识,而且在于促进学生身心

---

① 教育部教师工作司.小学教师专业标准(试行)解读[M].北京:北京师范大学出版社,2013:50.

健康成长,维护学生合法权益。教师只有认真学习,深入理解和掌握相关的教育法律法规及政策规定,才能在教育教学活动中落实;才能明确教师自身的义务,保证正确履行自己的职责;才能全面提高教育教学质量,保护和促进小学生健康发展。

第二,了解小学生身心发展的特点和规律,掌握一些教育方法。

首先,小学教师要了解小学生身心发展的一般特点。例如,身高体重、骨骼肌肉、循环系统、呼吸系统、神经系统等发育特点和生理特点;感知能力、记忆能力、思维和语言能力、想象能力、情感、意志和个性发展等心理特点;不同年级学生在生理和心理发展上的差别特征;学习动机、学习态度、学习能力等方面的发展特点;行为习惯和养成教育的相关知识,以及常见的、可能出现的异常表现等。其次,小学教师要了解有特殊需要的小学生(如智力障碍儿童、视力残疾儿童、听力残疾儿童、肢体残疾和病弱儿童、学习困难儿童、情绪和行为障碍儿童、言语障碍儿童等)身心特点及特殊需要,掌握基本的教育方法。最后,小学教师还要了解幼小、小初衔接阶段学生的心理特点,了解幼儿园、小学与初中学习生活的差异,了解初入学儿童可能出现的心理问题和帮助方法,从认知能力和行为习惯方面做好培养工作,使儿童迅速适应小学、顺利完成过渡生活。这对于促进儿童的健康成长,提高教育质量都具有重要意义。

第三,了解小学生青春期和性健康教育的知识。

青春期教育是现代素质教育的重要组成部分。青春期教育实质上就是青春发育这一特殊时期的、符合青春期特点的性健康教育。不能把青春期教育理解为在青春期所进行的全部教育,也不能理解为在青春期进行的全部德育。性健康教育是青春期教育的核心。小学性健康教育内容主要有:性别、性生理方面的知识;性心理方面的知识,包括悦纳自己的性别、尊重异性等;性道德与社会方面的知识,包括社会的性道德原则和行为规范、与异性的交往方法与礼仪等;性审美方面的知识,包括性别美的欣赏和塑造等。因此,小学教师应该具有小学生性发育的知识和对性健康教育的正确认识。性健康教育不只是传授性生理知识、性心理知识和性卫生知识,而且要对学生进行有关性别的认同、尊重、交往的教育,进行性价值观念、性道德意识、性法律规范的教育,使学生获得性科学知识,摆脱性无知,在身心健康发展的同时按照社会的道德规范做人。

第四,了解小学生安全防护的知识,掌握必要的预防与应对方法。

安全教育是学校教育的重要组成部分,是保护学生生命安全最重要的一环。教师是从事教育工作的专业人员,基于教育工作的专业性,教师经过适当的专业训练,了解学生成长的生理和心理规律,掌握管理与育人的技能,并获得教育的资格。作为学校安全教育的主要承担者,每位教师都负有保障学生安全和对学生进行安全教育的责任。因此,每位教师都应具备必要的安全防护知识,如消防安全知识、交通安全知识、使用电器知识、防范不法分子侵害的知识、自然灾害知识、网络安全知识等;掌握针对小学生可能出现的各种侵犯与伤害行为的预防与应对方法,保障学生的人身安全,防止因不当教育活动而对学生造成伤害。

2. 学科知识

《小学教师专业标准(试行)》依据小学教育教学的特性,对合格小学教师应具有的学科知识提出三方面的基本要求:一是适应小学综合性教学的要求,了解多学科知识;二是掌握所教学科知识体系、基本思想与方法;三是了解所教学科与社会实践、少先队活动的联系,了解与其他学科的联系。

第一,了解多学科知识及其之间的联系。

小学教育的性质与培养目标规定了小学教学不是单纯的学科知识传授,而是具有启蒙性的,为学生未来学习学科知识打下基础,从而使小学生的整个身心都能得到全面而良好的发展。小学阶段虽然已开始分科教学,但学科内部和不同学科之间的综合性依然很强。即使是某一学科知识的教学,也离不开其他学科知识的支持,如对数学知识的理解需要语文等方面的知识。可见,无论是从小学儿童身心发展角度,还是从小学教育的培养目标角度,小学教师都应了解多学科的知识及其之间的联系。

第二,掌握所教学科知识体系、基本思想与方法。

学科知识既包括某一学科基本的知识体系和原理等显性的客观事实,又包括这一学科的基本思想、态度和价值观等隐性的知识。对一名小学教师而言,掌握所教学科知识体系、基本思想与方法,是完成教学任务之必需,是小学教师知识结构中的重要组成部分。掌握所教学科知识体系包括理解学科本身的内容,了解学科的发展历史、学科研究前沿等。学科内容知识是指以学科为本位的知识基础,教师必须对所任教的学科有专业和深刻的认识。这种深刻认识包括理解以各种方法所教的知识,发现学科内部概念之间的关系,发现学科知识与其他知识之间的联系,了解学科内容设定的目的和依据,知道学科内容对学生的可能影响等。学科的基本思想和方法是在对学科体系、内容的深入理解之上,对学科内容体系间的逻辑运动规则的高度抽象与概括,是学科体系发展的基本手段与活动规则,是所有从事与学科有关研究的职业人员共享的范式、共同遵守的思维方式与思维习惯。

第三,了解所教学科与社会实践的联系。

小学教师要了解所教学科与社会实践的联系,这种联系一方面是知识的应用,另一方面是在实践中知识的生成。了解所教学科与社会实践的联系,并能够将所教学科的知识与社会实践相联系,有利于小学教师理解、把握该学科的实践价值;有利于教师回到小学生生活之中,贴近小学生的生活经验,在小学生的认知起点上教学;有助于教师创设贴近小学生活的教学情景,更好地调动小学生的学习积极性、主动性;有助于教师充分利用课程资源,引导小学生建立知识与生活之间的关系。

3. 教育教学知识

作为履行教育教学职责的专业人员,掌握小学教育教学的基本知识是小学教师专业性的集中体现。本领域包含四项基本要求:掌握小学教育教学基本理论;掌握小学生品行养成的特点和规律;掌握不同年龄小学生的认知规律和教育心理学的基本原理和方法;掌握所教学科的课程标准和教学知识。其中,掌握小学教育教学基本理论是核心要求;掌握小学生品行养成的特点和规律,掌握不同年龄小学生的认知规律和教育心理学的基本原理和方法是理解和应用教育教学基本理论、落实课程标准基本理念和内容要求的前提和基础;在当前我国基础教育课程改革继续推进的形势下,掌握所教学科的课程标准和教学知识则是重点。

第一,掌握有关小学生"学"的基本理论。

"小学生品行养成的特点和规律"和"不同年龄小学生的认知规律",归纳起来,都与小学生的"学"有关。小学生品行养成的特点和规律影响小学生"学做人";不同年龄小学生的认知规律影响小学生"学知识"。小学教师必须掌握小学生这两方面的规律,以及其他教育心理学的基本原理和方法,才能更好地理解和应用教育教学基本理论,遵循规律育人。

首先,在小学生品行养成特点和规律方面,小学教师要了解儿童品德发展基本阶段理论;正确认识品德心理结构中道德认识、道德情感、道德意志和道德行为四要素间的辩证关系;掌握品行养成的基本途径和方法;了解我国当代小学生品行发展的基本特点,因势利导;了解小学生分享、合作、助人、安慰等亲社会行为,以及攻击等不良行为的成因,为有效促进学生社会性发展和良好行为习惯养成奠定基础。其次,在小学生认知规律方面,小学教师要了解儿童认知发展方面的重要理论和最新成果,如皮亚杰的"儿童认知发展阶段论"、维果茨基的"最近发展区"理论、加德纳的"多元智能理论"、杜威关于反思性思维和"做中学"的理论、布鲁纳的"探究性学习"和建构主义学习理论等,并思考这些理论在教育教学实践中应如何运用。最后,小学教师还要掌握小学生在注意、记忆、思维、想象、动机、兴趣、需要等方面的一般性规律,理解不同年龄阶段学生认知发展的差异和小学生的个体差异,了解各种学习障碍及其矫治策略,从而帮助教师更有针对性、更专业地做好教育教学工作。

第二,掌握小学有关"教"的基本理论。

小学有关"教"的基本理论集中体现在教育学类学科中。一些教师常常关注学科知识的学习,而忽视对教育基本理论知识的学习和对教育基本问题的思考,而这两方面需要小学教师逐渐重视起来。在这里,小学有关"教"的基本理论,大致可归纳为"为什么教""在何种条件下教""教什么""怎样教"等。

首先,小学教师要了解教育哲学的基本知识,深入思考人生与教育、知识与课程、教师与学生等教育基本问题,逐步树立自己的、正确的教育目的观、教育价值观、学生观、教师观及课程观等信念,让教育哲学成为教师成长和实施教育行为的一个重要精神资源。其次,小学教师要了解小学教育的宏观背景,明确其定位。例如,小学教师要了解我国小学教育发展史;清楚小学生培养对于我国社会发展的重要意义;明确小学教育的培养目标及其在整个学校教育系统中的地位;能根据《中华人民共和国教育法》《中华人民共和国教师法》《中华人民共和国义务教育法》,以及与儿童相关的法律法规要求,做到依法执教;明确我国基础教育课程改革的基本精神和发展趋势。再次,小学教师要掌握课程与教学、班级管理的基本理论,包括课程设计、实施和评价的基本理论,明确小学课程的总体特点、基本构成及其与其他学段课程之间的关系。当然,这些理论的实施要建立在小学生认知发展规律的基础上。除此之外,教师还应掌握班级管理的一般原理,理解小学班级管理的特殊性,为小学生的学习和成长营造具有支持性的班级环境,培养学生自我教育和管理的意识与能力。最后,小学教师要掌握教育研究和专业发展的基本知识与技能。具体而言,教师应了解小学教师专业素养的核心内容;了解教师专业发展的阶段与途径,善于反思自己的教育实践经验并吸收优秀教师的成长经验,从而对自身专业发展进行规划,实现自主发展。

第三,掌握所教学科的课程标准和教学知识。

课程标准体现了国家对不同阶段的学生在某个学科领域的知识与技能、过程与方法、情感态度与价值观等方面的基本要求,规定了各门课程的性质、目标、内容框架,并提出了相应的教学和评价建议。课程标准是教材编写、教师教学、学生学习评估和考试命题的依据,是国家管理和评价课程的基础。因此,小学教师必须熟悉所教学科的义务教育课程标准,具体包括:明确学科课程的基本理念,熟悉学科课程的各维度目标,理解学科课程的基本性质,掌握所教学科的知识体系及其与其他学段的衔接关系,熟悉各学段具体内容及其标准。只有基于课程标准,教师才能正确把握教学和评价的方向,准确解读教材文本,科学设计教学活动。

教学是教师专业职能的重点,为落实课程标准的要求提供了保证。小学教师应以课程标准、小学生学习特点、所教学科的性质与内容、跨学科之间的相互关系为依据,掌握确定教学目标、开发校本课程、选择教学方法、利用教学资源、评估学习结果等策略性知识,通过评价不断改进自身的教学与学生的学习。

4. 通识性知识

小学教师除了要掌握小学生发展知识、学科知识和教育教学知识外,《小学教师专业标准(试行)》还提出应掌握一定的通识性知识的要求。对小学教师而言,通识性知识是指有利于有效开展小学教育教学工作,体现教师素质的普通文化知识。这些通识性知识虽然是普通的文化知识,却是小学教师作为专业人员和提高自身素养不可或缺的知识。小学生好奇心强,其认识具有综合性,教师往往需要回答小学生提出的与学科无关的问题。具备通识性知识的教师能在一定程度上满足小学生的学习需要并加以正确指导。这有利于小学教师拓宽视野,通融见识,能从更广的范畴理解人、自然和社会,获得全面的思维能力,增强教育教学能力,引导学生健康成长。具体而言,小学教师的通识性知识主要表现在以下几个方面。

第一,具有综合的知识储备。

今天人类的所有知识,大致可以划分为自然科学知识、人文社会科学知识。面对浩瀚的知识海洋,一个人不可能掌握人类文明的所有知识,但对人类知识的大体面貌有所认识却是可能和极为必要的。当今,知识在急速增长的同时也表现出日益显著的一体化倾向,自然科学、社会科学和人文科学在曾经高度分化的基础上又走向高度统一。因此,每一位小学教师的知识结构在各有侧重的同时,还应体现复合性和多样性,即小学教师应具有综合的知识储备,具有相应的自然科学和人文社会科学知识,如物理学、化学、生物学等自然科学类知识,以及历史学、社会学、文化学、伦理学等人文社会科学知识。只有打通不同知识间的壁垒,小学教师才有可能去帮助学生建立对知识整体而全面的认识,这有利于实现不同学科知识对学生的教育价值,从而成就学生的全面发展。

> **资料链接**
>
> 知识的"生命周期"越来越短①
>
> 当今是知识急速增长的时代,据联合国教科文组织的统计,人类近30年来所积累的科学知识占有史以来积累的科学知识总量的90%,而在此之前的几千年中所积累

---

① 何克抗. 论现代教育技术与教育深化改革:关于 ME 命题的论证(一)[J]. 管理信息系统,2001(5):3-9.

的科学知识只占10%。英国技术预测专家詹姆斯·马丁的测算结果也表明了同样的趋势:人类的知识在19世纪是每50年翻一番,20世纪初是每10年翻一番,20世纪70年代是每5年翻一番,而近10年大约每3年翻一番。

除此之外,《小学教师专业标准(试行)》特别提到了小学教师要了解中国教育基本情况,如中国教育的悠久历史和优秀传统、教育现状、教育热点,以及教育难点等。任何与教育相关的信息,都会在教师确定教育内容,实施教学策略,与学生、家长、同事以及社区的交流互动中体现自身的价值。

第二,具有相应的艺术欣赏和表现知识。

任何一个小学教师都是社会成员,是国家的公民,在重视全民艺术素养的今天,小学教师的艺术素养自然是不容忽视的。教师艺术素养不仅体现在对艺术的欣赏与表现上,还体现在班级管理和教学设计中,渗透在生活的方方面面,贯穿于与学生的日常接触中。小学教师的艺术素养,不仅有助于改善教师自身的生活素质,对小学生的全面发展也会产生直接或间接的影响,艺术学习应该成为小学教师一生的需求和审美追求。因此,《小学教师专业标准(试行)》关注小学教师艺术素养的价值,要求小学教师具有相应的艺术欣赏与表现知识。在种类繁多的艺术面前,小学教师可以选择感兴趣、有基础的方面多加学习与参与。读书和参加艺术活动是小学教师学习艺术欣赏和表现知识的重要方式。培养艺术素养、发挥艺术价值的关键就在于培养自己鉴赏美、创造美的能力和情趣。

第三,具有适应教育需要的现代化信息技术知识。

信息技术在改变社会经济文化生活、影响现代人生活方式和思维方式的同时,也给教育带来了显著的变化,推动着教育内容、教学手段及教学方法的深刻变革。知识来源的多样化以及与之相伴的知识爆炸和信息泛滥都对教师提出了更高的要求,若要小学生在信息技术时代得到充分发展,小学教师应能借助信息技术采集、选择和处理相关的知识和技能,将海量资源转化为有用的信息,充实和丰富教育内容,以扩大学生的知识面。从教学手段来看,小学教师应具备相应的信息技术知识,不但要会使用计算机等电子视听设备,利用声、光、电等现代化科学技术辅助教学,还应掌握相关的多媒体网络技术,能够以集合了语言文字、声音、图形、动画和视频图像等多种媒体信息的鲜活的形式呈现教学内容,促进学生的学习。需要注意的是,教师要处理好信息技术与教学之间的关系。教师在计算机辅助下进行教学,教师应为学生创设良好的学习环境,帮助学生采取正确的学习策略,指导他们正确运用信息技术获取有益的知识。在这一过程中,教师成为学生学习的设计者、指导者、帮助者和共同学习的伙伴。

案例故事

信息技术助力教育教学①

一位音乐教师要组织一个清唱剧演出,但是由于时间冲突,无法在规定时间里将学生全部集中练习。这位教师想了个办法,将不同声部的音乐分离出来,传到音乐平

---

① 方柏林.知识不是力量[M].上海:华东师范大学出版社,2011:137.

台上,让学生分别下载到各自的电脑或者手机上,学生自己练习,练习好之后再录像或者录音传给他。由于学生学习进度不同,掌握乐曲的程度也千差万别,技术则打破了时间和空间的限制,有效地实现了一种因材施教的教学。

(三) 专业能力

《小学教师专业标准(试行)》中的"专业能力"维度着重对"教育教学设计""组织与实施""激励与评价""沟通与合作""反思与发展"五个领域的基本要求进行了具体意涵的解读。

1. 教育教学设计

在对教师"专业能力"的所有要求中,"教育教学设计"处于首要位置,这体现了在教育教学的整体过程中,"设计"这一环节的重要性。

第一,合理的设计是教育教学活动顺利实施的重要前提。

一般认为,教育教学设计是指为达到预期的教学目标,运用系统观点和方法,遵循教育教学过程的基本规律,对教学活动进行规划的过程。[①] 教育教学设计的科学与否直接影响和决定着具体的教育教学实践效果。教育教学的设计工作可以遵循两种思路来实施。

从纵向来看,是"线"与"点"的关系。"线"这里理解为整个教育教学活动的计划与安排,是宏观上的要求,比如某个学期(某学年)某个班级(某学校)的教育教学计划,即总体目标是什么,每个时间段完成什么任务,达到什么标准;等等;"点"可以理解为某一个学科、某个单元、某节课、某个学习活动的设计,要求更加具体与细致,这是相对微观上的要求,比如某节语文课的教学方案、某个研究主题的探究学习活动、某个主题班会的活动方案等。由"点"构成"线","点""线"结合,张力互动。从横向来看,小学教育教学活动设计立足于"学生全面发展"这一理念,注重各学科知识、各方面技能、各种情感的学习、获得和陶冶,最终实现小学生作为一个正在发展的人的养成教育。另外,从实践层面来讲,不同的设计模式都需要组织者对不同活动的主旨、结构程序、实施条件、管理策略、效果评价等进行通盘考虑,从而制订出合理的活动方案。

第二,在活动中实现个体发展和集体进步。

学校、课堂都是学生进行集体学习的有效保证,学校中开展的所有活动都应该能对学生产生直接或间接的教育作用。这些教育活动是丰富的、丰满的,教学作为教育的一种具体形式,它应该承载着比传授知识和技能更多的东西。小学生正处在身体发育、思想形成的重要阶段,丰富多彩且能够引起学生学习兴趣和内在动机的教育教学活动对于学生个体的健康全面发展,以及集体的构建与发展具有重要而积极的影响。另外,在组织规模性的教学和学习活动的同时,不应该忽视学生个体的存在和发展需要。每位教师都应该关注班上每一位学生的独特性、差异性,尊重和促进他们的个体成长。个体的发展是集体进步的前提和基础,每个学生的个体成长与整个班集体、学校的发展是互相协调、相互促进、息息相关的。因此,我们应该改进以前的一些认识与

---

① 闫祯.教育学学程:模块化理念的教师行动与体验[M].北京:北京大学出版社,2010:20.

做法,进一步尊重学生个性的差异和本色的彰显,为培养新时代中国儿童,培养"有志向、有梦想,爱学习、爱劳动,懂感恩、懂友善,敢创新、敢奋斗,德智体美劳全面发展的好儿童"创造更为积极的条件。①

第三,合理利用教学资源。

教育教学资源可以理解为影响教育教学活动的人、设备、材料、环境等硬件和软件资源。② 具体地说,就是教育教学活动涉及的教师、学生、教材、媒体等。在教学设计的环节中,教师不但要充分挖掘教育教学资源的广度和深度,而且要注意不同资源之间的关系,努力实现资源的有效整合。教学资源的合理利用会大大激活设计方案,为教学活动的顺利开展提供丰富的养料,从而提高教学和学习活动的质量。

第四,班队会活动需要精心设计主题与程序。

一个良好班集体的建设必须通过各种活动来实现,学生参与的日常活动除了常规的教学学习活动之外,还包括班级活动、少先队活动等组织形式。

班级活动是在教师(班主任)的指导和带领下,围绕具体问题而组织的集体性教育活动。班级活动形式多样、内容丰富、教育效果突出。班级活动可以产生凝聚力,充分激发每一位同学的积极性,班级活动是促进学生全面发展的一个重要途径,有利于培养学生良好的思想品德,特别是有利于小学生道德内化,促进其道德认识转化为道德观点。③ 在制订一份详细的设计方案时,要注意避免活动中的随意性,尽量减少突发事件的产生,保证活动完成的质量。另外,活动计划还要关注场地准备、人员安排以及辅助手段等几个方面,以使得活动计划更具可操作性。④

少先队活动是少先队组织的,以玩与学为核心的各种形式活动的总称。少先队活动具有自主自愿性、启发启蒙性、娱乐游戏性、实践应用性、组织合作性、群众普及性、激励进取性、建设性、创造性等特点。⑤ 在设计主题活动方案时,少先队辅导员要认真履行有关政策文件以及上级领导部门对于少先队工作的要求,如《少先队辅导员工作纲要(试行)》等,从活动名称、活动目的、活动时间和地点、活动参与人、活动的条件、活动的方式与过程(重点展开)、注意事项等方面全面考虑。

2. 组织与实施

组织与实施能力是小学教师专业能力领域中的重要内容。小学教师要有能力驾驭课堂,必须通过有效的方法来组织和实施课堂教学,以指导学生的学习,保证学生的学习效果。对这一领域的理解,教师们需要注意以下几点。

第一,良好的师生关系是教育的巨大力量。

师生关系是指教师和学生在教育教学过程中结成的相互关系,包括彼此所处的地位、作用和相互对待的态度等。师生关系贯穿整个教育教学过程,是最重要的人际关

---

① 2023 年 5 月 31 日,习近平总书记在北京育英学校考察时提到,新时代中国儿童应该是有志向、有梦想,爱学习、爱劳动,懂感恩、懂友善,敢创新、敢奋斗,德智体美劳全面发展的好儿童。希望同学们立志为强国建设、民族复兴而读书,不负家长期望,不负党和人民期待。

② 加涅,布里格斯,韦杰. 教学设计原理[M]. 王小明,等,译. 上海:华东师范大学出版社,1999:3.

③ 黄济,劳凯声,檀传宝. 小学教育学[M]. 2 版. 北京:人民教育出版社,2007:27.

④ 邓艳红. 小学班级管理[M]. 上海:华东师范大学出版社,2010:107.

⑤ 段镇. 少先队学[M]. 上海:上海人民出版社,2008:29.

系。和谐健康的师生关系有助于教师的教育教学取得良好的效果,良好的师生关系是学生接受教师教育的前提,也是提高学校教育质量的保证,更是巨大的教育力量。需要指出的是,《小学教师专业标准(试行)》对师生关系有新的表述,明确提出教师应帮助小学生建立良好的同伴关系。这将在更大程度上促进小学生各项能力的发展,促进小学生的身心健康。

第二,学生是学习的主体。

学生是学习的主体。在学习过程中,学生不仅要理解新知识,还要对新知识进行分析、检验和批判。学生学习知识、接受知识,只能以他们自己的经验为背景,通过分析知识的合理性得以建构完成。因此,学生不是简单被动地接收信息,而是主动地建构知识的意义。这说明,教学不能无视学习者已有的知识经验,简单强硬地从外部对学习者进行"填灌",而是应当把学习者原有的知识经验作为新知识的生长点,引导学习者从原有的知识经验中生长新的知识经验。

案例故事

让学生先说话[①]

上课时,我特别喜欢让学生们先说话。无论是在一节课的开始,还是在教学过程中的任何一个环节。例如,在学习"年、月、日"时,我首先发给学生们每人一张不同年份的小小年历卡片,让他们仔细地观察,然后说说通过观察,自己知道了什么。学生们说得可多了:一年有 12 个月,1、3、5、7、8、10、12 月都是 31 天,4、6、9、11 月都是 30 天,2 月有时是 28 天,有时是 29 天;哪些月的天数相同,哪些月的天数不相同,哪个月是特殊的,特殊的这个月情况又如何,等等。我要讲的许多内容学生都先说出来了,当然我也就没有必要再一条一条平铺直叙地讲给学生听了。

第三,掌握一定手段,适当运用信息技术。

以计算机技术为代表的信息革命正逐渐深入社会生活的各个方面,小学阶段仅仅依靠一支粉笔、一块黑板的传统教育方式已远远不能满足培养现代社会高素质人才的需要。将计算机技术应用于教育教学领域,正是现代化教育的重要手段,是当前我国小学教育教学改革的一项重要内容。小学教师应依据教学内容与教学特征,将课程学习内容加工处理,转化为数字化学习资源,并根据需要创设一定的教学情境,以便让小学生在情境中探讨问题,交互信息,自主学习。小学教师运用现代教育技术的手段和能力将直接影响我国小学课程改革的效果。

第四,恰当处理突发事件与调控教学活动。

《小学教师专业标准(试行)》中的"组织与实施"领域的具体要求体现了对教师恰当处理突发事件与调控教学活动的能力要求。例如,创设适宜的教学情境,根据小学生的反应及时调整教学活动;妥善应对突发事件。小学教师应具有一定的洞察力和敏锐的反应,当教学活动出现一些新变化和突发性的情况时,教师应能敏锐洞悉,并能做出灵敏的反应,机智地应对、恰当地调整现场策略。

---

① 李烈. 给生命涂上爱的底色[M]. 北京:高等教育出版社,2005:78.

第五,小学教师的基本功。

《小学教师专业标准(试行)》十分关注小学教师在教学中组织与管理的基本功。这既是教师从事教育教学工作必须具备的最基本的职业技能,又会直接影响到学生的发展。它包括通用于所有教师的一般基本功,也包括学科教学工作的基本功,主要体现在口语表达、写字、使用和制作教具、组织教育活动等方面。

3. 激励与评价

激励与评价是指教师能依据教育教学目标及评价标准,运用科学的方法和正确的途径,多方面收集事实材料,对学生的日常学习及行为表现等作出较为全面的、体现差异性的、富有激励性的评价,从而引导学生形成积极的自我评价,并借此不断改善教育教学工作的能力。《小学教师专业标准(试行)》中对"激励与评价"这一领域的基本要求主要围绕评价能力展开,主要有以下几个要点。

第一,加强评价的促进功能。

评价的最根本目的是激励与改进。对于小学生而言,教师的评价具有鲜明有力的导向作用。教师的评价既可以激励学生,同时也是学生形成积极自我评价的一个参照。因此,教师要"引导小学生进行积极的自我评价",就必须"发现和赏识每一位学生的点滴进步",能采用适当的方式将评价结果反馈给学生,以增强学生的自信心,激发学生学习、发展的欲望,同时引导学生对自身的学习、兴趣与进步,以及个性等方面的发展状况进行反思并不断改进。

案例故事

陶行知"四块糖"的教育①

当年陶行知先生任育才学校的校长。一天,他看到一名男生打同学,遂将其制止,并责令他到校长室接受批评。陶先生回到办公室,见男生已在等候。陶先生掏出一块糖递给他,说:"这是奖励你的,因为你比我先到了。"接着又摸出一块糖给他:"这也是奖励你的,我不让你打同学,你立即住手,说明很尊重我。"男生将信将疑地接过糖果。陶先生又说:"据了解,你打同学是因为他欺负女生,说明你有正义感。"陶先生遂掏出第三块糖给他。这时男生哭了,说:"校长,我错了,同学再不对,我也不能采取这种方式。"陶先生又拿出第四块糖,说:"你已认错,再奖你一块,我们的谈话也该结束了。"

第二,重视形成性评价与激励性评价。

《小学教师专业标准(试行)》强调教师评价要关注小学生的日常表现,即强调教师对学生的评价应贯穿教育教学全程,体现在每一节课、每一个活动上,突破了传统的仅以一两次学业成绩考量学生的评价方式,体现了形成性评价的基本理念。教师给予小学生适时且恰当的评价可以帮助学生随时了解自己的学习进步状态,持续地给学生发展加力,让学生充分感受成长的快乐。

小学生是处于不断发展、变化之中的未成年的孩子,他们的自我评价能力还不强,对周围人、事、物及自身的评价很多时候是以教师的评价为参考的。教师作为学生成

---

① 教育部教师工作司.小学教师专业标准(试行)解读[M].北京:北京师范大学出版社,2013:104-105.

长中的重要他人,其对学生日常生活的关注、激励与评价是学生赖以感受成长喜悦的主要参照物,可为学生提供心灵的呵护,激励学生品味成功,帮助学生树立自信,主动发展。这里教师也要注意,激励性评价并非否定批评对学生发展的作用,但比较而言,表扬、鼓励、赞美等激励性评价比批评、惩罚对学生的作用更大。因此,教师要学会在合适的时机和场合,恰当地使用激励性评价。

第三,灵活运用多元评价。

多元评价是一个宽泛的概念,它既可以指评价内容的多元化,也可以指评价方式的多元化,还可以指评价主体的多元化。从评价内容上看,教师除了要关注学生的学业成绩外,更应关注其需要与动机、情感态度与价值观、知识与技能、习惯与方法、创新与实践、问题解决、合作与交流、个性品质等各方面。通过评价内容的多元化帮助每一位学生全面认识自我,让不同层次的学生都在原有基础上实现进步和发展。从评价方式上看,教师要根据评价的内容采用恰当的方式,既可以是笔试,也可以是口试、表演等;既可以使用量化分数,也可以采用描述性的方式;既可以使用试卷进行评价,也可以根据学生的作品、活动表现等进行评价,如学生成长档案袋评价等。从评价主体上看,教师要善于调动多种教育资源,采用多主体评价,这些主体包括学生自身、学生同伴、家长、社区等。

4. 沟通与合作

在沟通与合作能力领域中,《小学教师专业标准(试行)》从小学教师在实际教育教学工作中人际交往的主要互动人群的角度,分别对小学教师如何有效进行人际沟通与合作提出行为要求。对这一领域的理解,需要教师们注意以下几点。

第一,充分认识沟通与合作能力的重要意义。

众所周知,教育教学,是一个和人打交道的职业。从工作本身来看,任何一位教师教育教学工作的开展及成效,很大程度上依赖于教师对多重交织、复杂多维的人际关系的恰当处理与和谐调适。可以说,一位成功的教师一般具有较好的人际关系。从工作对象来看,6~12岁的小学生所处的发展阶段直接决定了小学教师在工作中的人际交往更加具有特殊性,这种特殊性体现在师生之间的交往,以及教师与家长之间的交往等。因此,《小学教师专业标准(试行)》直接将小学教师的沟通与合作能力划分为教师专业能力的一个独立构成领域,具有极其重要的导向作用和指导意义。

第二,从人际互动视角重新定位师生关系。

《小学教师专业标准(试行)》的新突破点之一在于,非常明确地提出建立小学教师和小学生之间的沟通与合作关系。实质上这是在重新定位师生关系,教师须从更深层面理解和认识自己与小学生之间的交往关系。教师的职业角色决定了师生交往是其职业活动的构成部分,同时,这也是新课程理念下教师角色转变的内在要求。作为教师,首先要做的就是调整好自己与学生交往的心态。这种交往是人与人之间平等、理解、双向的互动关系,这样的关系有利于促成双方之间的尊重、合作与信任,实现双方主体共成长、共发展。

第三,面对不同交往人群,提出明确行为要求。

处于小学校园中的小学教师,其交往的对象包括学生、同事、家长和社区等。这些关系需要教师通过有意识地开展良性的人际交往活动来形成和维持。因此,根据交往对象的不同,《小学教师专业标准(试行)》从小学生、家长、同事(同行)、社区四个方面对小学教师的人际沟通合作能力分别提出具体行为要求:与小学生的交往,强调教师要进行有效的沟通;与同事的交往,强调教师要学会分享和共同发展;与家长的沟通,目的是共同促进小学生发展;协助小学与社区建立合作互助的良好关系。

5. 反思与发展

反思与发展这一能力领域的提出,是对全球教师专业化发展背景下的教师专业发展内在要求的回应,是对教师的新要求。对这一领域的理解,需要教师们注意以下几点。

第一,反思与发展是对教师专业发展内在要求的回应。

20世纪80年代以来,教师的专业发展成为教师专业化的方向和主题。高质量的教师不仅是具有专业理念与师德、专业能力、专业知识的人,而且必须是终身学习、不断自我更新的人。教师只有不断提高专业水平,才能使教学成为受人尊敬的、具有较高社会地位的一种专业,也才能满足新时代对教师提出的素质要求。

第二,小学教师的反思有利于提高教育质量和教师自身素质。

教师反思是指教师发现其教育教学中存在的问题,通过分析和研究,对其教育教学进行新的探索,从而提高自己的教育质量和自身理论水平。教师反思在教师专业发展中发挥着主导作用。教师可以通过反思不断改变自己的工作方式,丰富自己的学习进修方式,从而促进教师其他方面素质的提高,最终促进教师的专业发展。

第三,小学教师的反思应通过多种途径进行。

首先,教师可以通过一些案例进行反思。案例研究以案例为载体对先进的理念进行研究,能强化教师的实践智慧,发展教师的反思能力。其次,教师的反思可以借助于同事与同行的帮助。教师必须突破同行彼此孤立和封闭的状态,走出在结构上趋于封闭的教室,学会与他人合作,不断交流、讨论与反思。最后,教师的反思还应该建立在理论学习的基础之上。教师可以根据自身的需要,选学一些教育理论经典书籍,通过读书加深自身底蕴,提高自身素养。

第二节　小学教师入职适应难点与要点

职业适应作为人的社会适应的一个重要方面,是从业者在职业生涯初始阶段或转折阶段面临的普遍问题,是从业者走上工作岗位或到新的工作岗位后,在一定时期内逐步了解和熟悉工作的环境要求以及发展新的人际关系的一系列心理过程。[①] 1996年国际教育大会第45届会议的主题为"加强教师在多变世界中的作用之教育",会议指出,应该对刚开始从事教师职业的教师给予特别的关注,因为他们的最初职位及他们将要进行的工作,对其以后的培训和职业具有决定性的影响。[②] 由此可见,对于刚走出高校校门,走进小学校的初任教师来说,了解入职初期的特点、需要和问题,寻找适当的帮助和解决办法从而较为顺利地度过这一关键且充满难题的生涯阶段是非常

---

① 陈会昌,胆增寿,陈建绩.青少年心理适应性量表(APAS)的编制及其初步常模[J].心理发展与教育,1995(3):28-32.

② 颜冠群.教师职业适应研究综述[J].江苏经贸职业技术学院学报,2013(1):69-71.

重要且必要的。

一、初任教师的概念界定

初任教师又被称为新任教师。根据美国学者麦克唐纳的观点,初任教师是已完成所有职前训练课程和实习阶段教学实践的专业教师;初任教师已被授予临时证书,并受雇于某个学区;在种类和程度上,初任教师负有的责任通常与那些具有教学经验的教师所负有的责任是相同的;初任教师正处于从事这个职业或服务于某个学区的第一年。① 我国学者也给出了初任教师的相关定义:初任教师是指取得教师资格证书,被学校聘用并处于从事教学工作第一年的中小学教师,包括长期聘用的正式教师和临时聘用的代课教师。② 目前,关于入职年限并没有一个统一的标准和说法。一般情况下,完成了师范教育,取得教师资格证书,并被某所学校聘用,从事教育教学工作两三年的中小学教师皆是初任教师。

二、初任阶段的地位与作用

(一)初任阶段会直接影响初任教师的去留问题

对初任教师来说,一个崭新的环境往往给他们带来一种陌生感和种种不确定因素。这种陌生感和不确定因素很可能会让初任教师面临前所未有的冲击与挑战。如此一来,适应和应对初任阶段的难题便成为教师专业发展中关键性的一环,决定着教师是否由此踏上专业化的发展道路。如果教师选择承受并积极应对这一时期的考验,过渡成功并实现向下一阶段的转向,那么在这一阶段积累的经验往往能帮助教师坚定从教的信念和理想;如相反,那么这一阶段的挫败和打击往往会令一部分初任教师丧失从教的信心,对自己从事教育教学工作产生怀疑甚至是否定心理,认为自己不喜欢教师行业,自己也不适合当教师,没有得到期望中的积极回馈,最终选择离开教师队伍。1999年美国的一项研究表明,③在大都市中心地区的初任教师前三年弃教改行率高达20%。另外,弃教改行的并非都是无能之辈,那些最早离开教师队伍的恰恰是一些学业优良,最有潜力成为优秀教师的人。

(二)初任阶段影响着初任教师未来的发展走向

美国国家教育研究所(National Institute of Education)曾经在其研究报告中提出,一个人第一年教学的情况如何,对他所能达到的教学效能水平有重大影响,而且要持续数年;会影响到在整个40年教师职业生涯中对教师行为起调节作用的教师态度;也确实影响到教师是否继续留在教学专业的决策。④ 在初任阶段,如果教师伴随着无助、痛苦、沮丧的心情,那么这种消极的情绪和回忆会给教师一辈子的教学工作和专业发展留下不可逆的阴影。美国学者休伯曼通过对100名有经验教师的访谈,发现在教学第一年有着不愉快经历的教师,与那些顺利通过入职期的教师相比,他们对自己接受访谈时的教学仍感到不满意,这也意味着,在第一年工作中存在很多问题的教师,其

---

① 胡森.国际教育百科全书[M].贵阳:贵州教育出版社,2000:100.
② 饶从满,杨秀玉,邓涛.教师专业发展[M].长春:东北师范大学出版社,2005:91.
③ 曾德琪.师资队伍建设的新举措:美国"新教师入门指导计划"[J].外国教育研究,2004,31(4):46-50.
④ 饶从满,杨秀玉,邓涛.教师专业发展[M].长春:东北师范大学出版社,2005:92.

专业水平不会发展到他们顺利通过入职期而应该达到的程度。① 更严重的是,在初任期,教师一旦形成了对抗教育教学工作难题的非积极态度和策略,在惯性和应付的驱使下,这种态度和策略便可能成为教师整个职业生涯的教学风格,最终发展成难以改变的工作模式。

(三)初任阶段是初任教师走向成熟的关键时期

良好的开始是成功的一半。对初任教师来说,平稳顺利的初任经历有利于帮助教师形成正确的从业缘由,坚定专业信念,甚至能帮助教师规划专业发展图景,构建未来的发展走向。然而,失败的初任经历则会带来相反的结果,例如,教师会变得孤单而封闭,不善于、不乐于向有经验的教师寻求帮助,形成不正确、不专业、不科学的教育理念和教育方式,进而导致初任教师离开教师队伍,造成教师队伍的流失,这在量和质两方面都产生了难以避免的负面影响。因此,作为迈入成熟期的起始阶段,我们要对此加以重视,深入了解和探究教师在初任阶段里面临的困惑和问题,采取积极的应对措施帮助初任教师顺利地度过这一艰难的关键阶段。

三、初任教师面临的主要问题

初任教师在职前师范院校中接受到的教育以理论为主。教材大篇幅地介绍了国内外著名教育家及学者提出的教育教学理论与方法,但却对实践中出现的某些问题解答较少,这使得一部分师范生在初入职场时,面对切实存在的教育教学问题会表现得手足无措,往往会出现"这和书里说的完全不一样"的矛盾和困惑。因此,对于入职后的初任教师来说,他们在遇到的某些职业适应难点或困惑时主要应解决好理论与实践之间的问题。这些问题具体表现在以下三个方面,分别是小学初任教师的自我性问题、教学性问题和关系性问题。

(一)自我性问题

小学教师入职适应的自我性问题主要是从教师自身存在的角色,以及教师对自己身份进行认知角度出发的问题。自我性问题主要包括初任教师的身份转换问题和自我评价问题。

1. 身份转换问题

很多初任教师在入职之初都会遇到身份转换问题。身份转换问题对初任教师而言是至关重要的。因为身份转化的成功与否会直接影响教师的自我认知和职业认知,甚至会对教师日后的专业发展产生正向或负向的作用。因此,身份转化成为教师入职面临的首要难题。初任教师在踏进工作岗位之前,一直以"学生"身份在学校中生活,以"孩子"身份被家庭所看待,除了学习、与同学朋友交往,家务事、生活琐事无须刻意顾及,由此形成了一种以学生身份为中心的思维方式和行为习惯。然而,在进入工作岗位之后,他们便会立刻成为一名"社会人",成为孩子们眼中的"大人",成为具备学校领导和家长认为的大方沉稳、独立认真品质的人民教师。这使得新教师们很难适应这一角色的突然转变。工作前,准教师个性鲜明,以自我为中心,但工作后则需要时时刻刻关注学生,将学生的成长和发展视为己任,同时,还要与同事、领导和家长处理好关系。若身份转换失败,那么,有些教师则会对周围人、周围环境产生厌烦、抵触,甚至

---

① 饶从满,杨秀玉,邓涛.教师专业发展[M].长春:东北师范大学出版社,2005:92.

是敌对的情绪,敷衍自己所做的工作,进而遭到学校领导或家长的追问和斥责,对自己、学生及工作造成严重的影响。

为了更好地适应小学校的工作环境,快速地进入工作状态,教师可以在以下几方面注意和完善:第一,初任教师要提前做好心理建设,完成心理上的转变是实现身份转换的第一步。做好心理建设要求初任教师在思想上走出师范院校中的学生身份,走进职场,成为社会中的职业人,逐渐形成职业人应具备的思维方式和行为方式,做好应对一切问题的准备。第二,初任教师要以合格在职教师的标准严格要求自己,不断学习和领会学校的教育理念,发现自己工作中的不足,尽最大努力向在职教师看齐。第三,初任教师要具备良好的心态,具有情绪控制和调节的能力,以积极、乐观的态度和开放包容的心态与领导、同事、家长形成平等、和谐、民主、融洽的良好关系。

2. 自我评价问题

初任教师容易以学生时代的学习成绩、同事评价,以及家长和学生的反应作为评价自身教育教学能力的标准,从而产生过度自信或妄自菲薄的主观情绪。这些过于主观的评价很容易给初任教师带来一些困扰和迷茫,在一定程度上不利于初任教师平稳、顺利地度过入职适应阶段。导致这些非客观的、不科学的自我评价的原因有以下几点。第一,初任教师将学习成绩的高低作为评价自身教育教学能力的衡量标准。一般来说,在校期间学习成绩优异的初任教师具有一定的优越感,认为自己各方面知识的学习都达到了较好的程度,于是盲目地认为自己在实际的教育教学中也能如鱼得水,信手拈来;相反,学习成绩不理想的初任教师则会产生一定的自卑感,认为学习不好是难以胜任教育教学工作的重要原因。第二,初任教师缺乏教学经验的积累,主要表现为上课时紧盯教案,以教学设计为参照按部就班地上完本节课。在这一过程中,教师往往会遇到一些意想不到的问题,这会导致教师难以及时反应并做出合理行动,产生失落感和挫败感,由此,便产生了自己能力不足,无法胜任教学工作的不正确的自我评价。第三,初任教师缺乏对学生的了解。当教师不了解自己的学生时,往往会因学生的一些反应,如不理会教师、表现平淡或不佳,而产生自我怀疑。这时,教师要知道,这种现象的出现并不代表教师自身的教学出现了问题,有可能是学生还没有完全适应新教师的教学风格。

既然初任教师会出现自我评价失之偏颇的问题,那么,建立科学、正确的自我评价标准,提高自我评价能力就变得尤为重要了。首先,初任教师要明白的是,教育教学能力的高低不仅仅与自己职前学习成果有关,还与在职的教学经验积累、教学工作反思、教师共同学习、师生关系、教师自身学习与发展等各种因素息息相关。因此,初任教师要以客观、科学的眼光合理评价自己及工作,既不盲目自信,也不过于谦卑。其次,初任教师要保持乐观、开放的心态,切忌因某件小事未做好便宣称自己没有能力,不适合做教师。需要知道的是,很多新教师正在面临的问题曾经也摆在成熟教师的面前。初任教师只有保持沉着冷静,遇事积极解决,才能不断克服畏难情绪,修炼自己。最后,初任教师还要给自己一些时间熟悉教材,熟悉学生,改进教学设计,开发教学资源,形成具有自身特色的教学风格;同时,教师还要给学生时间了解自己,适应自己的教学节奏。只有师生互帮互助才能成就彼此。

（二）教学性问题

小学教师入职适应的教学性问题是指教师在进行教育教学工作时遇到的一些问题,这些问题紧紧围绕着小学教师本职工作的主体内容——教育教学,是教师需要花费大量的时间和精力才能处理好的。小学教师的教学性问题主要包括教师的教育教学问题与班级管理问题。

1. 教育教学问题

很多初任教师在步入工作岗位后,发现实际情况与自己预想的有所不同。这种不同使得新教师在面对某些问题时无从下手,表现得不知所措。在这种情况下,若新教师非常关注并放大这种无力解决的状况时,这便成为该教师入职适应的难点之一,无力感、挫败感、焦虑感油然而生。具体来说,教育教学适应问题会通过以下几点得以显现。第一,纯粹的教学工作被各种教学事务所打扰,本应细细打磨钻研的教学成为一种"顺便"的工作。入职前,很多准教师认为自己最重要的工作便是认真备课、上课、反思,透彻地研究学生、教材和各种教学资源;入职后,他们发现,比教学更占据时间的则是要处理学校交代的各种工作事务,年级越低,问题越明显,对班主任教师来说更是如此。教师们在应对各种工作事务的同时还要保证课堂质量,导致身心俱疲,自信心和认同感大大降低。第二,教学业务知识与技能的缺乏是初任教师在入职初期教学和管理方面适应的主要障碍之一。初任教师从在校接受教育到站在讲台上成为一名教育者,是需要一定时间的。教师在刚刚接手教学任务时往往会发现,师范院校教授的教学知识与技能难以帮助自己顺利完成教学任务,他们会在备课、分析教材、设计教学方案时存在困惑。例如,不了解学生的认知情况与个性特点,不能根据师生需要灵活使用教材,课堂管理能力较差,教学思路不清晰等。第三,入职之初,初任教师的工作重心落在教学工作上,导致他们的科研意识比较淡薄,科研能力有待提升。

虽然小学教师工作繁忙,事务众多,但是面对以上问题,初任教师要认识到,这些现象是普遍存在的,每位教师在入职之初都会遇到这些问题,只要处理得当,便会顺利度过,快速适应新工作。首先,学校是一个内部有序的大集体。教师作为小学校中的一分子,必然要服从学校的安排,在做好教学工作的同时,处理好工作任务和其他事务。学校中所有的工作最终都是为了保证教育教学工作的顺利实施,只有各项内容相辅相成,教育教学工作才能取得一定成效。其次,初任教师要调整心态,善于学习。新教师在入职后,难免会遇到教学成果不理想、学生对教师不认同等多种问题。面对种种压力,教师要积极调整心态,及时排解不良情绪,多与学生、同事、前辈教师交流和沟通,在合作学习的过程中不断积累自己的教学经验,寻求解决之道。最后,初任教师可以从自身及周围事着手,在看到切实存在的教育现象后查找相关资料,将教育现象转化为研究问题,采用合适的研究方法来剖析问题,并在自己的教育实践中落实。这样基于现实研究场域的行动研究既能帮助教师解决实际问题,又能提升其科研意识和能力,可谓一举多得。

2. 班级管理问题

班级管理是每一位教师都会面对、都应做好的事情,这既是教师开展工作的前提,也是教师顺利完成教育教学工作的保障。班级情况并非一成不变,尤其是对班主任教师来说,班级管理需要教师具备一定的能力和素养来对班级中的各种资源(如人、事、时、地、物等)进行计划、组织、协调和控制。在"人"方面，主要是指教师要了解班级内的所有学生，发掘学生专长，知人善用，帮助学生扬长补短；在"事"方面，主要是指教师要处理班级内的一切事务，包括常规管理、教学活动组织、班级事务和不当行为的处理、突发事件的解决、沟通协调等；在"时"方面，主要是指每学年、每学期、每月、每星期、每天、每节课的时间运用与安排；在"地"方面，主要是指班级环境布置，学生座位编排，黑板报、读书角、学习角等设计；在"物"方面，主要是指教具、图书等班级物品的保管与使用等。① 对于初任教师来说，在接手班级之初，可能会集中面临以下问题：第一，新教师权威性不足，较难处理好班级事务；第二，新教师自顾不暇，难以兼顾课堂教学与管理；第三，新教师实践经验欠缺，解决方式僵硬；第四，新教师教育敏感度不够，未能及时、灵活、恰当地应对突发事件和特殊情况。

面对以上几种情况，初任教师首先要在心理上表示接受，知道这是每位教师都会面临的普遍存在的现象，同时，还要保持头脑冷静，遇到突发事件时不慌张，稳住阵脚。具体来说，可以从以下几个方面着手。第一，熟悉学校及班级日常管理的流程、标准和规章制度，掌握一些对待特殊情况的管理方法。第二，充分发挥学生主体的主观能动性，知人善任。同时，采取人性化的班级建设方式，实现班级管理与因材施教相结合，加强师生之间的情感沟通和柔性管理。② 第三，在学校的支持下成立教师班级管理工作室，在教师管理共同体的合作学习中提炼管理及育人的方法和策略，为最终实现学生的全面发展提供有力支撑。

（三）关系性问题

小学教师入职适应的关系性问题是指，初任教师在完成自己的教育教学工作过程中与交往对象之间的关系问题。身处学校，教师会与众多对象产生交往的需要，如学生、同事、领导、家长等。那么，这里提到的教师关系性问题主要指的是教师与学生、教师与家长之间的关系问题。

1. 师生关系问题

学生是教师最主要的交往对象，师生关系如何在一定程度上直接影响着教师的教育效果和学生的学习效果。"亲其师，信其道"，学生只有对教师怀有尊敬、信任的积极态度，在课堂上才会紧紧跟随教师，接受并认同教师的所思所想所言；同样，教师只有关爱、呵护孩子们，才能与之建立良好的师生关系，才能更好地育人育己，促进双方的全面发展。例如，刚步入职场的一些初任教师由于与学生的年龄差异较小，自然而然展现出热情洋溢、朝气蓬勃的生命样貌。他们怀揣着对教育事业的热爱与小学生"打成一片"。虽然这种师生关系刚开始的教育效果还不错，但是久而久之问题也随之而来。学生可能越来越不拿教师的话当回事，觉得该教师脾气好、好欺负，因此，扰乱课堂纪律、不按时完成作业等问题接连发生，至此，教师的权威性开始明显下降。相反，若教师对学生极其严厉，过于苛求，那么，学生也不会对教师产生亲近感和信任感，最终会对教育教学成果产生负面影响。基于以上这些问题，教师要清楚师生相处的边界在哪里，具备双方关系的边界感，把握好两者交往的"度"。过于亲密和过于疏远的

---

① 邓艳红. 小学班级管理［M］. 上海：华东师范大学出版社，2010：6-7.
② 吴兴文. 新形势下中学班主任做好班级管理工作的方法［J］. 知识窗（教师版），2022（06）：42-44.

师生关系都不利于教育活动的开展和实施。

2. 家校关系问题

孩子的成长是学校、家庭、社会等多方面因素共同作用的结果。家庭、学校、社会所形成的教育合力对学生具有非常重要的意义。但是，对于初任教师来说，与家长的沟通和交流却成为一部分教师的难题与障碍。例如，很多初任教师认为自己缺少与家长沟通的经验，不知道如何应对家长的表达和反馈，某件事情发生后选择与学生沟通，尽量不"惊动"家长。另外，在很多初任教师眼里，家长是学生教育的通力合作者和积极帮助者，家长会与自己同心同力，表现得十分信任自己并且支持自己的工作。实际上，部分家长会对新教师的工作能力表示怀疑，认为他们的教学经验和班级管理能力不如经验丰富的老教师，甚至提出"本身就是孩子的教师怎么能够教育好孩子"的质疑。不可否认，这些家校关系的矛盾和问题不可避免地出现在初任教师身上，但是，教师要能认清实际状况，充分利用自身的优势，创造与家长平等交流的机会和场域，实现协同育人应有的意义和价值。如果说，老教师最明显的优势在于其丰富的工作经验，那么，初任教师则应该表现出因接受过专业教育而具有的专业性。除此之外，与老教师相比，初任教师与学生的年龄差更小，这意味着师生之间的代沟更小，教师会更容易理解学生的所感、所思、所想，能与学生更好地共情。其实这些都是初任教师独具的优势与特点，教师只有充分利用好自身的专业素养和情感，才能与家长以更加平等、尊重、和谐、高效的方式交流和沟通，双方才能携手共筑学生未来的发展与成长。

四、初任教师成长的保障与促进

根据以上初任阶段教师面临的主要问题，下面将从三个层面提出一些措施以保障和促进初任教师的成长和发展。

（一）外部支持：参与融入共同体

我们应该明白，群体的力量远远超过个体力量之和，尤其是对于初任教师而言，若自身以孤立、单一的状态迈入职场并企图实现顺利过渡的话，在很大程度上是困难重重。伯尼尔等学者在1989年出版的一本著作中说，教师专业发展正走到一个十字路口，一个方向是延续武断的、专制的官僚组织体系，另一个方向则是转向参与，合作，分享权力与责任，扎根共同体的专业发展方式。[①] 托马斯等学者也提到，教师专业发展思想的一个重要转向就是将关注的重心从"个体的努力"转向"学习者的共同体"，在共同体中，教师通过参与合作性的实践来滋养自己的知识和智能。[②] 这启示我们，初任教师应该扎根于共同体中，借助共同体及其成员的力量帮助自己顺利度过初任期并实现向下一阶段的转向。

美国学者罗杰斯曾在《以新教师小组打破孤立》一文中介绍了美国北卡罗来纳州几个学区应用"新教师小组"推动初任教师专业发展的实例。[③] 下面以罗杰斯介绍的"新教师小组"为例，说明教师专业共同体的运作过程。[④]

---

① Bernier, McClelland. The social context of professional development. New York: The Falmer Press, 1989:19-54.

② Thomas, Wineburg, Grossman, et al. The company of colleagues: an interim report of the development of a community teacher learners. Teaching and Teacher Education, 1998,14(1):21.

③ 饶从满,邓涛.义务教育教师专业发展导论[M].长春:东北师范大学出版社,2015:195.

④ ROGERS,BABINSKI. Breaking through isolation with new teacher groups. Educational Leadership, 1999(8):38.

北卡罗来纳州从1995年开始成立新教师小组。最早的一个小组有来自4所学校的5位教师,到第二年又增加了8个小组共49人,以后,小组数目不断增加,这些小组多在3~8人之间。小组成员通常每半个月召集一次,每次的组织由1~2位促进者来完成,他们没有评价教师的权力,他们的角色是鼓励对话和思考,引领问题的解决。小组活动是以问题为中心展开的,一个成员提出自己的问题,在促进者的引领下,小组成员一起帮助这位教师分析和解决问题。一个2小时的小组会议通常包含以下步骤:

（1）每位教师简要地谈一下最近教学中遇到的问题或者分享一个成功的故事（15分钟）；

（2）上一次会议提出问题的教师作一个汇报（20~30分钟）；

（3）两位或三位教师提出问题（2分钟）；

（4）小组成员和提出问题的教师共同参与问题的解决（每位教师20~30分钟）；

（5）促进者让教师写下会议的简要评价（5~10分钟）。

当然,这种程序并非一成不变,促进者会根据实际情况进行调整。许多参与者认为,这种形式为他们提供了讨论和反思自己的教学的机会,加深了对教学专业的理解,并从问题解决的反馈中理解教学,获得新思想。

（二）人际帮助:向指导教师取经

由于初任教师的经验较少,教学的实际情况又远比他们想象的复杂多变,若凭借自身的不断尝试来积累经验的话,无疑会延长初任阶段的时限,由此来看,向资深的指导教师讨教经验是一种非常直接、有效、省时的低成本学习方式。初任教师与指导教师结成"老带新"组合,双方通过观察、交流、对话、研讨等互动,在一定程度上有利于帮助初任教师快速地熟悉工作环境和规章制度,减轻心理压力,与同事、领导形成融洽的人际关系,高效地解决一些教学问题,缩短了步入职场的适应期。同时,指导教师在此过程中展现出来的为人师表、认真从教的专业信念和精神,以及强大的人格魅力,也在潜移默化中使初任教师不断向学习榜样靠近。

学者琼森在《成为有效的指导教师:怎样帮助初任教师获得成功》一书中提出六种教学指导策略:直接协助,示范,教学观察和反馈,协助制订专业发展计划,非正式接触,角色楷模。[①] 接下来以"示范"和"教学观察和反馈"两种指导策略为例进行具体介绍。

1. 示范

指导教师对初任教师的指导包括方方面面,从穿着打扮、言行举止到课堂教学、人际交往。其中,最重要也是最常见的就是指导教师的教学示范。一个完整的教学示范活动应该包含以下四个环节。[②]

（1）指导教师与初任教师同备一节课,并写下教案。

---

① Jonson K F. Being an effective mentor: how to help beginning teachers succeed. Thousand Oaks, CA: Corwin Press, 2002:76.

② 饶从满,邓涛. 义务教育教师专业发展导论[M]. 长春:东北师范大学出版社,2015:201.

（2）初任教师观摩指导教师的教学，并详细地记录。

（3）指导教师与初任教师共同研讨这一节课，这是教学示范很关键的一个环节。在这个环节，指导教师要进行"说课"，就本堂课的设计思路详细地说明和解释，这样初任教师能够更为深入地理解指导教师教学行为背后的思维过程。另外，初任教师还需要将指导教师的教学设计与自己的进行对比，找出异同，分析优劣，并就产生的问题和疑惑展开讨论。

（4）初任教师对自己的备课教案进行修订，并通过上课，对指导教师所教的方法和技能进行验证和体会，发展出自己的能力和方法。

2. 教学观察和反馈

教学观察是指指导教师利用各种观察工具，观察并记录初任教师的教学过程与内容，并对此进行分析，这成为后续反馈的素材和基础。需要注意的是，指导教师的教学观察和记录一定要真实完整并且追求细节，如此一来，观察和记录的工具与方式就很重要了，常见的有手写记录、录音录像、收集初任教师的教学设计等。指导教师需要根据需求和实际情况来选择恰当的工具和方式做好教学的观察和记录工作。

反馈是指教学观察结束后，指导教师对初任教师的教学情况做出回应，包括教学设计的意图、课堂教学的闪光点和不足之处等。同时，初任教师也可以就自己在课堂上遇到的突发状况或处理不当的内容与指导教师交流讨论，共同生成解决办法或改进建议。值得注意的是，反馈的作用非常重要，初任教师是否能够对自己的教学有一个清晰的认知，是否在某一方面具备应该树立的意识，在很大程度上依赖于指导教师这一旁观者的反馈和回应。

（三）自我成长：成为实践性研究者

在保障与促进初任教师适应与成长的策略方面，除了前文提到的外部支持与人际帮助，更为重要的是初任教师自身的学习与发展，这是教师适应工作环境，顺利从初任阶段向下一阶段过渡的内在动力。在这里主要介绍的是教师的教学反思与自主学习两个方面。

1. 教师的教学反思

严格意义上的研究有着明确的研究目标，选择严谨恰当的研究方法，采用科学的研究工具，实施周密的研究进程，最终得出有价值的研究结论。从实际情况来看，初任教师深耕教学一线，他们的时间和精力有限，若要按照研究的要求实施自己的教学研究，在一定程度上是不现实的。但是，这并不意味着初任教师不能开展教学研究，教师可以采用反思的方式来进行。研究始于反思，为了实践而反思，最终指向教学实践。在这一过程中，教师既是规划者又是执行者，是实践者又是跳出自身教学的旁观者。教师站在学生的立场，通过对学习目标、学习内容、学习方法、学习评价等方面进行反思，提炼问题，分析问题，提出解决策略，从而不断改善和提升自己的教育教学能力。

从反思的方式上看，初任教师可以采用课后反思、教学日志、教育故事等方式来记录。从反思的内容上看，教师可以选择提问的形式回忆和反馈本节课的教学，例如，本节课教学目标确定的依据是什么？目标达成的效果如何？如何评价学生的学习成果？除了从技术理性的视角进行反思，还可以从情感性、意义性方面审视自己，例如，我是否关注到了每一位学生？他们这节课的学习状态如何？学习氛围为什么没有预期的那么愉悦？学生是否真正享受这样的课堂教学？教师通过提问并对此做出回答的过程其实也是在了解自我及教育教学,形成自我理解和教育价值观念的过程。

2. 教师的自主学习

费曼-纳姆塞指出,学习教学应该被视为一个延续教师整个职业生涯的连续过程。[①] 国际21世纪教育委员会向联合国教科文组织提交的报告中也提出,他们(教师)的入门培训对他们的余生来说是不够用的,他们必须在整个生存期间更新和改造自己的知识和技术。"[②]不管是初任教师还是资深教师,学习都应该成为他们专业成长的重要途径之一,尤其是对于专业知能不足的初任教师来说,自主学习变得更为重要。

初任教师可以选择的自主学习方式之一便是阅读。教师是一个需要及时更新理念与知识,不断充电的职业,阅读便可为教师提供最新的理论概念,在思想上纠正某些理念偏差。初任教师阅读的过程,是与名家和学者进行思想对话的过程。这种思想上的碰撞能够拓宽教师的视野,丰盈其内心世界,提升教师思考问题的广度和深度,从而在一定程度上改善他们在深刻性、系统性、批判性、敏捷性和创造性等方面的思维品质。当然,需要注意的是,教师最好选择经典且权威的书籍,避免被某些未加论证的言论和主张所左右。另外,教师还要养成阅读的好习惯,保持阅读的长期性,久而久之这种生活习惯会反过来滋润教师的心灵,同时也会在潜移默化中对学生发挥教育引导作用,双方皆受用。

本章小结

本章介绍了《小学教师专业标准(试行)》的制定依据与定位;呈现了《小学教师专业标准(试行)》的四项基本理念:师德为先,学生为本,能力为重,终身学习。这是贯穿《小学教师专业标准(试行)》始终的指导思想,是支撑初任教师成为合格教师,进而促进其专业长久发展的精神指向。本章重点解读了《小学教师专业标准(试行)》在"专业理念与师德""专业知识""专业能力"三方面对教师提出的各项要求。此外,本章还重点列举了教师在工作初期会遇到的入职适应难点,以及相应的可供参考的解决要点,这些问题主要包括教师的自我性问题,如身份转换问题和自我评价问题;教学性问题,如教育教学问题和班级管理问题;关系性问题,如师生关系问题和家校关系问题等。在意识到问题现实存在的基础上积极寻求解决策略,有助于小学教师在专业成长和发展过程中成就更好的自己。

第六章
思考题

第六章
思考题参考答案

① FEIMAN-NEMSER. From preparation to practice: Designing a continuum to strengthen and sustain teaching. Teachers College Record, 2001(103):1013-1055.

② 国际21世纪教育委员会. 教育:财富蕴藏其中[M]. 北京:教育科学出版社,1996:142-143.

第七章　职后小学教师专业发展

理解从新手教师到专家教师的成长时期与起步时期,明确教师成长的条件保障,能够批判性地思考如何成为研究者,进而推动自身专业发展。了解小学教师职业发展规划的过程,初步学会规划自身的职业发展,学会调适自身的心理状况,掌握推进家校合作协同育人的实践路径。

1. 识记

◆ 常规水平的胜任;创新水平的胜任

◆ 职业发展规划类型及制订的基本原则

◆ 教师心理健康

2. 领会

◆ 教师成长的条件保障

◆ 教师职业发展规划的内涵、特点、原则

◆ 教师心理健康问题及影响因素

◆ 家校合作协同育人的基本特征及意义

3. 应用

◆ 结合实际,学会初步规划自身的职业发展,谈谈教师职业发展规划的实现方法

◆ 结合实际,解释说明影响教师心理健康的因素

◆ 结合实际,掌握教师职业压力与职业倦怠的应对策略

◆ 结合实际,解释说明家校合作协同育人的实践路径

8 学时

22 岁的马老师任教于某重点小学,她刚从大学毕业,到学校上班 3 个月后却无法适应职业生活并产生抑郁情绪。据同事介绍,她刚到学校时挺活泼的,但是最近一个月来,她总说走上讲台不知道讲什么,后来睡眠也不好,平时也不爱说话了。学校校长说,她给自己的压力太大,多次向校领导提出,感觉上课很吃力,但校领导去听了她的课后觉得还不错。她的一位大学同学透露,马老师是一个典型的完美主义者,工作后感觉压力很大,经常失眠。请思考:马老师究竟为何无法适应职后生活? 职后小学教师专业发展包括哪些方面的内容?

第一节　从新手到专家：教师的专业成长

不同的领域决定了该领域的专长和特点。了解教师专业成长的过程,是为了明确新手型教师与专家型教师之间的差异,确定在教学领域专家型教师所需的素质,明确新手型教师向专家型教师转变的规律,有助于新手型教师尽快成长为专家型教师。

一、教师的成长周期

（一）教师职业的成长周期

休伯曼认为，教师的专业发展过程实际上是教师职业生命自然"老化"的过程，其阶段的划分以生命变化周期为标准。根据职业生命的"老化"过程，教师的专业发展过程可以分为五个阶段。

第一个阶段为任职期，在任教的第1~3年。处于此时期的教师，一方面由于缺少基本的教学经验而对教育教学无所适从，对未来的教师职业生涯缺少信心，另一方面由于有了属于自己的教学对象、教学方案，逐渐被同行所接受而表现出积极、热情的工作态度。

第二个阶段为稳定期，在任教的第4~6年。处于此时期的教师逐渐适应并掌握学校常规，初步形成了属于自己的教学风格，对教师职业具有一定信心，对所应承担的专业责任比较了解。

第三个阶段为尝新和自疑期，在任教的第7~18年。处于此时期的教师在积累了较多的专业经验之后，试图对现状有所改变，或不断改进自身水平而使自己更胜任教师职业，或因为对教师职业的疑虑加重而选择离开。

第四个阶段为保守期，在任教的第19~30年。处于此时期的教师由于对教师工作越来越熟悉，因此专业热情不断消退，或依靠资历安逸地从事教学工作，或远离教学工作，或抵制变革。

第五个阶段为准备退休期，在任教的第31~40年。处于此时期的教师面临着职业生涯的结束，对他们来说，任何改变都没有意义。

在休伯曼的研究中，工作时间越长的教师职业倦怠感越强。[①]

美国学者利思伍德认为，教师专业发展过程和教师心理发展水平是密切相关的。以人的心理发展水平为依据，他提出教师专业发展具有四个阶段。

第一阶段为"单纯"时期，处于此时期的教师对任何事物的判断均有非黑即白的倾向，把权威当成行为的最高准则，反对求异思维。

第二阶段为"墨守成规"时期，处于此时期的教师特别易于接受他人的安排，在专业上依靠传统课堂的特征、教学规则行事。

第三阶段为"尽心尽职"时期，处于此时期的教师已经将规则内化，能够认识到依照具体情况灵活掌握规则的必要性。

第四阶段为"独立"时期，处于此时期的教师较有主见，对规则的运用更加灵活。

利思伍德指出，教师在任职之后，职业心理是不断成熟的，专业发展也日臻完善。

尽管不同的研究者对于教师职业的成长周期看法不一，但是有三点是值得注意的。

（1）新教师对于教育职业的热情是最强烈的；

（2）如果缺乏有效支持，新教师的专业发展很容易陷入停滞；

（3）职业成长周期描述的是共性，而个别教师的成长轨迹带有个性色彩。

---

① 程红艳，董英.新教师的专业发展[M].武汉：华中师范大学出版社，2011：146.

（二）从新手到熟手：常规水平的胜任

1. 新手型教师的特征

（1）认知。新手型教师的课堂教学基本上是一个按部就班的过程，他们对课堂的调节能力不强，更多的是以自己准备好的教学内容为中心。

（2）人格。热情、外向等是新手型教师具有的明显特征，环境变化给自身带来了情绪上的兴奋、激情，以及展示自我与希望得到认可的心理，进而体现在工作热情上。

（3）工作动机。新手教师的工作动机以成绩目标为主，即更为关注外界对其教学状况的评价，更关心的是能否向他人证明自己的能力，解决生存问题是其关注的焦点。

（4）职业心理。在教师职业承诺和教师职业倦怠方面，新手型教师和熟手型教师没有不同且都不如专家型教师，即职业承诺上低于专家型教师，而职业倦怠上高于专家型教师。

2. 新手型教师的成长阶段

（1）"自我"阶段的新手（从教后的 1~2 年），其特点是注重表现自我，外部动机强烈，正在形成对教学的初步认识。

（2）"领会"阶段的新手（从教后的 3~5 年），其特点是获得了最初的教学经验，初步胜任教学，同时也领悟到了教学的复杂性，了解到成长为一个优秀教师的艰辛。

经过 3~5 年的教学实践，大多数新手都可以顺利地进入熟手阶段，但也有少数教师开始对自身的职业选择产生怀疑，教学热情下降，缺乏工作的主动性。教师成长的重要时机在实际教学中，所教的学科知识与教学知识在教师个人教学经验中得以融合，教师便会获得在常规水平上熟练处理教学问题的胜任能力。[①]

（三）从熟手到专家：创新水平的胜任

1. 熟手型教师的特征

（1）认知。熟手型教师在课堂中的教学策略水平较高，基本的教学操作程序已熟练掌握，能胜任常规水平的教学，但对全过程的监控能力、教学机制不如专家型教师。因而，熟手型教师的教学创新水平不高。

（2）人格。熟手型教师具有随和、乐群、宽容的人格特点，但情绪稳定性和自我调节能力不如专家型教师。因而，熟手型教师的专业发展自主性不强。

（3）工作动机。熟手型教师的成就目标以任务目标为主，对教学问题的理解更深入。但个人内部动机不强，教师角色信念还可能动摇，从教学工作中获得的乐趣与满足感也不如专家型教师。因而，熟手型教师的工作满意度不高。

（4）职业心理。熟手型教师在职业承诺上低于专家型教师，在职业倦怠水平上高于专家型教师。主要表现为情感投入程度不如专家型教师，教师职业的责任感、荣誉感、义务感和成就感不如专家型教师。因而，熟手型教师的教师职业信念还未牢固确立。

2. 熟手型教师的成长阶段

（1）"任务"阶段的熟手型教师（从教后的 5~6 年）。此时期的教师已经具有了对教学的基本胜任能力，能有序安排自己的教学活动，对教学能力有自我肯定的态度，开始成为承担繁重教学任务的骨干教师。

---

① 连榕.教师专业发展[M].北京:高等教育出版社,2007:105.

（2）"问题"阶段的熟手型教师（从教后的 7~10 年）。此时期的教师有了职业单调重复等感受，此阶段也是教师最容易出现心理问题的时期。多数教师通过自助和他助能解决问题，但也有少数教师由于问题无法解决，而发展成问题教师，在教学过程中易出现情绪多变、行为失控的现象，严重的最后直接进入职业衰退期。

（3）"稳定"阶段的熟手型教师（从教 10 年以后）。在组织帮助和个人努力下，解决了前一阶段的问题后，教师的成长稳定在一个较为平缓、平静、平和的时期，形成了在常规水平上对教学的较高的胜任能力。

在成长为熟手型教师后，教师继续成长为真正的专家教师还需要 7~10 年左右的教学实践，成长的关键在于熟手型教师的教学发展能否从常规水平的胜任提升到创新水平的胜任，[1]其核心问题在于教学专业能否在熟练的水平上得到新的提高。熟练意味着教师对常规教学问题的处理已经达到很高的水平，具有处理教学问题的知识结构，具有调节教学行为的内在机制。当一个熟手型教师能在熟练的水平上逐渐具备了这些特征，他就成为一名在创新水平上胜任教学的专家型教师。

（四）专家型教师的继续成长

1. 专家型教师的特征

（1）认知。教学策略以课前计划、课后评估、反思为核心。与熟手型教师相比，专家型教师善于对教学计划进行评估和反思，进而改进创新教学。

（2）人格。专家型教师具有鲜明的情绪稳定性、自信心和批判性强的人格特点。与熟手型教师相比，专家型教师能够更好地控制和调节自己的情绪，理智地处理教育教学中的各种问题。

（3）工作动机。专家型教师具有强烈且稳定的内在工作动机，主要表现在他们把教学工作当作一种乐趣，真正热爱教学工作，把教育当作自己的终身追求。在教学工作中自觉性高，能够主动研究教育教学过程中出现的问题。

（4）职业心理。专家型教师对教师职业的情感投入程度高，职业的义务感和责任感比较强。与新手和熟手型教师相比，专家型教师更加热爱教师职业，对工作负责，不断追求教师事业深层次的价值所在。[2]

2. 专家型教师的成长阶段

（1）"创新"的专家型教师（从教 10~15 年后）。此时期的教师具有丰富的和组织化的专门知识，解决教学问题的效率高，对教学问题的洞察力强。

（2）"领军"的专家型教师（从教 15~20 年后）。此时期的教师对所在学校、所在地区的教学改革和发展有很大的影响力，成为某一学科或某个地区教学的领军人物。

新手型教师、熟手型教师、专家型教师的比较如表 7-1 所示。

表 7-1　新手、熟手、专家型教师的比较

比较项	新手型教师	熟手型教师	专家型教师
教学策略	以课前准备为中心	课中教学熟练操作	以课前的计划、课中的灵活处理、课后的反思为核心

① 连榕.教师专业发展[M].北京:高等教育出版社,2007:107.
② 连榕.教师专业发展[M].北京:高等教育出版社,2007:110.

比较项	新手型教师	熟手型教师	专家型教师
工作动机	以绩效目标为主	以任务目标为主	以内部动机为主
职业心理	承诺低、倦怠高	承诺低、倦怠高	义务感强、成就感强、责任感强

（五）从新手到专家：教师的专业成长

新手型教师→熟手型教师→专家型教师的成长，初步刻画了专业视角下教师的专业发展，以此为基础的教师教育可以形成促进新手型教师尽快成为熟手型教师、熟手型教师尽快成为专家型教师的不同模式。

1. 从新手型教师到熟手型教师的促进，构建初级教师教育模式

课堂中基本教学技能的熟练掌握是新手型教师转化为熟手型教师的关键，而影响这种转化最重要的因素是任务目标定向成为重要的工作动机。因此，新手型教师应将注意力集中于教学的内在价值认同上，树立现代教师角色观。充分发挥重视课前准备策略的优势，使之能与课中策略有机地结合起来，促使自身尽快地获得调节课堂教学行为的程序性知识。

2. 从熟手型教师到专家型教师的促进，构建高级教师教育模式

高水平的课后评估和反思能力是熟手型教师转化为专家型教师的关键，而影响这种转化最重要的因素是情绪稳定、善于自我调节等人格特点的形成，对教师职业高水平的情感和规范承诺，具有强烈的职业义务感、责任感。因此，熟手型教师应重视理智调控自己情绪的能力，加深对教师职业的情感认同，重视教师职业角色的自我完善，形成职业自尊和自信，从而不断获得成功的体验。

二、教师成长的条件保障

（一）教师专业发展的基础条件

教师自身的投入是影响教师专业发展的基础条件，教师投入不仅仅是指教师花在教学、教学研究上的精力和时间等，更主要的是指教师对教学的全身心参与，以及以教学活动为职业发展基础的心理状态。教师投入可以分为教师信念状态、教师情感投入、教师教学投入等几个方面。

教师信念状态反映的是教育者对教师职业的综合心理态度，包括对什么是好教师的判断、自己能否成为一名好教师、自己愿为成为好教师付出多少努力等方面的态度情况。教师信念的形成过程是长期的，贯穿职前职后的始终。师范生在校的学习是教师信念形成的起点，个体经验回溯、相关阅读、深入教育现场等都是教师信念形成的基本路径；教师情感投入是指教师运用心理活动中的情感活动规律，借助语言、文字、面部表情等方式向学生传递感情信息，进而实现师生相融的一种心理活动；教师教学投入是教师的核心工作，也是教师专业发展的主战场。教学投入关注的是教师投入的具体操作层面，考查的是教师通过伙伴学习、教学练习、教学反思等各种手段持续改进教学的积极程度，它反映了教师对促进自我教学发展的重视和教师对本职工作的态度。

（二）教师专业发展的制度保障

制度是一种重要的教育资源，在教师专业发展方面也不例外。教师专业发展贯穿终身，具体可以分为职前、入职和职后三个发展阶段。不同阶段的教师专业发展支持

性制度以及要解决的核心问题不同,大体可以包括七个方面的内容,具体见表7-2。

表7-2　不同阶段教师专业发展制度的内容

维度	职前学习保障				入职资格确认	职后发展保障	
具体制度	教师专业标准	教师教育机构认证制度	教师教育课程设置制度	教师教育者队伍建设制度	教师资格证制度	继续教育制度	专业发展评价制度
制度目标	明确教师专业发展的目标	规定什么机构有资质培养教师	说明教师职前培养的过程应该怎样	规定教师培养的组成结构问题	对教师职前学习结果的评价	为教师专业发展提供物质和智力资源	帮助教师确认自身专业发展阶段

三、教师成为研究者:推动专业发展

(一)教师成为研究者的意义

教师作为研究者,以研究的态度、行为对待教育教学工作,意义重大。

(1)教师的教育教学研究有利于教育理论与教育实践的衔接,有利于教育教学质量的提高,有利于教师教育教学工作的规范化和科学化。

教育要获得长足发展,其第一推动力显然是教育科学,而不是依赖加重师生负担来发展教育。只有教育科学真正成为教育的第一生产力,教育的时代性、先进性才能得以维系。教育科学研究,尤其是以教师为主体的教育科学研究才能将教育理论与教育实践二者有效地沟通起来。因为,教师是在最普遍的教育实践层面参与教育教学活动,并以自己的态度、知识、人格、意志、情感对教育结果产生最大影响的系统因素。该主体对教师概念的认定、对教育科学内化的程度,都直接影响教育效果。在教育领域,教师从事教育研究,能够更有效地实现教育理论与教育实践的沟通与衔接。这不仅有利于教育教学实践中实际问题的解决,也将能够有力地推动教育教学质量的提高,并最终促进学生的成长与发展,使教育工作逐步走向规范化与科学化。

(2)教师的教育教学研究也是教育科学繁荣的需要。

专家的教育教学研究与教师的教育教学研究各有特点,不能以前者代替后者,教师研究所表现出的实践生命力是专家的教育教学研究所无法比拟的。更何况传统的教育教学研究由于缺乏教师的参与,对教育教学实践越来越显得不可靠、不真实和不民主。从这个意义上来说,教师的教育教学研究是教育科学发展不可或缺的重要力量,是教育科学繁荣的需要。

(3)教师的教育研究有利于教师嵌入式学习的发生与教师专业发展的促进。

嵌入式学习是指在教育研究的过程中发生的学习。所谓嵌入是镶嵌之意,即学习是在教育研究的过程之中发生和存在着的。镶嵌性的特点决定这种方式的学习是和具体的问题情境耦合在一起的,是在解决一个具体问题情形下发生的学习。

(二)教师开展研究的目的

任何教育研究都有一定的目的性:教育研究以实践为中心,更注重过程对教师行为的诊断,注重培养教师的反思意识与研究能力。教育研究的根本目的在于改善小学教师的实践,帮助小学教师反思自己的教育理论与教育实践的联系,将实践研究与小学教师教育背景紧密相连,使研究能在实践的改善中起直接的作用。教育研究以学习为中心,教师在这个过程中是一个不间断的学习者,通过对自己教育教学行为直接或间接的观察与反思,通过与专业研究人员或其他合作者的交流,不断加深对自己实践的理解,并在这种理解的基础上提高和完善自己以及自己所从事的教育实践。

从"以实践与学习为中心"的观念出发,以教师自身教育实践行为的改善为研究的目的,需要小学教师将研究的重点放在发现问题与改善实践上。

（三）教师开展研究的内容

教育研究是一种以日常的小学教育实践问题为直接指向的研究,它关注的是已经发生或正在发生的教育行动,谋求的是未来教育行动的改善。因此,教育研究的课题主要来自教师们实践中所遇到的问题。对于作为研究者的小学教师来说,从自身的实践中发现问题并以此作为自己的研究课题,是其确立研究课题的基本思想。当教师对问题不停留在直觉或经验上,而是试着做一些有计划的收集、分析、比较时,或试着有计划地对某些问题在行动上进行探索、寻找解决问题的方法时,教师便开始扮演研究者的角色了。对小学教师而言,开展教育研究更多的是借助观察记录、日记、案例、作文、访谈纪要、教历等材料来进行研究。

（四）教师开展研究的实践路径

从根本上来说,一个教师能否扮演好研究者的角色,关键在于教师能否发现问题。教育研究离不开作为研究者的小学教师自身对实践的体验、反思与改进,他人所提供的理论、技术上的支持等都要有一个研究者自身的"内化"过程,教育实践的改善及对教育实践的研究是他人无法取代的。但围绕着小学教师如何开展教育研究,如何通过研究真正改进教师实践等问题一直是实践的难点。①

1. 行动研究

20 世纪 70 年代,英国著名课程学家斯腾豪斯倡导行动研究,倡导"教师即研究者",使"教师成为研究者"。行动研究是教师从自己日常工作中的问题出发,在外部协助者的帮助下,旨在解决这些实际问题而进行的"确定研究问题—分析问题—制订行动计划—实施计划—评价行动效果—确定新的研究问题"的一个循环研究过程。行动研究要素有四个:一是参与,即研究者也是行动者;二是合作,即小学教师之间的彼此合作或小学与大学、研究院所携手合作;三是改进,研究会促使教师行为的变化;四是系统,尽量使用科学的方法对问题进行持久研究,而不至于让研究变得过度随意。

行动研究始于教师反思,教师反思是聚焦自己特定教育教学情境的经历、体验与感悟,将教育教学活动本身作为意识对象,不断对自我及教学进行积极主动的计划、检查、反馈、调控的行为。教学日志是促进教师提升反思能力的有效手段之一,一篇好的教学日志大致可以归纳如下:记录教学中比较有效的、能达到预期目的的做法或者教学过程中出现的疏漏之处、失败之举。例如,课堂教学中应变得当的措施,层次清楚、条理分明的板书,某些教学思想和方法的渗透与应用过程,教学方法上的改革与创新,

---

① 胡惠闵,王建军.教师专业发展[M].上海:华东师范大学出版社,2014:266.

等等。教师可以将这些详细地记录下来,供以后教学时参考使用,并可在此基础上不断改进、完善,推陈出新。

2. 案例研究

案例是以真实教学状况和事件为基础的叙述性档案。案例研究可以是针对教育事件或者个别或少数学生的研究,针对教育事件的研究通常被称为叙事研究,针对个别学生或少数学生的研究被称为个案研究。

教育叙事是对教育生活和教育事件的描写,甚至可以是某些人物的教育传记。教师做的叙事研究应提炼出一个鲜明的主题与背景,它通常应关系到课堂教学的核心理念、常见问题、困扰事件。简单来说,叙事以一个能启发人深入思考的故事为中心展开,故事虽然特殊,但它准备揭示的问题往往是具有普遍意义的,或关涉诸多主题中意义最为重大的主题。

教师在教学工作中常常会面对一些有特殊需要的学生,如缺乏学习动机、具有特殊才能的学生等,这些学生常会让教师苦恼,适合于一般学生的做法在他们身上似乎失效。他们对教师的工作提出了问题,问题实际上就是所有研究的开始。因此,针对这些特殊学生的教育,可以是一个很好的个案研究。个案研究分析一般包括描述情境、收集资料、结果和讨论。

3. 问题研究

案例研究针对某一个具体的、特定的事件,并不具有普适性;"问题研究"试图把个案研究上升到对一般教育问题的讨论,①从自我叙述的主观式研究上升到具有一定普遍意义的客观式研究,从而更好地理解案例背后更为深远的教育意义与目的,提高教师理性思考水平。

问题研究顾名思义就是一种旨在发现问题与解决问题的研究。这类研究其基本程序是:②

(1)问题的发现和界定。

(2)问题的成因或症结。

(3)问题的解决。

(4)反思与讨论。

这类问题研究具有以下三个特点:③

(1)教师"在教育中"研究教育:在工作中发现问题,研究问题,解决问题,不脱离自己的教育工作另搞一套。

(2)教师"通过教育"研究教育:通过教育工作来检验自己对教育问题的看法是否正确,检验自己解决问题的设想和办法是否有效。

(3)教师"为了教育"研究教育:为了改善自己的教育和教学工作去研究教育问题。

研究的原始动机或出发点是使自己的教育行为更加合理,更加有效。所以,不但

①　陈桂生.到中小学去研究教育:教育行动研究的尝试[M].上海:华东师范大学出版社,2000:35.

②　陈桂生.到中小学去研究教育:教育行动研究的尝试[M].上海:华东师范大学出版社,2000:11.

③　陈桂生.到中小学去研究教育:教育行动研究的尝试[M].上海:华东师范大学出版社,2000:308.

需要研究自己成功的教例,而且需要反思自己失败的教例。研究报告中不但有反思,而且有提出改善行为的进一步设想,或者充分吸纳同事的意见和建议。①

第二节　小学教师职业发展规划

一、教师职业发展规划概述

(一)教师职业发展规划的必要性

我们对教师职业发展有两种基本理解,一种将之理解为教师专业成长的过程,另一种将之理解为促进教师专业成长的过程。② 无论将教师职业发展看作教师专业成长的过程,还是促进教师专业成长的过程,教师都是职业发展的主体。

1. 作为教师专业成长过程的教师职业发展

作为教师专业成长的过程,教师职业发展概念隐含着多重意思,其中最为核心的一层意思就是:教师是职业发展的主体。首先,教师应当拥有职业发展的自主权,即教师能够根据自己的实际情况,选择适合于自己的发展领域和学习内容,确定适合于自己的发展目标。其次,教师必须对职业发展进行自我管理,运用目标来评估、监控自己的发展水平和过程,调整开展的活动和策略,以更好地提升自己的专业水平。最后,教师是职业发展的主体还意味着教师需要学习的自觉。教师职业发展最终取决于教师自身的学习,尤其是在日常的专业生活中,从自己的经验中学习,能将职业发展与日常的专业生活紧密地结合在一起,能将学习、探究、反思、合作当作自己的生活方式。

2. 作为促进教师专业成长的教师职业发展规划

作为促进教师专业成长的过程,隐含着"教师是职业发展的对象"的意思。众多为教师提供的职业发展机会都是以教师为对象的,但是,承认教师是职业发展的对象,并非否认教师在这种职业开展活动中的主体作用。在教师的职前教育中,尽管有教师教育者的指导乃至直接教学,但作为未来教师的师范生依然是学习的主体,对自身当前的学习和未来的专业发展起决定性作用。

总而言之,教师职业发展规划必然是教师自我导向、自主驱动的结果,能从所遭遇的一些真实问题中发现自己的缺陷与需求,能从教育改革的方向中找到自己的发展方向和发展目标,合理设计和安排自身的职业发展过程,成为一个自我导向、自我驱动、自我调控的发展者。因此,教师职业发展需要教师对职业发展的环境、个人的职业需求和发展水平进行全面深入的分析,在此基础上进行职业发展的自我设计、自我规划。

(二)教师职业发展规划的特点

作为一种专业性的职业,教师职业发展规划具有自身的特点,这些特点体现在以下方面。

(1)个体性。在设定专业发展目标、制订实施计划时,教师要客观分析自我特点和外界环境因素,有针对性地制订个人专业发展计划。

(2)科学性。教师职业发展规划一定是基于教师专业发展标准,基于对自身专业

---

① 陈桂生.到中小学去研究教育:教育行动研究的尝试[M].上海:华东师范大学出版社,2000:12.
② 傅道春,林奇青,齐晓东.中国杰出教师行为访谈录[M].上海:上海教育出版社,1995:204.

发展阶段和外在环境客观认识而展开的。

（3）可行性。教师在制订职业发展规划时，要对自己和外界环境进行全面、客观分析，选择适合自己并且能够实现的专业发展目标。

（4）发展性。教师职业发展规划是"比较全面的长远的发展计划"，一方面要严格遵循规划既定的步骤和要求，另一方面又要根据自身的专业发展状况及时调整。

（5）可评价性。教师职业发展规划既是教师反思自我专业成长的重要依据，也是学校检验教师职业发展规划与实际发展吻合程度，从而促进教师专业发展的重要手段。因此，教师职业发展规划应该思路清晰、目标明确、可操作性强，以便于教师自我评价和学校管理者评价。

二、教师职业发展规划过程

（一）教师职业发展规划的类型

教师职业发展规划可以从两个层面上来理解：一是作为一个过程的教师职业发展规划，即教师独立或在他人的帮助下对自身的职业发展各方面进行设计和计划的过程；二是作为一个结果的教师职业发展规划，即教师对自己的职业发展目标、策略进行设计所获得的产品。①

1. 整体规划和单项规划

教师的职业发展所涉及的专业领域是极为多样的，涉及对教师专业素养各个方面、各个领域的设计和规划。对自身职业发展做出一个整体设计的规划就是整体规划。

对于某个特定的教师，或者在职业发展的某个特定阶段，教师可能具有特定的职业发展需求和目标。比如，某个教师承担了教研组长的角色，要负责试卷的编制，而在这一方面他缺乏相应的知识技能基础，他就可能制订一个该领域的规划。这些涉及职业发展某一方面的规划就是单项规划。

2. 短期规划和长期规划

教师职业发展是一个终身的过程。作为一个教师，需要有长远的目标，因为只有长远的目标才能为自身的职业发展提供方向感。对自身五年、十年的职业发展，或从现在到今后职业终结的整个职业生涯的发展过程进行规划，得到的产品就是长期规划。

长期规划能够保证职业发展的方向，让今后自身的职业发展朝着确定的方向前进，但相对比较遥远的目标可能会给自身的职业发展带来一些不良的影响，它可能让我们在经过一定时间的努力之后不能清晰地看到目标的逼近，依然觉得目标很遥远，从而可能失去职业发展的动力。因此，长远的目标需要分解成多个阶段目标，所以也需要经常开展短期规划，即为实现长远目标中的阶段目标或较为短近的目标而设计的规划。这些短期规划可以是年度规划，也可以是3~5年的规划，当然也可以是几个月甚至几周的规划。具体的规划周期长短取决于个人目标的长远程度。②

---

① 胡惠闵，王建军. 教师专业发展[M]. 上海：华东师范大学出版社，2014：132.
② 胡惠闵，王建军. 教师专业发展[M]. 上海：华东师范大学出版社，2014：134.

（二）教师职业发展规划制订的基本原则

教师职业发展是持续教师一生的过程,作为一种专业性职业,其职业发展规划的制订有自身特点,主要包括以下原则。

（1）主体性原则。教师要主动寻求职业发展规划实现的各种途径,积极参与各项专业发展活动,将专业发展活动与学科教学内容、与学生的不同需要结合起来。

（2）连续性原则。教师要系统看待自己专业发展的整个历程,保持阶段目标与长远目标相适应,保持各个发展阶段的持续连贯。

（3）可行性原则。教师职业发展规划中的目标设计应该超越教师现有的专业发展水平,具有一定的挑战性,需要教师付出一定的努力才能实现。

（4）动态性原则。教师职业发展规划目标应从实际出发,充分考虑到个人、社会和学校环境的特点与需要,与社会、学校的需求协调。

（5）可评价性原则。教师职业发展规划应该有明确的时间限制或标准,以便评价检查,帮助教师随时掌握职业发展规划的执行状况,为修改职业发展规划提供参考依据。

（三）教师职业发展规划制订的基本程序

良好的职业发展规划,能够促进教师持续发展和成长,因此,每个教师都要制订职业发展规划,只有这样才能成为自己职业生涯的设计师。一般而言,教师职业发展规划的制订包括以下内容。

1. 描述常规信息

职业发展规划是个人化的,必须符合自身的特定情况,包括对自身工作岗位（管理、教学）情况的描述等。

2. 自我评估

自我评估就是对自己的兴趣、能力、需要等个性因素进行全面的分析,诊断自己所存在的问题,充分认识自己的优势与缺陷。

3. 环境分析

在制订教师职业发展规划时,通常需要考虑的环境因素包括:

（1）教师职业发展的方向。社会对专业的教师职业有专门的要求和特定的期望。例如,教师可通过深入研究教师专业标准,从而准确把握教师职业发展的方向。

（2）学校环境。教师职业发展总是在特定的情境中进行的,学校环境就是影响教师职业发展的最重要的情境,因此教师需要在制订职业发展规划时清楚地认识这些环境因素。

（3）学生需求。既然是"教师"的职业发展,职业发展规划的内容应当与教师的工作相关,与学生的发展相关。作为一名教师,要面对的是一些具体的学生,这些具体的学生有特定的需求,这些都是职业发展环境的一个重要构成部分。

4. 目标设定

在设定职业发展目标时,有三个方面需要特别关注。首先,所设定的目标与自我评估是否相匹配?最适当的目标是基于自己的需要和优势,且具有挑战性的目标。其次,所设定的目标与职业发展的方向以及学校的发展目标是否一致?应从职业发展标准中明确职业发展的方向,了解专业对不同发展水平的教师的期望,结合自己的需要和优势,形成自己的发展愿景。最后,职业发展目标的实现能否对学生学习产生积极的影响?所设定的目标必须关注那些能够对学生学习产生积极影响的领域,否则就偏离了职业发展的范畴。

5. 策略拟订

目标一旦确定,就必须考虑实现目标所要采取的策略,即制订由具体的措施和活动构成的行动方案。因此,教师在设计职业发展策略时应当注意以下三点:符合个人的特点,符合个人的目标,具有可行性。

6. 评价、反馈

规划只是一种预设,在试行一段时间后,应根据现实情况对规划做出及时的调整,修正目标、策略,以便适应环境的改变,同时可以作为下一轮职业发展规划设计的参考依据。教师可以通过回顾现实情况,自我反思,借助专业发展档案袋、教学微格录像等形式,收集教学与研究活动过程中的数据,为定量和定性分析提供依据。也可以寻求他人诊断,可邀请专家、领导和同行,甚至家长参与,教师先说明自己的专业发展倾向和现阶段发展状况,再请他人分析和诊断;也可以借助学科教研组的集体备课、学科论坛等进行讨论与互议;还可以邀请专家在学术报告、现场教学、课题论证或成果鉴定时进行指导。

(四)教师职业发展规划的基本策略

对于教师而言,要制订个人的职业发展规划且保证这一规划的合理性、可行性和有效性,需要具备一些与之相关的技能技巧与策略。

1. 准确把握自己所处的专业发展阶段

对于教师来说,要规划自己首先要认识自己:自己的起点与现状、优势与特点、缺点与不足。其中,最为关键的是准确把握自己所处的专业发展阶段及其特点。在不同的发展时期,教师表现出不同的特征,产生不同的需求,形成不同的发展目标。因此,了解和把握教师专业发展的阶段,可以为教师确定自己的发展水平和需求提供基础,有助于教师明确自己的专业发展方向,并确定合适的专业发展目标。

2. 准确把握教师的专业发展方向

教师职业发展规划是个人化的,但这并不意味着教师可以随意设计自己的发展方向。教师职业发展规划应当与教师工作相关,涉及教师内在专业知识和专业素养的提高。同时,要把握教师专业发展的方向,掌握不同时期国家、社会、学校和学生对教师的要求,明确不同发展层次的教师角色形象,特别是把握教师专业发展的标准。只有把握了教师专业发展的大方向,教师在制订自身职业发展规划的目标、内容、路径、模式、策略等方面才能更好地进行个性化设计。

3. 进行持续的反思和动态的规划

教育正处在变革的时代,一成不变的职业发展规划不能适应时代的要求。教师一定要充分了解当地教育行政部门和学校的发展规划,了解当地教育行政部门和学校对教师的要求,在此基础上,对自己的职业发展规划进行深刻的反思。反思的内容主要包括:目标是否反映了自己、学生和学校的需求等。在反思过程中,教师必须有自己的独立思考,必须坚持主体性,不能因外部要求而丧失自我。

4. 遵循教师职业发展规划的技术要求

教师职业发展规划的制订以教师个体的发展需求为基础,从教师原有的发展水平出发,受个人化因素的制约。但是,教师职业发展规划的制订也必须强调科学性,必须遵循一些基本的技术要求,如保证职业发展规划各要素的完整,运用专业工具分析专业发展的起点,保证目标的清晰性和可操作性等。表 7-3 所示为一个教师职业发展规划模板。

表 7-3　教师职业发展规划模板

姓名：	任教科目：		教龄：	填表时间：	
自我专业发展需求分析	现状估计		优势：		
			劣势：		
	面临的发展问题				
环境分析	领导、同行的压力,以及学生及其家长的期望				
专业发展目标	总体目标				
	具体目标				
具体行动方案	年度目标	策略或行动	所需支持	预期结果	
评价反馈					

三、教师职业发展规划实现

进行教师职业发展规划的目的在于提升教师的职业发展意识,促使教师实现对职业发展的自我管理、自我引导,更有效地提高教师的专业水平。落实规划,关键在于行动。[1]

---

[1]　胡惠闵,王建军.教师专业发展[M].上海:华东师范大学出版社,2014:143.

(一) 建立职业发展档案袋

在规划落实过程中，一项重要工作就是记录自己的职业发展过程。建立自己的职业发展档案袋就是记录职业发展过程的一种有效手段。一般而言，职业发展档案袋应当包括如下内容。

（1）职业发展规划，包括目标、策略、对职业发展历程的描述，对已有职业发展水平的分析。

（2）对职业发展过程的记录，包括对职业发展有重要影响的事件或经历，职业发展过程中所积累的材料，如所用教材、练习等课程材料，试卷、测验题等评价性材料，对特定专业活动的反思和总结等。

（3）所取得的成果及相关证明，如专业研究或教学研究的作品，公开展示的课，自我评价、他人评价的实例描述等。

职业发展档案袋不只是一种记录工具，也能够成为评价自身职业发展的重要手段。

(二) 开展持续性反思

职业发展规划的制订是以教师对自己职业发展状况的深入反思为基础的，而且职业发展规划的制订过程本身就是一个反思的过程。无论是规划之前，规划之后，或者开展专业活动之后，对自身实践的反思都是十分重要的。职业发展规划实现过程中的反思主要是对规划本身的反思和对自身职业发展实践的反思，它是目标和策略调整或修正的基础。在评价反思时，可以作为证据的材料多种多样，如学生表现的改善、学生作业的样例、所发表的论文等专业成就、课程纲要和课堂实录等材料。但是教师对规划进行反思时需要思考目标是否反映了自己的需求，以及学生和学校的需求；是否反映了学校目标和改善计划；等等。在落实规划的过程中，这样的反思是不可或缺的。对职业发展实践的反思也就是对落实规划的活动及其成效的反思，是以对规划落实结果的评价为基础的。在规划规定的一个阶段完成后，需要以规划中设定的具体目标为依据来评价职业发展成效。

(三) 寻求外部协助

尽管职业发展规划更多是从个体层面上描述的，但如果能够在职业发展规划的落实中得到他人的支持和帮助，职业发展会更顺利，取得更好的成效。职业发展规划落实也就是运用相关策略实现目标的过程。而众多实践证明，行之有效的教师职业发展策略都需要与他人的合作，如课堂观察、同伴互导等，即使像教案撰写之类个人可完成的活动，在有他人提供合作性支持时也会更为有效。职业发展过程中的自我反思同样需要借助于他人的视角。教师处在一个专业共同体之中，这个专业共同体中有学校领导、其他教师、教研部门和教师教育机构中的专家，甚至还包括学生及其家长，这些人都可以成为教师实现职业发展可利用的资源，为职业发展提供强有力的支持。

第三节 小学教师职业心理健康

一、教师心理健康的维护与促进

(一) 教师心理健康的要件

教师作为一个特殊的职业，对心理健康的要求更为严格。只有心理健康的教师，才能正确地对待不同的学生,创造一种和谐的学习氛围,使学生积极上进,促进学生人格、情感健康发展。此外,教师的心理健康状况还直接关系到教师自身幸福,直接影响教师的人际交往态度与行为,还会影响其家庭关系与生活质量。因此,教师的心理健康状况不仅要符合一般人心理健康的标准,还要符合其职业特殊性的要求。教师心理健康的要件,主要应该包括以下几点。

（1）对教师角色认同。热爱教育工作,能够积极投身到工作中,并在工作中获得成就感和满足感。

（2）具有良好和谐的人际关系。能客观地了解和评价他人,不以貌取人,也不以偏概全。

（3）能正确地了解自我、体验自我和控制自我。能根据自身的实际情况确定工作目标和个人抱负,完善自己的知识结构,做出适当的教学行为。

（4）具有教育独创性。在教学活动中能根据学生的生理、心理和社会性特点,富有创造性地理解教材,选择教学方法,设计教学环节,使用教学语言等。

（5）在教育活动中和日常生活中均能真实地感受情绪并恰如其分地控制情绪。

（二）教师心理健康的影响因素

心理健康的状态受到生理、心理、社会等多种因素的交互影响,对于教师而言,其心理健康的状态自然也无法避免受到这些因素的影响。

1. 个人因素

（1）生理因素。生理健康是心理健康的基础和先决条件。生理因素对心理健康的影响主要表现在遗传、发育和疾病等方面。

（2）心理因素。情绪、情感是个体对所认知的外界事物的主观体验和反应,长期处于不良情绪状态中的人出现心理问题的概率远远大于心境良好的人。从人格角度来说,对心理健康影响较大的是气质和性格。不同气质类型的人待人处世的方式各不相同。胆汁质的人情绪波动大,兴奋性高,脾气暴躁;抑郁质的人内向,胆小孤僻,多疑多虑。

2. 环境因素

对于教师来说,学校是教师工作的主要环境,而其中主要有工作对教师的影响、人际关系对教师的影响、学校氛围对教师的影响。教师工作的特殊性决定了教师工作具有长期性、重复性的特征,这容易使教师失去热情。工作任务重、负担大也是影响教师心理健康的一个很重要的因素。部分教师都只围绕着家庭、学校转,除了家庭和学校之外几乎没有其他活动场所,其人际交往也只局限在同事、师生、亲人之间,人际交往范围狭窄。在学校,同事关系和师生关系在很大程度上影响着教师的工作热情和工作兴趣,积极上进、融洽和谐的校园环境有助于教师的心理健康和教师的成长。

3. 家庭因素

家庭是构成社会的基本单位,每个人都生活在自己的家庭中。家庭的结构、家庭成员之间的关系、家庭的文化经济背景等,都会对家庭成员的心理健康产生一定的影响。

4. 社会因素

每个人都生存于社会这个大背景之下。任何一个人都无法摆脱社会对他的熏陶,社会的意识形态、风气、道德规范等都会对教师产生一定的影响。

二、教师的职业压力与应对

教师是高压力的职业,新手教师专业活动的自主性水平还不高,在这种情况下,职业压力往往容易引起心理问题。认识教师职业压力,帮助教师采用积极的应对方式,对维护与促进教师心理健康有着重要的意义。

(一)压力的含义

压力的概念最初是用于物理学的,它指的是物体受到一定的力而发生形变。20世纪初人们才将压力的概念引入医学界,指的是人体对物理的、情感的或精神的因素所产生的反应。心理学家认为,压力是个体面对刺激时心理上感受到威胁而产生的一种紧张、压迫和焦虑的情绪状态。

职业压力是工作引起的压力,但并不仅仅是工作要求或工作量而带来压力,压力来源应该还包括工作环境中的人际关系、工资待遇是否达到期望,合理要求是否得到满足,等等。

(二)教师职业压力理论

1. 教师职业压力的来源

压力来源(压力源)就是指引起压力的因素。个体感知到压力源,经过认知评价,认为这些因素会对自身产生威胁,从而产生对事物的压力反应。为了了解影响教师压力产生的因素,许多国内外的学者都做了研究。[①]

2. 教师职业压力理论

学者荷礼柯夫和苏利夫认为,当教师感到外界的要求或期望超过自身的能力或者自己难以达到时,压力就会产生。他们将教师职业压力定义为由教师工作的各个方面所导致的消极反应,包括潜在的、致病的生理变化和心理变化。

荷礼柯夫和苏利夫首先将压力源分为潜在压力源和实际压力源。潜在压力源是那些可能对个体产生威胁、造成压力的因素。个体通过自己的认知评价,将潜在压力源转化为实际压力源,如果个体认为这些潜在的因素会对自己构成威胁,那么这些潜在压力源就转化为实际压力源了,反之则不会。实际压力源是真正给个体带来压力感受的因素,是教师主观感受到的。在这个过程中,教师个人特质,如人格、需要、适应能力、信念、态度和价值观等,都会影响教师的认知评价。另外,荷礼柯夫和苏利夫还区分了物理压力源和心理压力源。所谓物理压力源就是指诸如班级规模过大、教学任务过重等客观存在的个体无法改变的因素,而心理压力原则是会对教师心理状态产生影响的因素,比如与同事关系不好、师生关系恶化等。

当实际压力源对教师的生理、心理和行为产生影响的时候,个体适应机制开始发挥作用,帮助教师来处理压力环境,缓解压力的威胁。如果适应机制不恰当或者压力超过了适应机制所能处理的范围,那么压力就产生了,表现为生理、心理、行为上的消极反应。生理上,压力可能导致教师身体疾病增多,如头疼等;心理上,表现为焦虑等消极情绪;行为上,表现为易冲动等不良行为。荷礼柯夫和苏利夫的教师职业压力模式如图 7-1 所示。

---

① 姚立新.教师压力管理[M].杭州:浙江大学出版社,2005.

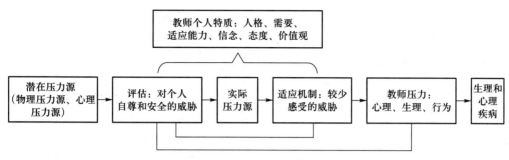

图 7-1 荷礼柯夫和苏利夫的教师职业压力模式

在荷礼柯夫和苏利夫的教师职业压力模式的基础上,学者瓦洛和梅强调了与教师压力有关的情感和社会组织观点。他们认为教师的情绪状态影响着他们对工作要求的认知判断,并将教师职业压力按性质的不同分为五类:①较小的压力及日常的麻烦(例如,某次课的课件丢了);教师经历的重大生活事件或压力情节(例如,长期的人际关系冲突);教师预先考虑到的令人不愉快的事(例如,与校长将要进行一次谈话);教师现在的心境;教师对自己过去的压力事件及相关经历进行的评价。

(三)教师职业压力应对策略

教师职业压力是影响教师心理健康的重要因素,过大的职业压力必然会影响教师心理健康水平,如何缓解职业压力和调适心情,对教师来说极其关键。应对策略就是教师面对职业压力所采用的改变认知和行为方式,调整情绪的方法。应对策略主要包括以下两大类:②

1. 直接行动法

所谓直接行动法就是对压力做出积极的处理,找到压力源,从根本上消除压力,积极处理压力源的策略有如下几种。

(1)找出职业压力的来源,减少过多过重的职业压力。从有利的方面看待压力,把压力当作对自己的一种考验与锻炼,辨别压力的形式和缓急程度,根据过去的知识经验思考多种解决问题的方法,而不是一味地回避。

(2)调整个人的期望水平,确立合适的工作目标。教师给自己的目标既不能过低也不能过高,要确立适合自己的目标。这样不仅可以让自己充满信心,有热情继续奋斗,而且心情轻松自然,可以享受工作。

(3)改变易增加压力的行为方式,处理好工作与休闲的关系。教师的工作琐碎但重要,不能苛求自己一口气把所有工作做完,或者遇到困难和问题时一直纠缠于其中,而应当劳逸结合,适当地放松自己,参加一些休闲娱乐活动或体育锻炼。

(4)扩展应对资源,善于寻求和利用社会支持。教师要努力增长自己的专业知识,提高教学能力,遇到困难时要虚心向老教师求教,向学校领导寻求支援与帮助。

2. 间接行动法

所谓间接行动法即努力减轻由职业压力引起的消极情绪体验,包括以下几种

---

① 郭瞻予.教师心理健康与自我调适[M].西安:陕西师范大学出版社,2005.
② 郭瞻予.教师心理健康与自我调适[M].西安:陕西师范大学出版社,2005.

策略。

（1）积极认知，形成面对压力的良好心态。教师需要纠正自己过于绝对化的不合理观念，保持一颗平常心，以辩证的眼光看待周围的事物。

（2）主动应对，提高抗压能力。教师要努力改变自己的应对方式，磨炼自己的意志，提高耐挫能力。尽量采用问题定向的应对方式，而避免使用情绪定向的应对方式。

（3）掌握调控方法，缓解不良情绪。教师应当掌握一些自我调节的方法，包括生理上放松、情绪调节等。有效宣泄不良情绪，不将工作中的烦恼带到生活中。

（4）掌握所处的环境，寻求有用信息。积极寻求对自己有利的、能消除自己紧张感的信息，尽量使周围的环境、事态的变化在自己的掌控之内。

（5）加强营养和体育锻炼。合理的饮食有助于缓解压力；体育锻炼不仅能增强体质，还与心理状况有一定的关系。坚持锻炼的人一般心胸宽广，心态平和，精神放松。

三、教师的职业倦怠与干预

（一）教师职业倦怠的含义与来源

1. 职业倦怠的含义

"倦怠"一词是由美国临床心理学家弗登伯格最早提出来的，其原意是指长期滥用药物的结果。职业倦怠是个体在长期的职业压力下，缺乏应对资源和应对能力而产生的身心耗竭状态。

马斯拉奇认为职业倦怠主要包括三个维度：情绪耗竭、去人性化、个人成就感低。

情绪耗竭是指在与他人互动的工作过程中，个人缺乏精力和感觉自己的情绪资源已经用完，表现为极度的慢性疲劳、睡眠障碍等，常感到焦虑、情感压抑。

去人性化是指在与他人互动的过程中，以不带感情和冷漠的方式回应周围人群，教师在工作中表现为减少接触或拒绝接纳学生，将学生视为没有感情的对象，对同事也常常持多疑的态度。

个人成就感低是指个人对自己的工作能力产生较低的成就感，以及对自己负面的评价。

2. 教师职业倦怠的来源

职业倦怠所产生的生理、情绪、认知和行为等方面的问题，会成为教师严重的身心疾病。教师职业倦怠是在长期的工作压力和自身心理素质的互动下形成的。其影响因素是多方面的，主要包括个人因素、教师职业特点，以及角色冲突和角色模糊。

（1）教师的个人因素。教师对工作的期望值高而成功的可能性低，低努力、低自信、使用逃避的应对策略等都会促使职业倦怠产生。

（2）教师职业特点。教师不但要不断充实自己的知识体系，适应教育改革的大环境，还需要了解不同时代背景下学生的心理特征。这些都容易使教师身心疲惫，出现情绪耗竭，继而出现职业倦怠。

（3）角色冲突与角色模糊。教师是一种多角色的职业，每天要频繁地进行多种角色的转换，如果教师不能及时进行角色转换，就会出现角色冲突，影响工作效果。角色模糊，也称角色定位模糊，则是指个体由于对职业的权利、义务等缺乏清晰的认识而感到对工作无法胜任。这种角色定位模糊也易导致压力的产生。与其他社会行业相比，教师的付出远比获得的回报多，这样容易造成教师的认知不平衡，对自己的职业失去热情,甚至可能产生离开教师岗位的念头。①

(二)教师职业倦怠的干预

职业倦怠普遍存在于教师队伍中,严重影响着教师的心理健康。教师应当合理地预防、积极地应对,以减少和消除职业倦怠。②

1. 个体的自我干预

个体干预的目的是通过改变个体自身的某些特点来增强适应工作环境的能力,下面主要介绍几种干预方法。

(1)观念的改变。教师要学会正确看待自己的工作,要清楚自己的能力和机会,避免因不恰当的期望而产生职业倦怠。

(2)积极的应对策略。科学合理地管理自己的时间,合理分配精力,培养学生的自我管理能力,不能一手包办所有事情,人的精力毕竟有限。

(3)改变归因方式。把原因归结为个体可以控制的因素,如能力和努力,尽量避免把事情都归因于外界的不可控因素,如运气。

2. 组织的有效干预

组织干预的目的是通过制度建设和管理,尽量降低职业倦怠,可以从这几个方面来进行:

(1)削减过度的工作时间,降低工作负荷,明确教师任务分配,阐明角色和责任,向教师提供建设性的反馈,更多地接纳教师对学校管理、制度的意见。

(2)工作业绩评定时,力争做到公平公正,教师的优点、贡献要放在重要位置。提供与教师工作相关的培训和信息。

(3)尽可能解决教师的个体问题,使教师感受到关怀。提供一些教师帮助项目,具体包括个人心理健康指导、压力管理和应对等,协助教师处理自身的情绪问题。

职业倦怠在很大程度上是由职业特点、组织因素决定的,最有效的干预是把组织的改变和个人的改变结合在一起。职业倦怠不仅造成对个体职业的和社会功能的损害,而且给组织带来破坏性的影响。教师是职业倦怠的高发人群,认识、评估、干预教师职业倦怠不仅对保障教师的健康幸福有重要意义,而且对人才的培养、社会的可持续发展有重大意义。

四、常见的教师心理问题

(一)心理健康的概念

心理健康以身体健康为基础,身体健康是心理健康的先决条件。心理健康的人能够正确认识自己和他人,能够进行适当的自我心理调适。在社会化过程中,能够有效地适应环境,适应环境的变化,具有妥善处理人际关系的能力,能够与人和谐相处。

人们都将心理健康理解为一种心理功能状态。在这种状态下,个体没有主观不适感,在日常人际交往过程中能够接纳他人,与他人和谐相处,使自己处于一个相对稳定的状态,能保持人格的相对稳定与完整,能够充分发挥自己的潜能,从事某种活动一般能达到理想水平。

---

① 余文森,连榕,洪明.教师专业发展[M].福州:福建教育出版社,2007:226-227.
② 余文森,连榕,洪明.教师专业发展[M].福州:福建教育出版社,2007:228-230.

（二）常见的教师心理问题

1. 职业负担越来越大，压力日益增加

如今的教师已经不单单是传授知识的人，除了日常的教学工作之外，还要管理学生，大到学生的安全，小到学生的卫生都属于教师的管理范围。另外，国家政策一直在革新，如最近几年的基础教育课程改革，要求教师必须留出时间来学习新的相关政策，学习新教材教法，不断改进自己的教学方法和教学形式。同时，由于外界信息大量进入学校，教师的权威受到挑战，教师不得不应对学生中出现的各种问题。①

2. 社会和家长对教师的要求日益提高

有些社会人士和家长有一些错误的认识，就是"教师无所不能""教师是万能的"。这无疑增加了教师的压力。

3. 职业竞争日趋激烈

如今的教师职业不再是以往大家所认为的"铁饭碗"，教师必须不断充实自己，以便能够在竞争中取胜，继续留在工作岗位。同时，学龄儿童的减少，农村小学的合并等，也使教师的职业安全感不断下降。

（三）职业行为问题

由于教师职业适应不良，不少教师出现职业行为问题，教师的职业行为问题可归为五大类。②

1. 怨职型

此类型教师表现为看不起教师职业，缺乏职业荣誉感，无法真正从心里接受自己的职业，严重的可能会厌恶教师职业。这类教师把教师职业只是当作谋生的手段，把工作看作负担，无法享受教师职业的乐趣。如果有更好的职业选择，他们大多会离开教师这个行业。

2. 自我型

此类型教师表现为以自我为中心，过多地关心自己，自私自利，自我夸耀与吹嘘，目中无人，虚荣心强，不接受他人的建议，人际关系恶劣；以自己的世界观、价值观来衡量他人，不能站在学生的角度来理解学生，因而通常会出现师生关系恶化的现象。

3. 异常型

此类型教师表现为情绪极端不稳定，反复无常，不能控制自己的情绪，易将自己的情绪迁移到学生身上；对学生时好时坏，处理问题情绪化，对待问题属于情绪定向型。这样的教师常令学生无所适从，学生不知道要怎么才能满足教师的要求，学生的心理经常处于冲突状态，这对学生造成极其不好的影响。

4. 暴戾型

此类型教师表现傲慢，认为只有自己是对的，无法接受他人与自己不同的观点，也不会采纳他人的意见。对学生要求严格，希望学生与自己始终保持一致，一旦学生提出与自己不同的观点，就会责骂甚至体罚学生。他们的行为很具攻击性，与同事关系也可能处于紧张状态。

---

① 余文森,连榕,洪明.教师专业发展[M].福州:福建教育出版社,2007:231.
② 余文森,连榕,洪明.教师专业发展[M].福州:福建教育出版社,2007:234.

5. 不良型

此类型教师表现为行为不良,他们的道德观和价值观已经朝不健康的方向发展了。他们可能表现为挑拨是非,恶意中伤,常在同事中制造矛盾,破坏学校和谐的氛围。有的人可能出现有损教师形象的行为,甚至可能触犯国家法律。

（四）人际交往障碍

教师大部分时间都在学校内,与外界交往的时间相对较少,因而部分教师会出现人际交往障碍,主要表现在沟通能力差,缺乏必要的沟通技巧,与学生没有充分的交流,无法互相理解,导致师生关系恶化。另外,人际交往障碍还可能影响教师其他方面的人际关系,如与家人的关系,与领导、同事的关系,与学生家长的关系,等等。教师的很多时间都花在工作上,如果不能取得家人的支持和理解,也会影响与家庭成员之间的关系。

针对教师的这些问题,最根本的措施就是调整教师的认知,使教师善于控制自身情绪,掌握沟通技巧,建立良好的人际关系,提高心理素质;适当调整教师的工作量,合理设定教师评价标准,采用适当的减压策略,缓解教师的职业压力;引导教师对职业产生积极的认识,掌握积极的应对策略和正确的归因方式,以减少或消除职业倦怠。

第四节　小学教师家校合作协同育人

一、家校关系与教师职业发展

良好的家校关系对教师职业发展具有重要的意义,良好的家校关系有利于教师建立良好的师生关系,便于教师因材施教。家校沟通畅通也有利于教师更好地提高教学效率,保证个人身心健康,提升自身专业素质。

（一）建立良好的亲师关系

家长和教师是学生成长的重要他人,家校携手共进更有助于青少年的发展。家校合作的直接参与者是父母与教师,家校联系更多的是父母和教师之间的人际交往,家校合作将成为家长和教师关系的润滑剂,对建立融洽的亲师关系有很大作用。

（二）针对个体因材施教

通过家长这一重要资源,教师能更有效地和每一个孩子相处,并更好地完成教学。如果学校教师能加强与家长的沟通,深入地了解学生的家庭生活、居住环境等,而家长也能经常与教师联系,向教师介绍子女的情况等,为教师提供相应的信息,那将有助于教师适时地改变教育策略,加强对青少年有针对性的教育与管理,实现因材施教。

（三）提高教育教学的效率和质量

随着社会进步,家长受教育程度越来越高,对孩子的教育也越来越关注,许多有条件和能力的家长为孩子进行了大量的教育投资。这在一定程度上减轻了教师的负担,在同等的学校教育条件下,提高了教育和教学的效率和质量。通过家校合作,调动家长们参与的积极性,使他们更主动地贴近、关心、帮助和配合学校的工作,建立起良好的家校合作关系,从而为素质教育的顺利开展打下坚实基础。

（四）提升教师素质

教师在家校合作过程中若能得到家长的大力支持,一方面会转变对家长参与教育工作的态度,另一方面也会让家长在教育教学中投入更多的时间和精力,积极地寻求新的途径来密切家校关系。同时,与家长建立伙伴关系后,教师将提升教学信心及能力,促进教师接受新的工作挑战,对自己的专业工作胜任感不断增强。教师也可在与家长合作的同时,提升与他人交往的能力,推动合作向更好的方向发展。

二、家校合作协同育人概述

教育是个系统工程,全面提高人的素质是教育工程各子系统的共同目标。家校合作的本质是,围绕共同的培养目标,进行家庭和学校两种教育资源的整合和优化,有效地作用于教育对象——学生。

(一)家校合作协同育人的概念

家校合作是一个发展的概念,以往,人们在论述家校两者的关系方面,常用家校联络、家校联系、家校协调等词语表述。《辞海》"联系"条目中的解释是,联络,结合相关的人和事物。① "沟通"指彼此相通,"协调"指两个人或单位相互配合,尽可能取得一致。② 从字义上理解,家校联系是把家庭和学校这两个相关的系统结合联络起来。家校沟通是让两者相通,也就是有所交流。家校协调是在相通的基础上互相配合,达到双方意见和做法的一致。

在家校关系中,联系、沟通、协调三个概念依其相互接近的程度与相互作用的程度而言是递进的。而现代社会家校关系已经不仅仅停留在联系、沟通、协调的层面上,家校合作的概念应该包括合作的目标、方式、内容,以及状态等方面。家校合作的方式和内容十分丰富,如果以合作活动的主体划分的话,可以分为两大类:一类活动的主体是家长,即家长参与学校教育;另一类活动的主体是学校,即学校指导家庭教育,或称为学校进行的家长教育。综上所述,家校合作是家庭与学校以促进青少年的全面发展为目标,家长参与学校教育,学校指导家庭教育,相互配合、互相支持的双向活动。

(二)家校合作协同育人的目标

家校合作的目标是要形成教育合力,共同促进学生的健康成长。家校形成合力的目的首先在于促进家庭和学校教育保持一致,形成合力,促进青少年在品德和学业及其他各方面的良好发展,尤其是身心健康发展。因此,家校形成教育合力的目的是促进青少年的身心发展。家校合力使家庭和学校教育成为一个一致的过程,不仅表现在二者在儿童培养目标上的一致,而且表现在家庭全方位地支持学校教育工作,学校尽全力帮助家长解决在教育子女过程中遇到的各种问题。这样,家庭和学校才能在儿童教育过程中密切合作,互相配合。③ 此界定不仅强调了合力体现为教育目标上的一致,也指出了合力的内涵:家庭全方位地支持学校以及学校尽全力地支持家庭。家校合力的形成需要家庭与学校双方具有主动合作的意识,共同参与教育全过程,有双向交流的机制,并使这种关系制度化,从而达到家庭教育与学校教育目的一致,功能互补,形成教育合力。

① 辞海编辑委员会.辞海[M].上海:上海辞书出版社,1980:1818.
② 辞海编辑委员会.辞海[M].上海:上海辞书出版社,1980:901.
③ 马忠虎.基础教育新概念:家校合作[M].北京:教育科学出版社,2001:49.

三、家校合作协同育人的时代意义

（一）家校合作协同育人的特征

家校合作区别于传统的家校联系，它是一种全新的关系理念，也是一种崭新的行为模式。

作为一种关系理念，家校两者在教育机构群中的地位是平等的，是合作伙伴关系；促进学生的全面发展是家长和学校的共同目标，家长与教师是儿童教育中的天然合作者；家庭教育与学校教育各有其优势与局限性，在教育儿童时，既要相互分工又要合作互补；家长有在家庭中教育孩子的责任，也有对学校教育参与、监督的义务和权利。

作为一种行为模式，家校合作是一种双向活动，是家庭教育与学校教育的相互配合。家长要对学校教育给予支持，学校要对家庭教育作出指导，学校发挥主导作用。在这样一种联系方式中，家长、学生、教师之间的情感交流非常重要；家校合作应考虑学校和家庭双方的活动，但学生是该活动的中心，是家长和学校服务的共同对象，促进学生的全面发展是该活动追求的最终目标。

（二）家校合作协同育人的意义

学校教育与家庭教育是社会的两大教育系统，对人一生的发展都起着相当重要的作用。家校合作具有重要的意义，它不仅直接关系到合作的根本目的——使学生健康发展，而且对影响学生发展的家长与学校的发展也具有重要意义。

1. 对家长发展的意义

（1）转变教育观念。

家长对学校的要求直接影响着学校的培养目标和办学方向。只有在促使家长更新观念，家庭和学校的培养目标一致，齐心合力的情况下，学校的教育改革才能获得更多的社会理解与支持。只有家长积极参与学校教育，才能让正确的价值观影响家长，从而改变家长的教育观念，加快素质教育推进的步伐。

（2）提高教育素质。

家校合作为家长提供重要的学习机会。在合作过程中，家长借助教师的专业理论及经验，通过交谈，聆听教师与学生相处的技巧，从中学会指导孩子的知识及技巧。进而在处理孩子的问题与困惑时，能清楚地得到来自学校的支持。同时，家长能够有机会了解孩子在学校的学习生活，无形中感觉到自己被纳入孩子的校园生活里，这将大大拉近亲子关系。

（3）形成良好的家庭氛围。

家长通过与学校的合作，提高了自身的教育素质，也为孩子的成长提供了更好的氛围。家长的兴趣、知识、素养和方法都会直接影响到孩子的成长，也就是影响学生的情感、态度与价值观等。若学校和家庭互相协调，将发挥最大的教育效能。当学生感到老师和家长在为自己的成长而协同努力时，他们会因这种关注而受到极大的鼓舞，产生向上的动力。

2. 对学生发展的意义

（1）提高学业成绩。

学习是青少年的主要任务，也是学校教育的重心所在。接受普通教育，顺利地完成学习任务，对学生来说难度不大。学生之间最大的差别，主要是其学习态度的差别，而学习态度往往与学生家庭的氛围、父母的教育素质有较大的关联。首先,家校良好的沟通与合作可以营造出一种积极的文化氛围;其次,家校之间适当的沟通与联系,可以为青少年提供情感上的帮助与支持。

（2）形成健全的人格。

家庭与学校作为青少年成长的两个重要基地,影响着其人格的形成与发展。家长要尽可能地加强与学校的沟通与合作,在观念和行动上与学校达成一致。家庭和学校要经常性地交流,学校还可以配合家庭为那些成绩不理想、表现欠佳的学生定制有针对性的教育策略,为他们营造健康的学习与生活环境,让他们感受到家长和老师们的关心与支持、理解与帮助,引导他们为形成自己健全的人格而努力。

（3）全面提高素质。

素质教育是一种与应试教育完全不同的教育观念,其目的不单是为了选拔人才,更主要的是发展人,使人充分发挥自身的潜能,并获得持续发展。由应试教育转向素质教育涉及教育观念、办学形式和学习方法等多方面的改革。在这些改革中,家校合作可以发挥重大作用,主要表现在:素质教育既有对学生科学文化、知识技能的教育,也有对学生身体及心理素质的培育,还有对学生道德观念、人生观等方面的影响。学校教育向学生灌输的是正面、理想化、规范的社会道德观念和世界观、人生观、价值观,而当现实生活中的千差万别使学生感到困惑时,就需要家长正确引导帮助,并与学校教育相一致。

（4）预防青少年问题。

家庭和学校的目标都是预防孩子在青少年期受到各种不利于成长的因素的影响,同时为学生形成健全人格和学业进步做最佳的准备工作。但是由于种种原因,在学生群体中,往往会有个别的孩子出现在学业和道德上掉队的情况。如果家长与教师的沟通渠道是畅通的、有效的,当青少年出现问题时,就能够得到及时的治疗和补救。

四、家校合作协同育人的实践路径

（一）家校合作中家庭与学校的角色

家校合作中,家长、教师担任着不同的角色,家长和教师只有意识到自己所担任的不同的角色,才能更好地履行相应角色所应承担的责任和义务,从而更好地促进家校合作的发展。

1. 家长在家校合作中的角色

（1）学生学习的支持者。

学生入学后,学校作为专门培养人的机构,对学生施加教育和影响。但是,学校对学生的教育主要是正确价值观的传授以及各学科系统的文化知识教育。在个体的未成年阶段,家长应该继续帮助孩子适应学校生活,以使其形成良好的学习态度和习惯。家长应做学生学习的有力支持者。

（2）家长角色的学习者。

社会的开放程度日益提高,与外界的接触也越来越频繁。今天的父母,如果仅仅靠从长辈那里获得的传统经验来教育孩子,显然是行不通的。在新思想、新观念不断变动的现代社会中,以往观念中"好父母"的模式也不再适用。因此,作为对孩子的成长产生重要影响的人,父母应该不断地学习如何做一个合格的父亲或母亲。

（3）学校活动的参与者。

传统的家校联系中,家长参与学校教育主要是通过参加学校的活动,活动形式因各学校对家长参与的认识和作用有所不同。目前,在我国家校合作中,家长参与学校教育比较普遍的是家长会,特别是在小学。家长活动形式比较单一,一般是以听众和学习者这样被动的角色出现。而现代家校合作的理念强调家校活动的多样性和家长参与的主体性。

2. 教师在家校合作中的角色

(1)家校合作的联络者。

对家校合作而言,学校教师,特别是班主任的作用非常重要。家长由社会各界人士组成,他们的教育素质参差不齐,他们的参与热情也各不一样,因此,教师是将家庭和学校联系起来的联络者。

(2)家校合作的宣传者。

在倡导家校合作的今天,需要鼓励和尊重家长的参与,让他们了解自己应当承担的角色,因此,教师作为宣传者的角色就很重要。如果教师没有对家校合作的正确认识,就不可能有对家长宣传家校合作意义的热情。

(3)家校合作的组织者。

家长参与学校的哪类活动、何时参与、参与的方式、参与的场合等,都需要教师来组织与安排,此时,教师是穿针引线式的人物,通过教师的组织,活动才能得以开展和进行。

(二)家校合作协同育人的实践路径

1. 学校的基本工作

(1)家访。

家访是普遍采用的一种双向家校合作方式。家访的主要目的是班主任主动到学生家中向家长传递家长应该了解的信息,介绍学生在学校的表现,使得家庭教育更具有针对性。在家访时,教师还能真切地体会每个学生的生活环境,并且为家长提出改进家庭教育的方法等。教师通过家访了解学生的家庭情况,更关键的是要了解家长的教育观念与方式对孩子个性形成的影响。家访一定要先确定目的,要以发展的眼光来看待学生的表现,尤其要对学生的优点多加表扬。

(2)电访。

电访因其便捷的特征,成为教师与家长运用得更为频繁的联系方式。教师或家长定期或不定期互相通电话,了解学生的成长情况,发现问题随时交换意见、商议对策,它是家校合作中省时、省力、高效的一种形式。学校也应该公开校长办公电话及学校值班室电话。家长有事要找校长或有关教师,均可拨通电话。电访除了用于教师与家长的日常联系之外,对处理学生的紧急和突发事件也有重要作用。

(3)校访。

校访是指家长访问学校和教师。在小学,尤其低年级,大多数家长可以利用每天接送孩子上学和放学的时机,主动与班主任交流。通过校访,家长可以有更多的机会接近教师,与教师商讨教育学生的措施,有针对性地配合学校教育,进而更好地促进学生的发展。

2. 家长参与学校教育

(1)家长会。

家长会是学校与家庭合作中最为传统和普遍的一种形式。班级家长会由班主任或任课教师组织召开，主要根据本班学生的具体情况，有计划地设计不同内容、不同形式的交流活动，以达到交流情况、沟通思想感情的目的。教师与家长在家长会上的交流内容可以涉及各个方面，如学生的一般情况、与教师的关系、学生的个性特点、家庭背景和其他情况等。

（2）学校开放日。

学校开放日是指在预定时间，学校有目的、有准备地请家长来校参观或参与教育活动的一种综合性活动。家长在开放日访校可以熟悉学生的教育环境，了解学校的日常工作。家长对教学设施设备参观考察，能够对教师课堂教学的思路、方法，以及学生是如何学习的做进一步了解。这一切都有助于家长在支持和关心学校的同时树立起对教育的信心，学校开放日适合各年龄阶段的学生及其家长。

（3）开学、毕业典礼。

在开学之初，家长被邀请与子女一起参加开学典礼；在毕业时家长又被邀请与子女一起参加结业或毕业典礼。这也是家长参与学校活动的一种有意义的形式。在开学典礼上，家长的参与更能让家长了解学校的情况以及本学期的工作。毕业典礼上，家长的参与能和学校、教师、孩子共同分享成长的喜悦，这对于学生步入更高的学业目标或就业、明确自身的责任和义务都会产生非常积极的意义。

本章小结

本章主要有四个方面的内容。一是从新手到专家：教师的专业成长，理解教师的成长周期与起步时期、条件保障等；二是小学教师职业发展规划，理解教师职业发展规划的概述、过程、实现；三是小学教师职业心理健康，理解教师心理健康的维护与促进、职业压力与职业倦怠的干预应对方式，以及常见的教师心理问题；四是小学教师家校合作协同育人，理解家校合作协同育人的概述、时代意义和实践路径。此外，本章还重点介绍了小学教师职业发展规划过程，协助新手教师初步学会规划自己的职业发展路径，掌握调适自身职业心理状态的方法，学习掌握推进家校合作协同育人的实践路径，进而促进自身在专业发展过程中实现成长的最大化。

第七章
思考题

第七章
思考题参考答案

第八章　小学教师专业发展评价

学习目标

了解我国教师评价发展的阶段及关注内容的侧重点,能够通过对评价目的、评价主体、评价内容和常用评价方法的学习,明确教师专业发展评价为什么评、谁来评、评什么,以及如何评。

1. 识记

◆ 奖惩性教师评价;发展性教师评价;自我评价

◆ 教师素质评价;教师工作过程评价;教师工作绩效评价

◆ 课堂观察评价法;教师档案袋评价法;学生评教法

2. 领会

◆ 我国教师评价的发展阶段及侧重点

◆ 教师素质评价、工作过程评价、工作绩效评价的主要内容

◆ 课堂观察评价法、教师档案袋评价法、学生评教法的基本内容与程序

3. 应用

◆ 结合实际,谈谈不同主体的评价对教师专业发展的影响作用

◆ 评析奖惩性教师评价的问责功能与发展性教师评价的改进功能的平衡

◆ 结合实际,谈谈如何开展绩效评价才能发挥对教师专业发展的激励作用

◆ 说明课堂观察评价法、教师档案袋评价法、学生评教法的应用场景,评析每种方法在使用中的合理性和局限性

建议学时

6 学时

案例导读

教育部门对学校问题的一次专项督导中,发现江西省某学校存在学生学业负担大、教师工作积极性不强等问题。经过研究,发现其在教师评价上存在以下两点现象:

一是学生分数至上,导致教师评价单一化。长期以来,学校普遍以学生分数作为学生的考核标准,同时也作为评价教师的唯一标准,造成教与学考评的单一化,忽视了对师生的综合教育评价。而在分数这一指挥棒的引导下,教师为应对考试,将精力花在训练学生的做题能力上,不仅与基础教育课程改革的要求背道而驰,而且令学生苦不堪言。

二是教师工资与工作量不符,职业获得感不强。学校教师薪资偏低,与工作量不成正比,并且由于"干多干少一个样",教师职业获得感普遍不佳,工作中推诿现象较多,严重挫伤了广大教师的积极性。

事实上,该学校教师评价的问题在许多学校都存在。正如《深化新时代教育评价改革总体方案》所强调的"教育评价事关教育发展方向,有什么样的评价指挥棒,就有什么样的办学导向",在小学教师专业发展的道路上,评价的关键性作用同样不能忽视。不当的教师评价将直接影响教师工作积极性,进而影响学生发展。通过对小学教师专业发展评价目的、主体、内容和方法的学习,能够帮助小学教育从业者更好地用好评价这一指挥棒,促进教师专业发展。

第一节 教师专业发展评价概述

一、我国教师评价的发展概况

评价贯穿着教师整个职业生涯发展的过程,教师迈入教师门槛时首先需要进行教师资格认证,对任职资格和素质进行基础性评价;教师在正式工作过程中会接受不同评价主体对其工作过程、绩效表现等进行的评价或考核,以促进其专业发展,这些评价和考核也可作为职称评定、岗位聘任的依据。比较一致的看法是,教师评价是一个价值判断的过程,并为实现一定的目的而进行。从这一概念出发,教师专业发展评价可以理解为教育主管部门,或学校及教师自行组织的,以教育评价理论为指导,以教师评价制度为依据,确定相应的评价标准,运用某种具体的方法收集处理评价信息,对教师素质、工作过程、工作绩效进行价值判断的过程。

从教师评价的发展来看,尽管在世界范围内从 19 世纪末 20 世纪初就正式出现了"教师评价"的概念,但我国教师评价制度和体系的构建从改革开放时期才正式展开,经过持续探索、完善、优化、发展,逐渐形成较为完善的教师评价体系。周文叶[1]将改革开放以来我国教师评价的发展分为四个阶段:恢复探索期、完善制度期、优化调整期和深化发展期。结合对政策的解析,各时期教师评价的政策导向与关注侧重点如下。

(一)恢复探索期(1978—1985 年):关注教师教学胜任力

改革开放之初,党和国家的工作聚焦于"以经济建设为中心",强调"教育必须为社会主义现代化建设服务",恢复学校建设与教师建设,扩大教师培养与入职规模是首要目标。1978 年,《关于加强和发展师范教育的意见》颁布,该文件提出通过实施教师资格制度,吸收非师范专业学生和社会优秀人才从教,表明教师资格制度正在酝酿。1983 年,《关于加强小学在职教师进修工作的意见》提出,多数地区力争到 1985 年,通过多种形式进修,使小学教师的多数实际文化水平达到中师毕业程度,大多数能胜任和基本胜任教学工作。同年 8 月,《关于中小学教师队伍调整整顿和加强管理的意见》中,要求从政治思想表现和工作态度、教学业务能力和教学效果、文化程度三个方面,由县级行政部门对每位教师进行一次全面考核,作为培训提高和调整安排教师工作的依据。至此逐渐形成了以学生考试成绩为依据,对教师进行奖惩的普遍现象。1985 年《中共中央关于教育体制改革的决定》进一步强调,要争取在 5 年或者更长一点的时间内使绝大多数教师能够胜任教学工作。在此之后,只有具备合格学历或有考核合格证书的,才能担任教师。由此可见,改革开放初期的教师评价更为强调教师的基础扎实,以学生成绩为依据,关注教师的教学效能,在教师评价标准中,"胜任教学工作""使学生掌握基础知识和基本技能"是教师的首要职责。

(二)完善制度期(1986—2000 年):形成较完善的教师评价体系

随着教师学历水平的提升及基本教学胜任能力的达成,我国教师评价制度逐步建立和完善。在教师资格制度的建立与完善上,1993 年,《中华人民共和国教师法》正式确立"国家实行教师资格制度"。2000 年教育部印发的《〈教师资格条例〉实施办法》

---

[1] 周文叶. 指向立德树人的教师表现性评价[M]. 上海:华东师范大学出版社,2021.

规定了教师资格的认定条件、申请方式。2001年全国教师资格制度实施工作会议后，教师资格制度进入全面实施阶段。除教师资格制度外，国家也开始了对教师职称制度的探索与改革。1986年，《小学教师职务试行条例》制定，提出实行以职务聘任制为主要内容的职称制度，并阐明了各级教师的职责、任职条件、考核和评审要求。此后，中小学教师职称和任职条件的考核评审等制度逐渐完善。

这一时期，国家还相继出台了《中华人民共和国教师法》《中华人民共和国教育法》等。《中华人民共和国教师法》明确提出"学校或者其他教育机构应当对教师的政治思想、业务水平、工作态度和工作成绩进行考核。教师考核结果是受聘任教、晋升工资、实施奖惩的依据"，为教师评价考核提供了法律保障。随着相关制度和法律法规的完善，我国逐渐构建起较为完善的教师评价体系。

（三）优化调整期（2001—2010年）：注重教书育人实绩

随着经济社会的发展以及第八次基础教育课程改革的开始，仅重视考试成绩和升学率的教育评价已经不能适应新世纪人才培养的要求，教师评价制度改革逐渐展开。2001年，国务院印发《关于基础教育改革与发展的决定》，提出建立"能进能出、能上能下"的教师任用新机制，建立激励机制，健全和完善考核制度。同年，《基础教育课程改革纲要（试行）》印发，强调建立促进教师不断提高的评价体系，强调教师对自己教学行为的分析与反思，建立以教师自评为主，校长、教师、学生、家长共同参与的评价制度，使教师从多种渠道获得信息，不断提高教学水平。教师评价的发展性、改进性目的导向增强。2002年，教育部发布《关于积极推进中小学评价与考试制度改革的通知》，提出建立有利于促进教师职业道德和专业水平提高的评价体系，对教师评价内容、评价措施与方法进行了规定。2003年，《关于深化中小学人事制度改革的实施意见》要求将考核结果作为教师收入分配、奖惩和聘用（聘任）的重要依据。

与此同时，对教师职业道德的评价也开始受到关注。2005年，教育部印发《关于进一步加强和改进师德建设的意见》，提出建立师德考评制度，将师德表现作为教师年度考核、职务聘任、派出进修和评优奖励等的重要依据。2008年，教育部印发《关于做好义务教育学校教师绩效考核工作的指导意见》，倡导构建符合教育教学和教师成长规律、导向明确、标准科学、体系完善的教师绩效考核评价制度。由此可见，这一时期的教师评价更加注重教师的育人实绩，教师评价对教师专业发展的导向性、激励性、促进性作用凸显。

（四）深化发展期（2011年至今）：强调立德树人，倡导多元评价

前期专门针对师德要求的文件出台已经逐渐体现出国家对师德要求的重视。《国家中长期教育改革和发展规划纲要（2010—2020年）》更是明确指出，将师德表现作为教师考核、聘任（聘用）和评价的首要内容。新时代，教师评价进入深化发展期，《新时代中小学教师职业行为十项准则》《中小学教师违反职业道德行为处理办法》《深化新时代教育评价改革总体方案》等多个政策文件的出台，更为突出地体现出师德是教师评价考核的第一标准，落实立德树人根本任务是教师评价的首要要求。

与此同时，新时代教师评价强调对多元评价内容、评价方式的倡导。2012年，《小学教师专业标准（试行）》正式颁布实施，这是我国教师职业的首个国家级标准，从专业理念与师德、专业知识、专业能力三个维度提出教师的多元评价内容,成为当前中小学教师专业发展评价的重要依据和参考。2020年,中共中央、国务院印发的《深化新时代教育评价改革总体方案》作为新时代教育评价改革的纲领性文件,明确提出坚决克服唯分数、唯升学、唯文凭、唯论文、唯帽子的顽瘴痼疾;改革教师评价,推进践行教书育人使命。该文件为新时代基于立德树人开展多元教师评价树立指挥棒。

二、 教师专业发展评价的目的

教师专业发展评价的目的,回答的是"为什么评"的问题。根据评价目的侧重于"问责"还是"改进"的差异,可分为奖惩性教师评价和发展性教师评价。

(一) 奖惩性教师评价

奖惩性教师评价又称"绩效管理型教师评价""行政管理型教师评价"或"责任模式"。奖惩性教师评价侧重问责,以加强教师绩效管理为目的,依据教师评价的结果对教师实施奖惩决定。

奖惩性教师评价形成、发展和盛行于20世纪初至20世纪80年代中期。这一时期的教师评价重视通过学生学习结果评价教师教学效能,并将其作为一种管理手段,对教师进行奖励或问责。由于奖惩性评价方便操作、可行性强,目前在我国许多学校教师甄别和选拔工作中的应用仍十分广泛。但这一评价方式在实践中也受到越来越多的诟病,其原因主要在于:评价标准单一,通常使用同一标准对不同层次的教师进行评价,忽略了教师个体之间的差异性,以及不同学科、不同年龄层次教师群体的不同特点;应试导向突出,教育过程仅注重学生升学考试成绩的提高,而忽视了教学目标的多样性和个性化需求;形式主义明显,由于涉及教师利益分配,"暗箱操作""走形式"等情况存在,奖惩性评价制度在一些学校形同虚设,而这些现象不仅不利于教师间、部门间的团结协作,而且影响了教师工作积极性的调动与内在动力的激发,阻碍教师专业的持续发展和学校的长远发展。要克服奖惩性教师评价的弊端,需要学校领导与教师一起,共同讨论建立科学合理的评价标准、程序和方法,达成共识,并提高实施奖惩性教师评价制度的水平,营造民主、公平的评价实施氛围。

(二) 发展性教师评价

发展性教师评价又称"专业发展性教师评价"或"专业发展模式"。发展性教师评价侧重改进,以促进教师的专业发展为目的,在没有奖惩的条件下,通过实施教师评价,达到教师与学校共同发展、个人与组织共同发展的双赢结果。

发展性教师评价始于20世纪80年代中期,最初在英国、美国、日本等国家出现。随后,在20世纪90年代中期,发展性教师评价开始在我国的部分地区和学校推广实施。发展性教师评价不仅注重教师个人的工作表现,而且更加注重教师和学校未来的发展。它根据教师的工作表现确定个人发展需求,确立个人发展目标,并提供日后培训或自我发展机会,以提高教师工作职责的履行能力,从而促进学校的未来发展。由此可以看出,发展性教师评价是着眼现在、面向未来的一种评价方式,具有以教师为本、以发展为目的、关注过程、强调民主协商与交流互动的特点,这种评价模式更有助于促进教师个体和教师群体实现真正意义上的专业发展。也有研究者提出,发展性教师评价由于比较温和与宽容,可能会或多或少地削弱教师的危机意识、竞争意识和责任意识,降低对教师的激励和监督功能。① 为更好地发挥评价的导向性、激励性功能,需要以发展性教师评价观为指导,将立足点放在教师专业发展而非教师惩戒上,构建民主和谐的组织文化,同时,也要正确看待奖惩性教师评价和发展性教师评价的平衡作用。

（三）奖惩性教师评价与发展性教师评价的比较

由于在评价目的上存在的根本差异,奖惩性教师评价与发展性教师评价两种评价制度在评价功能、评价方向、评价类型、评价主体和评价关系上也有所不同（见表8-1）。奖惩性教师评价注重甄别与选拔,主要通过学校领导或专家等一元评价主体,自上而下地对教师过去的工作表现进行终结性评价,做出对教师是否聘用、是否加薪、是否晋级等奖惩决定,以加强教师绩效管理。发展性教师评价从功能上更加强化促进与发展,注重由领导、学生、同事、专家等多元评价主体,以平等协商的方式对教师的工作给予形成性评价与反馈,帮助教师明确个人的发展需求,以实现对教师专业发展的促进。

表8-1 奖惩性教师评价与发展性教师评价的比较②

比较项	奖惩性教师评价	发展性教师评价
评价目的	加强教师绩效管理	促进教师专业发展
评价功能	注重甄别与选拔	强化促进与发展
评价方向	面向过去	面向未来
评价类型	终结性评价	形成性评价
评价主体	一元主体评价	多元主体评价
评价关系	自上而下	平等协商

从评价目的来看,奖惩性教师评价强调问责,而发展性教师评价强调改进,但问责和改进两种评价目的并非势不两立,无论是奖惩性教师评价还是发展性教师评价,最终都指向教育质量提升。例如,奖惩性教师评价有助于发现并奖励优秀教师,并对未达标的教师进行指导,能够督促教师尽快提高自身的能力和水平,同时也倡导学校对教师工作实际成果的高度重视。发展性教师评价则能够帮助教师更加明确个人的发展需求并为教师提供相应的培训,目的是提高教师的能力以促进其完成目前的任务或达到未来的目标。

事实上,教师评价在实施上是一个连续统一体,奖惩性教师评价制度与发展性教师评价制度位于这个连续统一体的两端,大多数评价方法都介于这两者之间,不存在绝对以奖惩为目的的教师评价,也不存在完全以发展为目的的评价。任何一种奖惩性教师评价制度都包含一定程度的发展教师专业技能的功能,而发展性教师评价也会带有奖惩措施,两种评价制度不应被视为完全对立。因此,我们应该学会"用两条腿走路",辩证地选择两种评价制度,充分利用奖惩性教师评价优势,激励教师完成教学任

---

① 芦咏莉,申继亮. 教师评价[M].北京:北京师范大学出版社,2012.
② 王斌华.教师评价:绩效管理与专业发展[M].上海:上海教育出版社,2005.

务,同时通过发展性教师评价,提供更加个性化的教育和培训方案,促进教师的个人成长和专业发展。同时,还需要通过多方参与的教师评价机制,确保评价结果的客观性和公正性。这样,才能真正发挥教师专业发展评价的作用,进一步提高教育教学质量,推动教师个人成长和学校长远发展。

三、教师专业发展评价的主体

教师专业发展评价的主体,回答的是"谁来评"的问题。目前,教师专业发展评价逐渐由一元评价转向多元评价,评价主体的类别呈现出多样化的发展趋势。《关于积极推进中小学评价与考试制度改革的通知》提出,建立以教师自评为主,学校领导、同事、家长、学生共同参与的教师评价制度。根据评价主体的不同,教师专业发展评价可分为他人评价和自我评价。他人评价指教师自身以外的主体实施的评价,自我评价指教师自身依据一定的评价原则、方法、标准对自身进行的评价。

(一)他人评价

根据评价主体与评价对象的关系,他人评价可划分为三类:自上而下的他人评价,评价主体包括学校领导、专家学者、教育行政部门等;自下而上的他人评价,评价主体包括学生、家长等;同行评价,评价主体包括同行或同事。

1. 自上而下的他人评价

学校领导对教师的评价一般由校长及学校领导小组进行,其考察重点是教师个人发展目标与学校发展目标的一致性。学校领导通常会通过推门听课、检查教案、考察教师教学效果记录等方式考察教师的教学能力,通过学校日常管理、调查学生等考察其教育能力,学生的学习成绩在评价中也会占较大比重。在领导评价中,如果评价者能广泛听取意见,多渠道收集信息,并根据教师在专业中存在的不足提出改进建议,那么这种教师评价能很好地发挥对教师专业发展的促进作用。但在实践中,学校领导评价往往是单向的,评价者与评价对象之间缺少双向的沟通。此外,一些行政岗位的领导由于缺少教育教学经验,因此评价的有效性可能受到影响。对进行教师评价的学校领导进行专业培训,打造教学型领导评价小组,有助于提升领导评价的有效性。

专家评价主要是通过听课的形式考察评价对象的教学能力。专家能够以开阔的视野与客观的判断进行教师评价,通过在教师的实际教学情境中收集信息,帮助教师发现教学中存在的问题,从专业的角度为教师的发展提出更具有建设性的建议,有利于提高教师的教学水平与质量。但实践中,受学校资源、经费等限制,专家评价往往只在部分学校作为一种补充方法来运用。

教育行政部门对教师的评价一般是由教育行政部门制定标准,学校或者教育机构定期开展教师考核,并将考核结果记入教师档案的方式来实施。为了保证教师的持续发展,教育行政部门会开展入职评价、职后考核,并为教师的职业发展指明方向。入职前,教育行政部门会组织教师资格证考试或者教师招聘考试,对教师的专业知识、教学能力、心理品质进行全面的考核;入职后,教育行政部门的作用主要是指导、监督各级各类学校开展教师考核与评价;此外,还会对教师职业发展的不同阶段进行评定,根据教师自身的专长与志愿,教师可向着教育或管理两个领域发展。比如一些地区为教师职业发展设计了管理型发展通道和专家型发展通道两条路径,努力实现教师的"双峰型发展"。

2. 自下而上的他人评价

学生评价一般通过问卷调查、学生座谈等形式开展,由学生对教师的教学态度、教学行为、师生关系等方面进行评价。学生参与观察教师教学的全过程,对于教学质量评价最有发言权,学生评价的突出特点是充分体现了教师评价的民主性,并逐渐在教师评价中占据主导地位。由于学生年龄、经验、判断能力的限制,学生评价在实践中也受到一些教师的质疑。但就学生评教的效果来看,学生通常能够提供客观真实的信息,因此学校应引导教师意识到学生是教师专业发展的重要潜在资源和关键现实资源,应该充分注重学生的主体性,以学生评价促进教师专业发展,建立教学相长的师生关系。

除此之外,家长在教师评价中的参与度也慢慢增多。尤其是在小学低学段,家长参与教师评价有利于加强家长的责任心,形成家校合力,保证学生的可持续发展。但由于家长和教师立场差异、家长水平参差不齐、家长对教师工作了解的局限性等问题,家长评价在实际操作中面临一定的困难。

3. 同行评价

同行评价通常由正在任职的校内同事或校外同行担任评价者,这种方式普遍应用于教师发展性评价。有研究表明,相对于校长等行政领导进行的评价,同行教师所给出的评价及决策建议往往更具有针对性。同行或同事对教师工作有充分的了解,能够设身处地为评价对象考虑,并能在评价过程中开展专业对话,互相学习,提出专业建议。但在同行评价中,要注意避免由于个人情感影响而导致的恶性竞争,并尽量避免过于主观的判断。为保证同行评价的高效开展,评价者应接受教师评价相关的培训。

（二）自我评价

自我评价是教师本人为评价主体,根据一定的方法、原则和标准,对自身的素质、工作过程、工作效果等进行的价值判断。心理学动机理论认为,内部驱动力能够为人的发展提供更加持久的根本动力。教师自我评价实际上是自我认识、反思和修正的过程,科学的自我评价能有效激发教师的内驱力和积极性,更有利于教师的自主、持续发展。

教师的自我评价主要通过三种机制来实现。

（1）根据他人对自己的评价来评价自己,如校长、领导等对自己的表扬、肯定或批评会影响教师的自我认知。

（2）通过与他人的对比来评价自己,如与同年级、同教研组的教师进行教学水平的比较,进而对自己做出判断。

（3）通过自我分析来实现自我评价,如通过建构自己的教师成长档案袋,记录自己的教学案例、成果、对自我教学的反思性评价等,并在日常工作中对自身工作持续进行反思和改进。

教师自我评价具有两方面的优势。一方面能提高教师的主体意识。他人评价能够为教师提供相对客观的反馈,但教师专业发展最终取决于教师自身,自我评价使教师自身的真实感受得以生动呈现,通过教师的自我内化从而提升其专业素质与教学质量。另一方面,自我评价也能提高教师对评价结果的认可度。教师对他人的评价结果往往会存在疑虑,通过自我评价描绘一幅"自我画像",有助于提高信息的完整性和全面性,教师更愿意认可和接受。

教师自我评价也存在一定的弊端,教师自我评价的主观性更强,可能会导致评价过于片面;同时,由于每位教师自我评价的标准有所差别,也不利于进行横向比较;而对于档案袋评价等可能加重教师负担的自我评价方式,在教师忙碌的工作中也常常会流于形式。

第二节 教师专业发展评价的内容

教师专业发展评价的内容阐明了教师专业发展"评什么",反映出对教师专业发展工作的基本价值认识和内容导向。教师专业发展评价的内容可概括为教师素质评价、教师工作过程评价和教师工作绩效评价三部分。

一、教师素质评价

教师素质是教师相对稳固的职业品质,它是以人的先天禀赋为基础,通过教育和自我提高而形成的具有一定时代特点的思想、知识、能力等方面的身心特征和职业修养。教师专业素质是教师从事教育教学工作的基础和条件,对学生学习和发展具有重要影响作用。教育部师范教育司在其 2003 年组织编写的《教师专业化的理论与实践》一书中提出,教师素质结构包含专业知识、专业能力和专业情意三方面。《小学教师专业标准(试行)》从专业理念与师德、专业知识、专业能力三个维度提出国家对小学教师专业素质的基本要求,体现出引领教师专业发展的基本准则。基于此,我国教师素养结构的构建逻辑可概括为"德-知-能"模型,从教师应具备的道德(德)、知识(知)、各方面能力(能)三方面做出规定。因此,教师专业素质评价即包含对教师职业道德、专业知识、专业能力等内容的评价。

(一)教师职业道德评价

教师职业道德即师德,是教师开展教育教学活动时必须依从的职业规范和道德准则。师德师风是评价教师队伍素质的第一标准,师德表现是教师考核、聘任的重要内容。《中小学教师职业道德规范(2008 年修订)》提出爱国守法、爱岗敬业、关爱学生、教书育人、为人师表、终身学习六点内容,体现出新形势下对中小学教师应有的道德品质和职业行为的基本要求,也是开展教师师德评价的主要依据。《新时代中小学教师职业行为十项准则》《中小学教师违反职业道德行为处理办法(2018 年修订)》体现了"正面倡导、高线追求"与"负面禁止、底线要求"相结合,标志着师德师风建设迈上新台阶。

(二)教师专业知识评价

专业知识是教师开展教育教学活动的基础。对教师专业知识的评价一般可从本体性知识、条件性知识、实践性知识、文化知识四方面展开。其中,本体性知识是教师所具备的特定的学科知识,包括特定学科专业知识和学科教学知识,具有丰富的学科知识是开展教学活动的必备条件和基础。条件性知识是个体成为教师必备的教育学、心理学等知识,也是教师将所具有的学科知识转化为学生可以理解的知识的过程,解决的是教师"如何教"的问题。实践性知识是教师在实施有目的的教育教学行为过程中所具有的课堂情境知识以及与之相关的知识,是教师在教育教学过程中所获得的经验的积累。文化知识指的是教师具有的通用的科学和人文素养等,广博的文化知识有助于开阔学生视野、激发学生兴趣,形成潜移默化的教育影响力。

资料链接

中小学教师数学学科教学知识评价①

国际教育成就评价协会(IEA)从 20 世纪开始,组织了多次关于数学教育成就的国际比较研究。为考察不同国家如何培养中小学数学教师,IEA 组织了"数学教师教育与发展研究(TEDS-M)",对教师的数学学科教学知识(MPCK)进行考察。其评价框架由三个指标及若干子指标构成,具体如下:

评价指标	子指标
数学课程知识	·知道数学课程 ·确立合适的学习目标 ·明确学习过程中的关键点 ·选择达到学习目标的可能路径并且知道课程之间的内在联系 ·知道不同的评价目的和形式
数学教学计划知识	·选择恰当的活动 ·预设典型的学生反应,包括困难或误解 ·设计合适的方法呈现数学内容 ·联系教学方法和教学过程 ·明确解决数学问题的不同方法 ·选择合适的评价形式
数学教学实施知识	·解释或表征数学知识 ·诊断学生的反应,包括困难或误解 ·分析或评价学生的数学学习 ·分析学生问题的内容 ·对预料之外的教学情况作出反应 ·提供合适的反馈

TEDS-M 根据此评价框架开发了试题库、测试模块和测试手册,测试题型包括多项选择题、复杂多项选择题和问答题三类。同时,由于 MPCK 是数学教师对特定主题进行有效教学的知识,因此 TEDS-M 还根据"数与运算""几何与测量""代数与方程"和"数据与概率"等不同的知识维度对 MPCK 进行内容细化并编制了相应的测试题。

(三)教师专业能力评价

教师专业能力是教师能够胜任现实工作的能力,以及实现未来发展的各种能力的构成。世界范围内多个国家均从不同侧面提出对教师专业能力的评价要求。例如,英国关注教师的教学计划制订能力、计划实施能力、评价监督和反馈能力,并根据不同教

---

① 陈碧芬,张维忠.数学教学知识评价工具评介及启示[J].浙江师范大学学报(社会科学版),2014,39(4):97-101.

师发展阶段,对教师专业能力提出不同要求;美国强调教师应具备管理和监督学生学习的能力,要求教师有能力开展有效教学、评价和测量学生进步状况等;日本围绕学习指导、生活和发展指导、学校管理、开展其他活动四个方面提出了25项能力指标,对教师专业能力进行评价。我国的《小学教师专业标准(试行)》中,将对小学教师专业能力评价的内容分为教育教学设计、组织与实施、激励与评价、沟通与合作、反思与发展五个领域,并给出了具体评价要求。

资料链接

芬兰教师专业能力评价指标①

芬兰的基础教育在国际学生评价项目(PISA)中多次摘得桂冠,芬兰教师能力评价指标包括教学能力、沟通合作能力、解决问题能力、科研能力和创新能力,具体内容如下。

评价维度	评价指标
教学能力	·最新知识的高敏感度 ·清楚表达自己观点 ·根据学生的不同特点创造有效的学习环境 ·用外语教学的能力
沟通合作能力	·与同事沟通合作 ·与家长沟通合作 ·与学生沟通交流 ·与校外教师或学校的沟通
解决问题能力	·参与学校发展规划的制订 ·独立分析并解决教学和科研中的问题 ·提出解决教育问题的可选方案
科研能力	·可以独立完成教育理论与实践的科研项目
创新能力	·在学校现存教学方法的基础上,尝试新观念和方法,不断改革创新

二、教师工作过程评价

教师工作过程指教师按照社会对教师职业的角色要求,在教育教学过程中表现出来的种种行为,包括深入研究教材内容和学生特点,认真备课;选择合适的教学方法和形式,上好每节课;认真负责地对学生进行作业辅导与检查;了解学生需要,积极组织和指导学生参加各类活动;承担教学工作中的职务(如教研组长、备课组长);等等。本章对教师工作过程评价的探讨主要集中在对教师教育教学中所体现的外显行为的评价,包括教师教学常规行为评价和教师课堂教学评价。

(一)教师教学常规行为评价

教师教学常规行为主要包括备课、上课、作业布置与批改等课堂教学相关事务,以

---

① WEBB, VULLIAOUR, Hämäläinen, et al. A comparative analysis of primary teacher professionalism in England and Finland[J]. Comparative Education,2004,40(1):83-107.

及组织参与教科研活动、承担协同工作等教学服务相关事务。对教师教学常规行为的评价主要看其所承担的工作量、完成工作的态度，以及工作的完成度等。

1. 备课

备课是教师开展教学活动的起始环节，教学设计是评价教师备课质量的核心内容，对教师备课的评价主要包含以下方面。

（1）教学目标的确定。教学目标应以促进学生发展为宗旨，符合课程标准的要求和学生知识能力准备基础，具体、清晰、可操作的教学目标是激发学生有效学习的前提。

（2）教学内容的安排。教师应基于对学生需求和认知水平的全面考虑，科学合理安排教学内容，明确教学的重点和难点，开发利用多样化的课程资源，加强与学生生活实际的联系，使学生能够逐步理解、掌握和应用所学知识。

（3）教学方法的选择。基于学生学习特点和教学内容，选择适合的教学方法，使教学过程充满活力和趣味性，激发学生的学习兴趣。

（4）教学评价的设计。设计合理的教学评价方式，重视形成性评价，根据学生表现和反馈及时调整，适应学生的进步和发展。

2. 上课

上课是教学过程的中心环节，是教师工作过程评价的核心内容。在过去，人们对上课的评价更倾向于站在教师的立场，对教师如何完整、完美地呈现一堂课做出评价，现代教学规则更强调学生在教学中的主体地位，认为学习是学生主动用现有的知识结构去同化或顺应外部世界的过程，是学生自主构建知识意义的过程。因此，一堂课的好坏应该更多地从学生的角度来进行评价。如何评价一堂好课、如何评价教师的课堂教学行为，下文将专门进行论述。

3. 作业布置与批改

作业是课堂教学的延续，对学生巩固知识、掌握技能具有重要作用，是教师检查教学效果和了解学生学习水平的重要途径。作业布置与批改可以从以下方面进行评价。

（1）作业量、作业难度恰当、适中，符合减负提质的要求和学生发展需要。

（2）作业类型丰富，会布置探究性或实践性的作业，并重视与生活实际相结合，促进学生问题解决能力和思维发展。

（3）作业批改、反馈认真及时，能进行面批面改，及时讲评与辅导，确保作业的反馈强化作用。

4. 组织参与教科研活动

积极组织参与教研活动、科研活动是实现教师专业发展、培养研究型教师的重要路径。教师组织参与教科研活动可以从以下方面进行评价。

（1）积极参加校内外各项教研活动，如教研组和备课组的集体备课、听评课、教后反思等活动，加强教师间的同侪互助。

（2）从学生真实成长需要出发，在教育教学实践中发现有价值的研究课题，主动承担或参与教学研究或教学改革试验，通过科学探索促进教育教学工作的开展。

5. 承担协同工作

承担协同工作主要指能妥善处理好校内外各类人际交往关系，如关注学生身心发展需求,建立良好的师生关系;与同事协作共处,形成互帮互助、团结和谐的同事关系;通过有效的家校沟通,积极调动和发挥各类社会资源的教育影响作用,优化学校、家庭、社会育人环境。

(二)教师课堂教学评价

教师课堂教学评价的本质是在回答"什么是有效的课堂教学?""一堂好课的标准是什么?"。教学是教师教和学生学共同组成的双边互动的教育活动,通过教学,学生在教师有目的、有计划、有组织的积极引导下,主动地掌握系统的科学文化知识与技能,发展智力、体力,陶冶品德,实现全面发展。课堂教学评价是着眼于改进教师教学行为、提高课堂教学质量而进行的对教师课堂教学的设计、过程及结果的评价,其最终目的不是给教师的教学简单打分、鉴定等,而是为教师的教学提供反馈信息,帮助教师对教学进行分析、诊断,从而促进教师课堂教学水平的提高。

对于课堂教学评价的内容,国内外许多专家学者都提出了自己的观点。涂艳国教授基于我国课堂教学的特点,提出课堂教学评价应从课堂教学设计、课堂教学过程、课堂教学效果、教学特色与创新四个方面,对课堂教学过程中的教师表现与发展动态进行过程性考察,具体评价标准如下。[①]

1. 课堂教学设计

在教学目标设定上,符合课程标准,目标描述清晰、明确;切合学生实际,具体、可操作。在教学内容设计上,正确理解和解读文本,准确把握和处理教材;了解学生,沟通学生生活世界;引领方向,挖掘学科育人价值。

2. 课堂教学过程

在教师组织方面,教学过程自然、流畅;教学方法灵活、有针对性;对学生学习的评价适当、有度。在学生参与方面,学生参与课堂教学活动积极性高;课堂教学活动中学生参与面广;课堂教学中体现学生的发现与创新。在课堂气氛方面,课堂气氛宽松、融洽;师生之间有良好的交流与互动。

3. 课堂教学效果

评价课堂教学效果要同时考察学生在认知领域和情意领域的效果。在认知领域,要评价学生知识的掌握、技能的形成和问题解决能力等目标的达成度。在情意领域,要评价师生的情感投入与输出,包括教师在课堂上的情绪状态、对学生情感态度的影响,学生参与学习的积极情绪状态和情感体验,课堂能否促进学生的深度学习等。

4. 教学特色与创新

教学特色与创新具体评价内容包括:教师在课堂中的生成性品质和学科创新意识,如对课程资源的整合和开发能力,对教学内容或环节的灵活调整程度,教学方法是否具有独特性和教学是否个性化,处理由不确定因素导致的教学事件的智慧,等等;教师培养学生创造性的能力,如提问、激励的艺术,是否善于安排学生独立思考的空间和时间,对学生创意的即时评价等。

三、 教师工作绩效评价

教师工作绩效评价是学校在一定时期内,根据绩效管理的需要,针对教师承担的

---

① 涂艳国. 教育评价[M].北京:高等教育出版社,2007.

工作,运用各种科学的定性与定量方法,对教师的工作结果和工作表现进行考核和评价。教师工作绩效评价是教师基本素质和教学行为的最终体现,也是教师工作评价的核心内容之一。总体上看,教师工作绩效评价一般着眼于教师工作的"量"和工作的"质"两个方面,其主体内容就是对教育教学质和量的评价。"绩"侧重于考核"量",如教师的任教课时数、任教班级数等教学工作量、科研工作量等;"效"侧重于考核"质",如学生在德、智、体等方面表现出来的能力状况、学业成就状况、素质发展状况等。

教师工作不是机械、简单的重复劳动,而是一种复杂的脑力劳动,具有教学对象的特殊性,教学任务的多样性,教学过程的复杂性,教学活动的创造性,教学方法的灵活性,教学成效的长期性,教师行为的规范性等主要特征。正是由于教师工作的复杂性,教师工作绩效评价过程应该是一个定性评价与定量评价相结合的过程。这意味着,教师绩效评价既要注重工作结果,也要注重工作表现。在实践操作过程中,对教师进行绩效评价主要包括两个方面:指向教师工作结果的任务绩效评价;指向教师工作表现的关系绩效评价。

(一)指向教师工作结果的任务绩效评价

对教师工作结果的评价又称为"任务绩效评价",即对教师完成工作的结果或履行职责的结果进行评价,工作结果是绩效评价最基本的组成部分,其评价通常采用可以量化的标准。在我国,指向教师工作结果的任务绩效评价主要包括教学成绩、教育效果和教科研成果三部分。

1. 教学成绩

目前,教学成绩评价主要通过学生学业成绩来体现,如考试的合格率达标、学生优秀率达标、低分率的控制、学生学习提高率等。由于学生的学业成绩受到多方面因素的影响,因而不能将教师教学成绩完全等同于学生学业成绩。还要根据教学目标,注重考查学生基础知识、基础技能的掌握情况,尤其要关注学生在原有基础上提高和进步的幅度,即用学生在学业成就的增值,如在平均分、及格率、优秀率等指标上的变化和进步幅度等衡量教师教学效能。

2. 教育效果

教育效果指教师通过教育教学活动对学生在思想品德、知识能力、身心素质、个性心理等方面所产生的影响,即主要从学生德、智、体等方面的发展情况来评价教师的教育效果。但是,由于教师工作的长期性、复杂性和特殊性,教育效果在学生身上显现也具有一定的滞后性和隐蔽性,很难看到即时的效果,往往是在教育教学活动结束后一段时间才会显现出来。另外,学生的发展和变化有可观察的(如人眼观察和测验测量等)部分,也有不可观察的(如学生情感体验、道德意识与动机等)部分。因此,教师教育效果评价具有一定的复杂性,需要不断深入研究。

3. 教科研成果

教科研成果评价是对教师在教育教学活动中学习、研究、实践、探索过程和结果的评价,其成果一般都是教师对教育教学中某个方面或问题进行深入研究的结果,或者是对个人长期教育教学经验的理论加工或升华,是具有一定学术价值和实际效用的创造性劳动结果,主要包括专著、论文、经验总结等。除了考虑教科研成果的量化指标,如论文发表数量、成果获奖等级、发表期刊级别、科研项目级别外,也要注重教科研成果的理论价值和实践意义,即能否通过教科研活动积极引导和促进教师专业发展,通过教育理论的武装和教育理念的更新,自觉提高专业水平和职业素养。

(二)指向教师工作表现的关系绩效评价

对教师工作表现的评价又称为"关系绩效评价",即对教师完成工作或履行职责过程中的行为、态度和素质进行评价,如工作是否敬业、态度是否认真、是否有责任心、是否关心集体、是否助人为乐、人际关系如何等。关系绩效评价往往是内隐的、不易量化的,其评价通常采用非量化的标准。

蔡永红和林崇德基于教师素质结构理论,在文献分析和关键事件调查、关键事件访谈的基础上,通过定性分析和实证分析,在反复研究基础上提出了教师绩效的结构,并通过实证研究探讨了教师绩效评价的信度与效度。[①] 其将教师绩效内涵分为关系绩效和任务绩效两大维度,其中关系绩效是教师有一定自主选择权的行为,包含职业道德、职务奉献、助人合作三个指标,各指标具体内涵如下。

1. 职业道德

职业道德是教师表现出来的,对职业准则与规范的遵从,对学校目标和自己的工作目标的认同、维护与支持,对教育事业的热爱,对工作的热情和责任感等。

2. 职务奉献

职务奉献是教师表现出来的,不断地反思教育教学工作,总结工作经验,关爱每一个学生,并适应时代不断完善自己等方面的行为。

3. 助人合作

助人合作是指教师主动地帮助同事,表现出良好协作的精神,与家长建立良好合作关系,真诚待人等方面的行为。

需要强调的是,对教师进行绩效评价时,教师的工作表现与工作结果应兼顾。不少学校存在只关注工作结果,不重视工作表现的情况,这可能会引导教师过于追求任务绩效,只重视眼前利益和短期目标,忽视学生的长远发展和教师专业发展的长期目标。但只关注工作表现,不重视工作结果,又可能会导致本末倒置、形式主义,过于重视工作态度、人际关系,忽视教师必须履行的职责。由此可以看出,教师工作绩效评价的设计是一个复杂的系统性工程,而由于绩效评价与教师根本利益密切相关,需要结合评价导向、评价方式、实施方法、结果应用,进行全面、客观、公正的评价。

第三节　教师专业发展评价的方法

教师专业发展评价的方法为教师专业发展"如何评"提供了操作路径。评价方法从类型上可以划分为定性评价、定量评价和混合评价等,其中定性评价包括课堂观察评价法、教师档案袋评价法、表现性评价等,定量评价包括问卷调查法、增值评价等,混合评价则指综合使用定性和定量评价开展评价,如学生评教法、校长-同行评价法等。本节对小学教育实践中广泛应用的课堂观察评价法、教师档案袋评价法和学生评教法这三种评价方法进行详细论述。

---

① 蔡永红,林崇德. 教师绩效评价的理论与实践[J]. 教师教育研究,2005,17(1):36-41.

一、 课堂观察评价法

（一）课堂观察评价法的内涵

课堂观察评价法又称"课堂听课评价法"，指评价者直接进入课堂，通过现场观察教师的教学实践，总结优点，发现问题，并做出相应的评价。课堂观察评价法不仅可以作为教师档案袋评价法等评价方法的一个操作环节，也可以独立成为一种专门的教师评价方法。评价者一般由学校领导、骨干教师或学科教师等组成，通常包括随堂听课评价法和常规听课评价法两种类型。前者又称"推门听课评价法"，即评价者在事先不通知教师的情况下，直接进入教师课堂听课，为的是避免教师事先刻意做好准备；后者又称"敲门听课评价法"，即评价者在事先通知教师的情况下，允许教师事先做一定的准备，然后选择时间进入课堂听课。

在教师评价的过程中，许多方面很难用量化的指标衡量，如课堂气氛、师生互动、生生互动、教师对突发事件的处理等。而课堂观察评价法允许评价者进入课堂进行实地观察。课堂是教师工作的具体的、动态的场景，教师的知识、能力、教学水平在课堂教学过程中充分地展现。在课堂观察过程中，评价者能够审视教室里任何值得注意的地方，包括学生对教学的反应，所以要对教师的课堂教学进行全面、真实的了解，广泛收集关于教师教学的信息，课堂观察评价法不失为一种可取的方法。

（二）课堂观察评价法的内容

课堂教学涉及的因素很多，想要更好地观察课堂，就需要有一个简明、科学的观察框架作为"抓手"或"支架"，否则将使观察变得随意、散乱。沈毅和崔允漷基于对课堂构成要素（即课堂主要由学生、教师、课程及课堂文化构成）的认识，提出可以从学生学习、教师教学、课程性质和课堂文化四个维度来构建课堂观察的内容框架，[①]这种构建方法得到广泛认可。

1. 学生学习

学生学习维度主要关注学生怎么学或学得怎样的问题，即回答"学生在课堂中是怎样学习的？是否有效？"。学生是课堂学习活动的主体，他们是课堂学习的积极参与者、主动建构者，学生的有效学习是课堂成功的决定性因素。学生学习维度可以从准备、聆听、互动、自主、达成五个视角展开观察。课堂观察评价法"学生学习"维度内容如表8-2所示。

表8-2　课堂观察评价法"学生学习"维度内容

视角	观察点举例
准备	·课前准备了什么？有多少学生做了准备？ ·怎样准备的（指导/独立/合作）？学优生、学困生的准备习惯怎样？ ·任务完成得怎样（数量/深度/正确率）？
聆听	·有多少学生聆听教师的讲课？聆听多长时间？ ·有多少学生聆听同学的发言？是否能复述或用自己的话表述同学的发言？ ·聆听时，学生有哪些辅助行为（记笔记/查阅/回应）？有多少人发生这些行为？

① 沈毅,崔允漷.课堂观察:走向专业的听评课[M].上海:华东师范大学出版社,2008.

视角	观察点举例
互动	· 有哪些互动/合作行为？有哪些行为直接针对目标的达成？ · 参与提问/回答的人数、时间、对象、过程、结果怎样？ · 参与小组讨论的人数、时间、对象、过程、结果怎样？ · 参与课堂活动(小组/全班)的人数、时间、对象、过程、结果怎样？ · 互动/合作习惯怎样？出现了怎样的情感行为？
自主	· 自主学习的时间有多少？有多少人参与？学困生的参与情况怎样？ · 自主学习形式(探究/记笔记/阅读/思考/练习)有哪些？各有多少人？ · 自主学习有序吗？学优生、学困生情况怎样？
达成	· 学生清楚这节课的学习目标吗？多少人清楚？ · 课中有哪些证据(观点/作业/表情/板演/演示)证明目标的达成？ · 课后抽测有多少人达成目标？发现了哪些问题？

2. 教师教学

教师教学维度主要关注教师怎么教的问题,即回答"教师是如何教的？哪些主要行为是恰当的？"。教师是课堂教学的组织者、引导者、促进者,教师的教学行为在很大程度上影响着课堂教学的有效性。教师教学维度可从环节、呈现、对话、指导、机智五个视角进行观察。课堂观察评价法"教师教学"维度内容如表8-3所示。

表8-3 课堂观察评价法"教师教学"维度内容

视角	观察点举例
环节	· 教学环节是怎样构成(依据/逻辑关系/时间分配)的？ · 教学环节是怎样围绕目标展开的？怎样促进学生学习？ · 有哪些证据(活动/衔接/步骤/创意)证明该教学设计是有特色的？
呈现	· 讲解效度(清晰程度/结构/契合主题程度/简洁程度/语速/音量/节奏)怎样？有哪些辅助行为？ · 板书呈现了什么？怎样促进学生学习的？ · 媒体呈现了什么？怎样呈现的？是否适当？ · 动作(实验/制作/示范动作)呈现了什么？怎样呈现的？体现了哪些规范？
对话	· 提问的时机、对象、次数和问题的类型、结构、认知难度怎样？ · 候答时间多少？理答方式、内容怎样？有哪些辅助方式？ · 有哪些话题？话题与学习目标的关系怎样？
指导	· 怎样指导学生自主学习(读图/读文/作业/活动)？结果怎样？ · 怎样指导学生合作学习(分工/讨论/活动/作业)？结果怎样？ · 怎样指导学生探究学习(实验/课题研究/作业)？结果怎样？
机智	· 教学设计有哪些调整？结果怎样？ · 如何处理来自学生或情境的突发事件？结果怎样？ · 呈现哪些非言语行为(表情/移动/体态语/沉默)？结果怎样？

3. 课程性质

课程性质维度主要指的是教和学的内容是什么,即回答"这堂课的学科性表现在哪里?"。它是师生在课堂中共同面对的教与学的客体。课程性质维度可从目标、内容、实施、评价、资源五个视角进行观察。课堂观察评价法"课程性质"维度内容如表8-4所示。

表8-4 课堂观察评价法"课程性质"维度内容

视角	观察点举例
目标	· 预设的学习目标是怎样呈现的?目标陈述体现了哪些规范? · 目标是根据什么(课程标准/学生/教材)预设的?是否适合该班学生的水平? · 课堂有无生成新的学习目标?是怎样处理新生成的目标的?
内容	· 怎样处理教材?采用了哪些策略(增/删/换/合/立)? · 怎样凸显本学科的特点、思想、核心技能和逻辑关系? · 容量适合该班学生吗?如何满足不同学生的需求? · 课堂中生成了哪些内容?怎样处理的?
实施	· 预设哪些方法(讲授/讨论/活动/探究/互动)?与学习目标的适合度? · 怎样体现本学科特点?有没有关注学习方法的指导? · 创设什么样的情境?结果怎样?
评价	· 检测学习目标所采用的主要评价方式有哪些? · 如何获取教/学过程中的评价信息(回答/作业/表情)? · 如何利用所获得的评价信息(解释/反馈/改进建议)?
资源	· 预设哪些资源(师生/文本/实物与模型/实验/多媒体),怎样利用的? · 生成哪些资源(错误/回答/作业/作品)?怎样利用? · 向学生推荐哪些课外资源?可得到程度怎样?

4. 课堂文化

课堂文化具有整体性,关注的是整个课堂怎么样的问题,即回答"在听一节课的过程中,我的感受如何?"。学生学习和教师教学通过课程发生联系,在整个互动、对话、交往的过程中,课堂中各要素经过多重对话、互相交织、彼此渗透,形成课堂文化的场域。课堂文化维度可从思考、民主、创新、关爱、特质五个视角进行观察。课堂观察评价法"课堂文化"维度内容如表8-5所示。

表8-5 课堂观察评价法"课堂文化"维度内容

视角	观察点举例
思考	· 学习目标怎样体现高级认知技能(解释/解决/迁移/综合/评价)? · 怎样以问题驱动教学?怎样指导学生独立思考?怎样对待学生思考中的错误? · 学生思考的习惯(时间/回答/提问/作业/笔记/人数)怎样? · 课堂/班级规则中有哪些条目体现或支持学生的思考行为?

视角	观察点举例
民主	· 课堂话语(数量/时间/对象/措辞/插话)是怎样的？怎样处理不同意见？ · 学生课堂参与情况(人数/时间/结构/程度/感受)是怎样的？ · 师生行为(情境设置/叫答机会/座位安排)怎样？师生/学生间的关系怎样？ · 课堂/班级规则中有哪些条目体现或支持学生的民主行为？
创新	· 教学设计、情境创设与资源利用是怎样体现创新的？ · 课堂有哪些奇思妙想？学生如何表达和对待创新？教师如何激发和保护创新？ · 课堂环境布置(空间安排/座位安排/板报/功能区)是怎样体现创新的？ · 课堂/班级规则中有哪些条目体现或支持学生的创新行为？
关爱	· 学习目标怎样面向全体学生？怎样关注不同学生的需求？ · 怎样关注特殊(学习困难/残障/疾病)学生的学习需求？ · 课堂话语(数量/时间/对象/措辞/插话)、行为(叫答机会/座位安排)怎样？ · 课堂/班级规则中有哪些条目体现或支持学生的关爱行为？
特质	· 在哪些方面(环节安排/教材处理/导入/教学策略/学习指导/对话)体现特色？ · 教师体现了哪些优势(语言/学识/技能/思维/敏感性/幽默/机智/情感/表演)？ · 师生/学生关系(对话/话语/行为/结构)体现了哪些特征(平等/和谐/民主)？

(三) 课堂观察评价法的程序

课堂观察是一个行为系统工程,因此一套基本的程序对保证课堂观察评价的日常化和规范化、减少观察成本、提高观察效率来说尤为重要。总体而言,课堂观察评价的程序主要包括课前会议、课堂听课、课后会议三个阶段。

1. 课前会议

课前会议指在进行课堂观察之前,观察者和被观察者进行有效的沟通交流,确定课堂观察的目的、听课重点等相关事项。课前会议一般有以下三项内容。

(1)被观察者说课。说课主要围绕下列五个方面展开:一是本课的内容和主题是什么？在该课程中的地位是什么？二是介绍本班学生的情况,提供座位表,学优生、学困生的分布位置等,为观察者确定观察点和选择观察位置提供帮助。三是简要说明本课的学习目标和重点、难点。四是介绍本课的教学设计,让观察者对教学环节和流程有个大致的了解。说明创新与困惑之处,以便观察者的观察有针对性。五是介绍对学习过程监控的措施与时间,为观察者观察学习目标的达成等提供帮助。

(2)观察者提问与被观察者进一步阐述。观察者要根据被观察者的说课,以及被观察者的要求、教研组的任务或自己感兴趣的问题与被观察者进行简短的交流,目的是让观察者对本课有更深入的理解,为确定自己的观察点和选择观察工具提供必要的帮助。

(3)观察者与被观察者经过商议,最终确定听课重点,听课重点分为一般听课重点和特殊听课重点。一般听课重点指"全方位"地观察整个教学过程;特殊听课重点指集中观察某个教学环节或某项教学技能。

2. 课堂听课

课堂听课指进入研究情境,在课堂中依照事先的计划及所选择的记录方式,对所需的信息进行记录。观察者进入现场之后,要按照一定的观察技术要求,根据课前会议确定的观察工具和重点,选择恰当的观察位置、观察角度,迅速进入观察状态。通过不同的记录方式,采用录音、摄像、笔录等技术手段,将定量和定性方法结合起来,记录观察到的典型行为,做好课堂实录,记下自己的思考。课堂听课是整个观察系统的主体部分,所采集到的信息资料是课后评价的信息基础,关系到研究的信度和效度问题,以及针对行动改进的课后分析报告的质量。在课堂听课过程中,应根据观察的重难点选择恰当的记录方式和观察工具,尤其要注意到观察工具的可记录、可解释和可操作性。下面的资料为针对教师教学维度和学生学习维度的不同视角给出的课堂观察记录。

资料链接

课堂观察记录表①
教师教学——教师的讲解行为

观察维度:教师教学·呈现

研究问题:教师讲解行为的效度如何?

	观察内容	频次	百分比	排序
典型行为	1. 用课本语言			
	2. 用自己的语言			
	3. 用举例的方式			
	4. 重复/停顿/节奏			
	5. 观察学生的反应			
	6. 结合学生的语言			
	7. 借用板书			
	8. 借用声像			
	9. 借用体态语			
总体印象				

说明:以一个相对完整的教学片段为观察单位。

学生学习——学生对核心知识的理解和运用

观察维度:学生学习·达成

研究问题:学生对核心知识的理解和运用情况怎样?

---

① 沈毅,崔允漷.课堂观察:走向专业的听评课[M].上海:华东师范大学出版社,2008.

观察指标(以认知层次为序)	典型行为记录					
	教学环节 1		……		教学环节 N	
	教师	学生	教师	学生	教师	学生
1. 用自己的话去解释、表达所学的知识						
2. 基于这一知识作出推论和预测,从而解释相关的现象、解决有关的问题						
3. 运用这一知识解决变式问题						
4. 综合几方面的知识解决比较复杂的问题						
5. 将所学的知识迁移到实际问题中去						

3. 课后会议

课后会议指在观察结束之后,观察者和被观察者针对上课的情况进行探讨、分析、总结,在平等对话的基础上达成共识,寻找有效教学的策略,制订后续行动跟进方案的过程。

课后会议着重完成两项任务:

(1)被观察者自我反思。被观察者围绕学习目标的达成、教学行为的有效性、教学设计的预设与偏离三方面进行自我反思。

(2)观察者报告观察结果,提出改进建议。观察者根据采集的课堂观察证据,提出观察结论和具体建议,可以包括:肯定教学的成功之处;逐步认识被评教师的教学风格;指出存在的问题,提出明确的改进建议。

(四)课堂观察评价法的优势与局限

课堂观察评价法作为教师评价的常用方法,具有突出的优势,主要体现在以下方面。

(1)能够较为客观地观察到教学的各个基本方面。课堂观察是最佳也是唯一的可以观察到教学的各个基本方面的方式,一位敏锐的观察者可以注意到师生间的互动与学生间的互动,教师如何组织教学,教师如何使学生参与学习,以及教师如何建立和保持行为标准。此外,课堂观察往往是在实地进行的,观察者在课堂上可以适时地与被观察者达成一种心理上的沟通,有利于缓解评价者与被评价者之间的心理隔阂或压力。

(2)有助于改善学生学习,促进教师专业发展。一方面,课堂观察评价的过程其实是关注学习、研究学习和促进学习的过程,始终紧紧围绕着学生课堂学习的改善而运转,课堂观察评价的实施有助于发现学与教中的问题,集思广益地改善学生学习。另一方面,观察者通过客观观察,对教师教学能力进行分析,进而提出建设性的建议,能帮助教师形成反思意识,切实地促进教师教学能力和专业素养的提升。

(3)有助于形成学校合作文化。课堂观察评价往往要面对复杂的课堂教学问题,为了更好地达成评价的目的,需要教师抱着求同存异、尊重多元的心态,开展多样化的合作研究。另外,观察技术的掌握、观察量表的制作、观察报告的撰写都不是仅靠教师个人能够完成的,需要发挥群体的智慧。因此,课堂观察评价实质上是一种合作的专业研究活动,活动的开展有助于营造合作的学校文化,增进教师的责任感和对学校的归属感。

与此同时,课堂观察评价法也存在一些局限,体现在以下方面。

(1)课堂观察评价法较为费时、费力,仅适合小范围、有针对性的教师评价。有效的课堂观察通常只能选择部分观察点或课堂行为进行细致而深入的观察研究,不能包容所有的行为或多个观察点,且由于其需要耗费较多的时间精力,不适合大规模教师评价。

(2)对评价者要求较高。为了使观察尽可能真实、可靠,使评价更好地发挥作用,首先需要评价者接受一定的专业培训,具备相应的观察技能;其次,要求评价者要能集中心智观察,及时、准确地收集相关信息,随时做出决定;最后,课堂观察不是简单地记录教学过程或给出简单评级,评价者要有深刻的洞察力、理解力和强烈的改革意识,能为被评教师提供积极、详细、明确的反馈信息和指导。

(3)需要取得学校和被观察教师的支持。课堂观察评价的实施需要一定的时间、设备与技术的保障,需要学校提供相应的专业资源、课时和场所。此外,有效的课堂观察评价要求被观察教师能以"日常课"的心态来上课,具有愿意接受他人观察并不受现场观察影响的特质,能够积极接受他人的意见,直面自己的不足,做出及时有效的改进行为。

(五)课堂观察评价法的运用

资料链接

利用课堂观察记录表评价教学效果[①]

有效地获取学习信息是开展有效教学的前提。从形式上看,课堂上的学习信息主要有学生的聆听、说(提问和答问)、读(阅读和讨论)、做(动手实验和练习)等学习过程中产生的信息。评课专家通过与上课教师的课前会议、课堂听课、课后会议,进行了一节课例的完整课堂观察活动。以下截取了课堂观察后形成的"课堂学习信息的获取"报告,以呈现如何利用课堂观察记录表评价教学效果。

"课堂学习信息的获取"报告

一、观察点:学生学习·聆听/互动/自主·课堂学习信息的获取
二、观察问题:表现出不参与阅读、不聆听的学生状况如何?

学生学习-聆听、阅读状况课堂观察表

教学环节	环节时间/分	读与听的时间/分	表现出不参与阅读、不聆听的学生/人											
			瞌睡			说闲话			走神			做其他事情		
			优	中	学困	优	中	学困	优	中	学困	优	中	学困
1	2	2								2		1		
2	6	5					2	2	1	1		1		
3	22	7.5		1				2	1	2			1	
4	12	6				2	2						2	

---

① 崔允漷,沈毅,吴江林,等.课堂观察Ⅱ:走向专业的听评课[M].上海:华东师范大学出版社,2013.

教学环节	环节时间/分	读与听的时间/分	表现出不参与阅读、不聆听的学生/人											
			瞌睡			说闲话			走神			做其他事情		
			优	中	学困	优	中	学困	优	中	学困	优	中	学困
5	1	0.5					2							
6	2	1					6							

三、评课专家基于观察结果的分析与教学建议

1. 从教学环节时间与相对应的学生阅读和聆听的时间数据中看出，教师留出51.1%的时间让学生主动参与说、动手，这对培养学生的说、动手能力起着不可忽视的作用，充分体现了学生主体性原则。课堂中还有48.9%的时间是学生参与阅读、聆听的时间，教师花了不少心思吸引学生的注意力，整体听课情况不错。如果能做到学生聆听时间再少一些，参与课堂活动的时间再多一些，则能进一步提高课堂效率。

2. 数据表明：(1) 学困生都参与阅读、聆听，说明教师的教学起点比较低，降低了学困生学习的门槛。(2) 在环节1引入课题，环节2和4知识内容学习时，不参与阅读、聆听的学优生占21%，说明这三个环节的设计有待改进。(3) 不参与阅读、聆听的中等生占79%，每个教学环节都有中等生不参与阅读、聆听，可见中等生的学习态度有待改进。并且有两位中等生整节课都不参与聆听，说明教师的关注面有待提高，课堂教学管理也应加强。

3. 在不参与阅读与聆听的学生中，打瞌睡的占3%、说闲话的占58%、注意力不集中的占23%、做其他事情的占16%，可见课堂中学生说闲话情况较多，教师应对这种情况有所遏制。说闲话的大部分是中等生，教师应调查原因，反思在教学设计上如何调动这部分学生的积极性。

◎**体验练习：**

根据所学内容，制作一张课堂观察表，选择一门课程进入小学课堂听课，做好课堂观察记录，并在课后与上课教师讨论交流听课结果。

二、 教师档案袋评价法

（一）教师档案袋评价法的内涵

档案袋评价方法兴起于20世纪80年代，是在美国评价改革运动中出现的一种主要的评价方法，教师档案袋评价法是这一方法在教师评价领域的具体运用与体现，又称"教学档案袋评价法""教师成长记录册评价法"或"教师专业发展档案袋评价法"，它要求教师将代表自身成绩的教育教学信息、代表性作品等系统收集起来，通过开放的多层面评价，展示自己成长的过程，总结反思工作经验。

教师档案袋评价法根据使用目的、提交对象以及教师自身发展等的不同，可以分为过程性档案袋、结果性档案袋和展示性档案袋三种类型。过程性档案袋旨在反映教师在某一时期内一个或几个领域的表现和进步过程；结果性档案袋由教师针对某一目标建立，表明某一时期实现预期目标的结果；展示性档案袋是教师个人最佳教学成绩

和作品的汇集,可以用于教学评比等。这三种档案袋都是对现实信息的收集与反思,不同之处主要在于档案袋收集的目的、收集的证据资料类型以及如何收集证据资料几个方面。根据目的的不同,可以使用不同的教师档案袋,也可以结合两种或三种类型档案袋。总体而言,建构良好的教师档案袋具有目的明确、过程完整、内容多样化,具有合作性、背景性和情境性、反思性等特点。

（二）教师档案袋评价法的内容

教师档案袋评价是否能达到预期的效果,关键在于档案袋的结构和内容。教师档案袋的内容需要根据评价目的不同进行差异化选择,一般而言,教师档案袋可以从以下几个方面去构思和收集。

（1）阶段性发展计划,如教师本学期个人发展计划,这有利于教师对照计划对未完成目标及时查缺补漏。

（2）周期性总结,教师对某一阶段的教学情况、个人存在的问题进行总结,包括反思日记、教学体会等。

（3）个人作品,包括各类获奖证书、教育教学代表作、学生成绩单、代表性学生作业、发表的论文、课题、专业培训记录与体会等。

（4）各阶段评价情况,包括同事、学生、家长、领导等主体的评价记录,自我评价与反思记录等。

在内容板块的构建上,可以从教师专业发展过程中所承担的角色出发,涵盖教学者、学习者、研究者、反思者和评价者等重要角色,并将可以表现每个角色的作品资料放入教师档案袋中。

1. 教学者——教师作为教学者的角色

资料可以包括:反映个人教学水平的代表性作品或成果（课程与单元计划、教案、课件、承担的公开课影像等）;所教学生的学习和活动情况。

2. 学习者——教师作为学习者的角色

资料可以包括:参与的进修或培训及考试考核记录;继续教育证书;读书笔记;从同伴、管理者或专家处获得的经验;随笔与杂记等。

3. 研究者——教师作为研究者的角色

资料可以包括:发表的教科研论文;参与课题研究、开展研究课、讲座等活动的记录、报告、证明、评价表;课堂观察记录;个人的教育教学理论等。

4. 反思者——教师作为反思者的角色

资料可以包括:教师对某一阶段的教学情况、职业发展状况、个人所存在的问题进行总结（包括反思日记、教学体会、自我成长史分析、名师传记分析等）。

5. 评价者——教师作为评价者的角色

资料可以包括:阶段工作的自我评价,对学校教学管理工作的评价,对教研组同行的评价等。

（三）教师档案袋评价法的程序

教师档案袋的构建需要结合学校和教师的具体情况来进行。但不管采取何种方式,都要先明确和落实以下几个重要问题:我们为什么要构建教师档案袋? 教师档案袋应当包含哪些方面的内容? 每一个方面的内容需要收集什么材料? 收集到的材料以怎样的结构呈现？目前的教师档案袋还有哪些需要改进的地方？

基于对上述问题的思考，教师档案袋的构建可以根据下列程序来进行。

1. 确立建构教师档案袋的目的

在建构教师档案袋时，首先要清楚为何要建构档案袋。因为目的不同，档案袋建构所收集的内容也可能不同。教师档案袋的建构目的一般包含：记录存档的目的，即记录教师的成长过程，展示教师奋斗成果；问题诊断的目的，即建立积极的反馈调节机制，发现专业成长中的问题并及时改进；综合评价的目的，即体现教师专业发展多元化评价方式，使教师积极主动进行自我评价；综合利用的目的，即促进教师与同事的合作交流，使教师形成自己的教学风格和思想；等等。

2. 建立档案袋内容的框架结构

教师档案袋的内容应该有一个框架结构，这样教师在进行资料收集、分类和整理时会更有方向性，避免流于庞杂，也避免偏离档案袋建构的目的和焦点，同时也便于后续的分析和调整。例如，可根据上文中所提到的教学者、学习者、研究者、反思者、评价者五个内容板块进行框架结构的构建。

3. 选择档案袋的内容

教师在建立档案袋时，要根据档案袋内容的框架结构，仔细、有目的地选择档案袋内的内容，这些内容要能有代表性地反映教师专业发展的各个方面、过程以及反思。教师可根据评定标准考虑哪些材料能最具代表性地反映自己的知识、成绩、自我反思和真实水平，哪些作品能真实反映自己各个阶段的水平和成长过程，然后进行教学、知识、技能等方面的信息收集。

4. 进行深度的反思

教师对档案袋内容本身的自我反思与评价是教师档案袋评价的重要组成部分。教师应深入探究档案袋内的内容，揭示内容所蕴含的意义，并且不断地把这些意义与实际教学情境相联系，发现自己教学的特色和优缺点。

教师档案袋的反思主要包括描述、分析和规划三个步骤。

步骤一：描述。教师应围绕做了什么、为什么这么做、结果是什么、如何进一步完善等展开描述。

步骤二：分析。通过整体分析和局部分析，确定工作的优点和缺点，发现存在的问题，寻找改进的空间。

步骤三：规划。在描述和分析的基础上，提出教学工作未来的发展与规划方向或措施。

资料链接

教师档案袋的反思[①]

1. 描述

这是一堂数学考试试卷分析课，主要由我为学生分析有关两位数和三位数除法的

---

① BULLOCK,HAWK. Developing a teaching portfolio: a guide for preservice and practicing teachers[M]. New Jersey: Prentice-Hall, Inc., 2001:36.

标准化考试试卷。上课期间，我做了一个微型讲座，使用了投影仪，也请学生到黑板上解题，并拍摄了教学录像。我对拍摄教学录像的做法很感兴趣，因为这使我获得了自我评价教学的机会，进一步了解了自己的教学效果。

2. 分析

我认为，这堂课进展顺利，但还可以上得更好。一部分学生参与了教学活动，另一部分学生没有参与教学活动。由于学生知道现场正在拍摄教学录像，因此表现有些失常。教学期间，我觉得课堂教学效果不错。可是观看录像后，我的感受完全变了。从录像中可以看到，有些学生上课时无精打采，有些学生哈欠连连，有些学生耷拉着脑袋。

这堂课的优点是，通过分析考试试卷，学生知道了正确答案，并且能够独立解题了。不足之处是，我在分析试卷时，竟然对学生打哈欠、说悄悄话、传递纸条等一无所知。我对录像中学生"开小差"的现象感到恼火。

3. 规划

在今后的教学中，我应该有更多的创新，更多地关注学生。作为一名教师，我应该维持好课堂纪律，经常在教室里走动观察，确保学生注意力集中。如果放任学生，学生就会趁机"开小差"。这次录像确实对我有很大的帮助。我很高兴获得这次录像的机会。

5. 修正与应用

教师档案袋的结构与内容确定后，就应当先运作实行起来，在实践中积累经验，发现问题。在建构档案袋的过程中，可以通过同事的观点来检验自己的教学行为，因此档案袋内的内容成为同事专业对话的最好媒介。同时，也可以不断听取来自同事、教育管理者、学生、家长，以及社会其他行业人士的建议，修改和完善档案袋。

（四）教师档案袋评价法的优势与局限

教师档案袋评价法具有以下几方面的优势。

（1）建立教师自我评价与反思的通道。教师在建立教师档案袋的过程不断审查档案袋中的各种教学资料，这有助于让教师面对真实的自己，将教师评价转化为一种教师自我反思、展开教学研究的过程，实现教师从知识传授者向知识生产者的角色转变。同时，教师的教学反思可以帮助教师修正专业经验，并针对教学的状况予以批判、审查、验证与再建构，以形成下一次有效教学的基础。

（2）有助于教师教育理念、教学风格的形成。在教师档案袋建构过程中，教师需要有意识地把自己有代表性的作品（如教案、反思日记、论文等）汇集在一起，不断经历这样的过程，对教师构建一套有利于自身发展的理论体系，形成个人独特的专业观念和教学风格起到推动作用。

（3）促进多方合作，实现评价方式的多元化和发展性。教师档案袋融合了教师自我反思和与共同体成员分享的发展模式。在档案袋的建构过程中，教师需要和同伴合作交流，接受同伴的意见，分享共同的经验，多元化地探讨理论与实践之间存在落差的原因，一起探索改进策略，并且有机会学习他人的优点，推动自身专业发展。教师档案袋在内容上可能会包括教师本人、同事、家长、领导、学生等方面的评价记录，有利于实现多元评价。

教师档案袋可以有效促进教师专业发展,但是在其建构过程中仍有许多局限。

(1)对教师的反思能力要求较高。教师档案袋评价是否能够达到预期目的,关键在于教师是否具有批判与反思的能力,教师若缺乏反思能力,材料简单堆叠就会失去它原本的价值。

(2)档案袋的内容选择主观性强,质量差异大。由于档案袋内容的选择具有较强的主观性,不同教师选择的标准和质量有所差异,这可能带来一些优秀教师的教学品质可能无法在档案袋中呈现出来,而一些教师的档案袋看起来十分精美,但实际教学表现并不好的现象;且由于内容开放多样,文件数量庞大,也增加了教师间教学质量对比的难度。

(3)对学校支持、合作文化要求较高。一方面,教师档案袋评价强调多元主体的合作与评价,在档案袋的建构过程中,同事合作、互动和专业对话十分重要,如果学校教师缺乏合作的习惯,彼此互动交流的机会较少,将直接影响教师档案袋的评价效果。另一方面,学校能否提供教师档案袋评价法发展的有利条件(如提供相应的制度支持,明确教师档案袋建构目标,确定具体的实施办法,请专家学者和有经验的教师指导),也是影响教师档案袋评价成效的重要因素。

(五)教师档案袋评价法的运用

资料链接

李老师的"教师成长档案袋"[1]

上海某学校在教师成长档案袋评价法的推广和应用中,结合学校实际,总结出一套宝贵的经验和方法。该学校的每位教师都建立了自己的教师成长档案袋,包括封面、目录、内容和总结四部分,并在每学期末通过对一个学期的工作进行总结,调整和增删教师成长档案袋的内容,以使教师成长档案袋能动态展示教师发展的过程。下表呈现了该校李老师教师成长档案袋的内容、新学期的材料变化及入选理由。

序号	材料名称	入选理由
1	各类奖状、证书(增加新的获奖证书)	奖状的意义不在于物质上的利益,而在于心灵上的鼓舞
2	获奖征文(增加征文)	那是我走过的痕迹,我曾经的点点滴滴。拿起笔,写下那些逝去的抑或正在发生的故事吧……尔后,珍藏起来
3	发表文章(删除2篇,新增3篇)	过程比最终结果更有意义,能给予自己充分的肯定
4	教学评优(保留)	通过教学评价活动测定自己当前具有的教学能力和达到的教学水平。尔后,取长补短,拓宽思路,进一步提高课堂教学质量,激励自己积极参与各种评优活动

---

① 王斌华.教师评价:绩效管理与专业发展[M].上海:上海教育出版社,2005.

序号	材料名称	入选理由
5	优秀教案(保留)	可拓宽自己的知识视野,改造传统的学科教学内容,使教材"活起来",在原有教学模式的基础上增加、融合新的教学模式,从而打破传统单一的教学形式,实现真正意义上的分层教学和个性化意义教学
6	每周论坛(增加新一年的论坛心得)	每周一次的论坛十分必要,它有利于我们坚持正确的教育舆论导向,探索和交流心得经验;激励我们在教育实践中根据实际情况进一步提高教学技能,与时俱进,开拓创新
7	反思调整(增加三年规划反思,删除一些文章)	反思是指自己对于自身实践方式的多视角、多层次的思考,是自觉意识和能力的体现。一个人的整个专业成长要经过长期不懈的自我修炼,只有这样才能成为一名专家型教师
8	能力考试(新增加职称计算机考核证书)	能力是在学习知识的过程中逐步形成的,是另一种积累;提升能力是为了更好地服务于教育实践

注:增加"金点子"、学生进步档案、开题报告(区级)、每周论坛、职称英语考核证书、职称计算机考核证书、师德小报

教师成长档案袋在该学校教师专业成长的过程中发挥了重要的作用,既为教师提供了记录和积累专业成长经历的途径,同时也能通过教师成长档案袋,促使教师对自己的工作进行总结和反思,发挥潜在的自我激励和鞭策作用。

◎**体验练习:**

根据所学内容,尝试以一名未来小学教师的身份,制作一个职前教师成长档案袋,并进行档案袋的反思。

三、 学生评教法

(一)学生评教法的内涵

学生是教师评价的重要主体。学生评教法是通过问卷调查、座谈等方式,由学生对教师素质和教育教学行为等进行价值判断的方法。学生作为教师工作的对象,是教育教学效果的直接感受者,每天有大量时间观察教师,与教师产生互动。通过对学生进行调查,能够获得关于教师教学实践的有效信息。因而,20 世纪 70 年代以来,学生评教一直被许多国家所重视,成为国内外许多学校评价教师教学行为表现的重要组成部分。

学生评教的结果同样发挥着奖惩性和发展性两种不同的功能。一些地区和学校将学生评教的结果用于教师绩效管理和定期考核,或作为教师奖励、晋升、绩效评定的一个组成部分。来自教师教学国际调查(TALIS)的结果显示,许多国家的教师都觉察到学生的反馈被作为对他们考核的一个重要方面。但考虑到学生年龄、知识、经验和判断能力等各方面因素制约,尤其是当学生评教结果与教师考核评定等利益挂钩时,评价有效性就很可能受到影响,因而,大多数情况下,学生评教的结果并不向学校更高一级的教育行政部门报告,也很少作为教师评价的正式考核。

在学校和教师层面,学生评教最重要的价值在于发挥对学校教师的发展性功能。比如在瑞典,教师经常主动发起对学生的调查,以获得学生对他们教学实践和课堂学习的反馈。学生调查结果不需要上报,而只供相关教师使用,作为教师判断的参考。我国也有许多学校组织了不与教师利益挂钩、旨在促进教师改进提升的学生评教活动,通过对学生反馈数据的采集,为教师了解教育教学状况提供数据依据。以发展性目的实施的学生评教作为教师的形成性反馈,充分践行了以学生为中心的教育理念,进而起到促进教师专业发展的作用。

(二)学生评教法的内容

学生评教法主要用于对教师工作过程表现,尤其是课堂教学行为有效性和师生关系方面的评价。学生评教的内容侧重点随着对教师有效教学行为的研究过程而发生变化。从西方对有效教学研究过程的变迁来看,20 世纪 70 年代初至 80 年代末,研究者从教师的课堂教学行为入手,认为教师行为是决定教学是否有效的主要因素;而 20 世纪 80 年代末以后,认为有效教学应从关注教师教学行为转向关注学生学习行为的新观点受到更多认可,这一观点认为教师教学行为只有被学生感知、接受、配合,并通过学生表现出有效的学习行为时,其效果才能体现出来。因此,教师教学行为的有效性,要通过观察其引起、促进学生行为的有效性来分析和判断。

目前国内流行的三种典型的学生评教指标体系和标准,体现出与现代教学的历次变革相一致的发展趋势,即从关注教师的教到越来越注重"以学习者为中心"的转变。

(1)传统的从教的角度设计的评价指标体系,如参照学校对教师的评价指标,让学生从教学态度、教学内容、教学方法、教学管理等方面对教师进行评价。

(2)在传统的"教"之外,加入学生学习行为的评价指标体系,即不仅关注教师自身的教学行为,还注重教师对学生课堂参与状态、活动状态、思维状态等的行为引导。

(3)关注促进学生行为有效性的教师表现,并以师生互动和师生关系的引领为核心,即学生评教的根本目的在于让教师关注学生、从"学"而非"教"的视角审视自身的教学行为表现。

有研究认为,学生评教是否有效度关键要看是否建立了有效的学生评教指标体系和内容,即选择学生了解的、能做出客观判断的内容进行评价。当前学术研究中呈现的学生评教工具多用于高等教育阶段,在中小阶段开展学生评教则更需要考虑到学生的年龄、能力和经验。以下呈现的学生评教工具在中小学阶段已被证明具有良好的测量信度和效度,可作为学生评教的内容参考。

资料链接

基于富勒关注阶段论的学生评教维度与内容①

荷兰一个研究团队在持续数年的时间里围绕开发有效的学生评教工具做了大量工作。该团队基于富勒的教师专业发展"关注阶段论",从关注自我、关注教学、关注

---

① VAN DER LANS,VAN DE GRIFT,VAN VEEN. Developing a teacher evaluation instrument to provide formative feedback using student ratings of teaching acts[J]. Educational Measurement-Issues and Practice,2015,34(3):18-27.

学生 3 个阶段出发,开发了包含 6 个评价维度、24 道题目的学生评价量表,维度结构与内容描述见下表。

教师发展阶段	维度与内容
关注自我 关注自己的权威 关注自己是否被尊重 关注师生关系	**1 安全学习的氛围** 教师与课堂和学生的关系,以及表现出的信任、尊重、安全的氛围
关注教学 有效组织课堂资源 妥善安排教学内容	**2 有效的课堂管理** 课堂的有序性
	3 教学质量 对课程内容的讲解清晰,让学生能理解所学内容
关注学生 让学生理解具体教学目标 帮助学生解决困难 了解不同学生的能力水平	**4 激发学生** 激发学生的思考、参与,引起学生学习兴趣
	5 教学与学习策略 采取不同的教学与学习策略,帮助学生学会如何学习和解决问题
	6 个体差异化 了解不同学生的差异,关注并满足学生的个别化需求

(三)学生评教法的程序

学生评教的实施途径主要是问卷调查法和学生座谈法。问卷调查是依据一定的评价标准设计学生评教问卷,由学生对教师的教育教学状况做出评价,然后对问卷结果进行统一处理,获得评价结果的数据信息。学生座谈是通过与部分学生的谈话,更进一步了解学生对教师及其教育教学情况的认识和判断等,获得描述性的质性评价信息。其中,由于具有操作方便、意见收集广泛的优点,问卷调查法更常被使用。但实践中由于在方法程序上存在许多操作不当的地方,因此学生评教的效度降低,基于此,基于问卷调查的学生评教法可归纳为以下步骤。

1. 确定评价指标

开展学生评教调查首先要明确具体评价指标和内容。评价指标代表着学校对教师教学行为评价的标准,科学确定学生评教的评价指标应遵循三个原则。

(1)导向性原则。学生评教的指标导向是以教为中心还是以学为中心,体现着学校教育教学理念倡导的方向,评价指标设计应体现目标和要求的一致性。

(2)可观测性原则。指标设计要考虑到学生能否进行感知与判断,实践中一些学校的评教指标照搬学校考核指标,包括教师考勤、教研、备课等,而这些指标学生很难准确判断。因此,学生评教的指标内容应是具体、客观、可观测、可实践的。

(3)激励性原则。学生评教更核心的价值在于发挥发展性功能,通过学生反馈切实帮助教师改进。因此,评价指标应具备积极、正面的引导和激励作用。

2. 编制和修订问卷题目

基于评价指标进行学生评教题目的编制包含以下步骤。

（1）选择适合的题型。学生评教调查中常用的题型包括等级量表题、选择题、主观题、情境测验题等，对于小学生来讲，情境测验题能获得更为客观的调查结果，但题目编制难度较大。

（2）编制题目。编制题目时应注意以下要点：题目的编制要适应答题者的认知水平，尤其在小学阶段，要充分考虑小学生的年龄、阅读水平、理解能力，用小学生能够理解的、简洁明了的语言进行问卷设计，避免使用复杂抽象的概念；题目要避免具有双重含义；问题要避免带有倾向性；避免用否定形式提出；问题指示要明确、避免含糊；题目数量不宜过多。

（3）访谈修订题目。通过与答题者访谈，了解学生对题目含义的理解，并基于学生的理解进行题目的修订与完善。

3. 问卷的编排与组织

一份完整的学生评教问卷一般包括问卷标题、指导语、题目和答案选项、问卷结束语四大部分。在进行问卷的编排组织时应遵循三个基本原则。

（1）题目难度排列总体上应由易到难。

（2）为减轻答题者的答题负担，同类型的题目可放在一起，统一进行答题说明。

（3）根据题型本身特点调整排列顺序，如请学生给教师提建议等主观题可排列在客观题后面。

4. 问卷的组织实施

在实践中，学生评教的问卷包括纸质版问卷、电子版问卷两种；在数据采集过程中，可分为集体作答和分散作答两种形式。为减少学生不认真作答或无效作答的情况，提高学生评教的有效性，在组织实施过程中应注意以下要点。

（1）事先对师生进行答题说明，说明问卷的发展性目的，明确学生评教对教师专业发展的促进作用，以避免出现学生觉得没有用而乱答，教师出于种种担心的心理暗示学生"往好了答"的现象。

（2）学生作答期间，避免被评价教师（包括班主任和科任教师）站在旁边，以免产生答题干扰。

（3）一般情况下，小学生的作答建议在学校统一组织完成，一方面可以避免发生家长替答等现象，另一方面由于小学生答题操作不熟练，在校统一作答方便进行答题说明和指导。

5. 数据分析与结果使用

一项针对学生评教的研究表明：校长通常认为学生评教是为了促进教师反思与改进教学行为，而 73.4% 的教师却不这样认为，在他们看来，学生评教完全是为了鉴定与证明，以作为对教师进行评优和奖惩的参考。出现这一现象的原因关键在于学生评教的数据分析和结果使用出现了偏差。在实践中，很多学校习惯于将学生评教的所有指标简单相加，给每位教师打出一个总分，并且在评奖评优等活动中进行参考，这自然会带来教师对学生评教奖惩性功能的理解。为真正发挥学生评教的发展性功能，学生评教的结果可以以教学班为单位进行统计，计算各评价指标的平均分，并将分项的结果反馈给任课教师，不进行排名排队，也不直接和高利害活动挂钩，只有这样才能真正帮助教师基于学生评教进行教学反思与改进。

（四）学生评教法的优势与局限

目前,学生评教法已经成为国内外大中小学校评价教师教学行为的重要组成部分。学生评教优势突出表现为以下两点。一方面,学生评教能够从学生个体层面给出一种额外的、以不同的视角审视教师教学行为的评价。教育的效益一定产生在教师与学生互动、接触的过程中,教师的行为也只有被学生感知和接受,并使学生表现出有效的学习行为时,其效果才能体现出来。因此,作为受教育对象,学生是最有资格对教师教学效果进行评价的主体,学生评教能够为教师专业发展提供宝贵信息。另一方面,学生评教通常采用问卷调查的方式进行,相比于课堂观察评价、档案袋评价等方式,学生评教可以较少地耗费人力和物力,操作实施也较为简便,同时也能够获取丰富的数据信息。从实际效果来看,大部分开展学生评教的学校教师认为从学生中得来的反馈意见对改进教学有很大帮助。

当然,围绕学生评教法的争议也一直存在,有研究认为,并非所有学生评教都有助于改进教师的教学工作,学生评教会受到班级大小、课程学科类型、教师教龄、评价方式等多种因素的影响。尤其当学生评价结果与教师评职称、晋级、薪酬等利益挂钩时,学生评价的有效性和可信度就会大打折扣。受学生自身年龄、经验、判断能力的影响,中小学生正处在身心未完成状态,认识、判断问题往往凭直觉与感受,评价一般都直接指向教师教育教学行为本身,缺少对问题的深层理性思考。同时,也缺乏相关的评价知识与技能,在评价过程中容易受多种因素的影响,这些都会影响学生评教的效度。此外,在实践中有人对学生评教的不满还体现在他们认为部分教师会为了得到好的评价结果而取悦学生,这反而会阻碍教师发展。

尽管学生评教仍然存在一些争议,但国内外几十年的研究表明,学生评教的实践已经有了很大发展,学生评价的视角已被研究者证明与课堂观察同样对学生学业成绩具有较强的预测力,学生能够提供可被信任的、有效的教师评价结果。有研究者在对大量研究进行综述后发现,不同学生群体对教师的评价具有一致性,并且学生能够有效区分出不同教师在教学、态度、情感等不同方面的效能,学生也不会因为某个教师受欢迎就在所有方面都给予好的评价。这表明学生评价是可信的,并非有的研究者和教师所认为的反复无常或者任性武断。[①] 同时,为了提高学生评教的有效性,研究者提出了在实施过程中需要注意的几点策略。

（1）提高参与评价的学生人数。研究表明,当班级中参与评价的学生人数足够多时,可靠性或一致性程度会较高,学生评价会具有较高的信度,当参与评价的学生为20人时,评价信度接近0.90;当参与评价的学生为50人时,评价的可靠性高达0.95。由此可知,当学生参与样本量大,并且在结果中取学生对教师教学行为评价的平均得分时,这种偏差已经可以被忽略不计。[②]

（2）阐明学生评教对教师的发展性目的。研究者发现,当学生知道对教师进行评

---

① ALEAMONI. Student rating myths versus research facts from 1924 to 1998[J]. Journal of personnel evaluation in education, 1999,13(2), 153-166.

② MAULANA, HELMS-LORENZ, VAN DE GRIFT. Development and evaluation of a questionnaire measuring pre-service teachers' teaching behaviour: a Rasch modelling approach[J]. School Effectiveness and School Improvement, 2015, 26(2), 169-194.

价的目的是形成性的,是为了促进教师改进时,他们会给出非常真实客观的评价,但如果他们知道评价是为了对教师进行问责或其他高利害使用时,他们会倾向于给出更好的评价。①

(五) 学生评教法的运用

学生评教法在众多学校得到广泛应用,以引领教师学会从学生视角评价和审视自身教育教学的效果,建立良好的师生关系,进而促进教师专业发展。以下呈现的案例为 A 教师在某次学生评教结果出来后自己的心路历程、自我调整路径和效果,体现出基于学生评教法的教师自我反思与成长。②

案例故事

基于学生评教的教师自我反思与成长

A 教师为一位入职五年的普通英语教师,学校对个别化教育、全人教育、课堂效果、学科素养、受学生喜爱程度、作业情况六个方面的内容开展了学生评教活动。在拿到其教授的两个教学班的学生评教结果后,他做了以下工作。

1. 认识数据,读懂数据

A 教师认为,在分析学生评教数据前,教师要首先认识到"评价就是要发现问题,进而帮助教师自我提高,只有教师自己的心态摆正了,才能更冷静地分析学生呈现的数据,能从诊断和提高的角度来思考,就一定会有收获"。

基于这个基本认识,A 教师开始对数据结果进行分析,他发现:在本次结果中,他在教学 1 班多数指标的得分略高于教学 2 班,其中在"课堂效率""受学生喜爱程度"两方面,教学 1 班对其评价显著高于教学 2 班。面对数据,A 教师有些焦急:"教学 2 班的学生觉得课堂效率低、教学 2 班的学生不喜欢我,怎么办?"

2. 分析原因,反思自己

为帮助自己分析原因,A 教师做的第一件事是找相熟的教师倾诉,教师们给他的反馈有"两个班级的数据差别较大,背后的原因是什么?""学生觉得课堂效率低,仅仅是他们的感受低,还是真正的效率低?""这个阶段的复习课有什么特点,是不是每个班的需求不同?"……这给了 A 教师启发:教学 1 班是文科班,教学 2 班是理科班,文科生和理科生英语学习的特点不太一样,作为教师的我们可能在教学中会考虑学生的学业水平、接受能力,可是我们在备课时是否考虑过班级氛围、学生的性格特点。

基于这些分析,A 教师开始反思自己对两个教学班的教学,发现在这两个教学班存在两点差异,却一直被他忽略了。一是文科、理科的学生特点不一样:文科生比较活跃、发散,理科生更为安静、严谨。二是考试总分相差不大,但分数构成有所不同:文科生在完型阅读上有优势,而理科生的细节阅读比文科生好,但对于夹叙夹议类文章、主旨大意题是弱项。由此 A 教师恍然大悟,用相似的教学策略和方法去面对班级特点、学生需求截然不同的两个班,得到的评价自然是不同的。

---

① MACBEATH,MCGLYNN. Self-evaluation:what's in it for schools? [M]. London:Routledge, 2002.

② 陈慧娟,李凌艳,田俊.以学校教育教学自我诊断促进教师自主发展[J]. 教育科学, 2017,33(2):41-46.

3. 调整改变,提升效果

基于对原因的分析和反思,A教师及时进行了以下调整。一是把班级学生性格特点和班级氛围纳入备课要素中;二是找准不同教学班的"痛点",有针对性地教学;三是根据教学班特点,实现班级作业的个性化;四是实现不同学生课后辅导的个性化。经过一个学期的调整,第二次学生评教结果有了显著变化,A教师也明显感觉到"与学生关系更近了",水到渠成的是,两个教学班均取得了令人满意的成绩。

回顾从当初拿到数据的焦急,到一步一步分析原因、进行调整,最后得到意想不到的效果。A教师写下这样的感触:"改变和调整已经成为教育教学活动的一种常态,用好数据,去改变,去调整吧!"

◎**体验练习:**

根据所学内容,尝试编制一个学生评教的问卷,思考在设计评价指标时,从学生视角评价教师教育教学效果,与从校长、专家和同行角度评价有何异同。

本章通过情境导入、知识讲解、案例解析等多种方式,帮助学习者理解小学教师专业发展评价为什么评、谁来评、评什么以及如何评的问题。其中,教师专业发展评价从目的上看包含侧重问责的奖惩性教师评价和侧重改进的发展性教师评价;从主体上来看,包括自上而下和自下而上的他人评价,同行评价以及教师自我评价。从教师专业发展评价的内容来看,教师专业发展评价主要包含教师素质评价、教师工作过程评价和教师工作绩效评价。此外,本章还重点介绍了实践中常用的三种评价方法,课堂观察评价法、教师档案袋评价法和学生评教法,并对其内涵、内容、程序、优势与局限进行了详细说明。理解小学教师专业发展评价的目的、主体、内容和方法,有助于小学教师更加清晰地认识自身专业发展的方向、目标达成度和实现路径,促进终身学习和专业发展。

第八章
思考题

第八章
思考题参考答案

第九章 小学教师专业管理体制

学习目标

理解教师的权利与义务,了解当今教师的待遇与社会地位状况,明确小学教师的职称与奖惩制度,能够认同专业组织在教师发展中的重要价值,明晰各专业组织的基本特征。重点掌握教师的权利和义务。

1. 识记
◆ 教师法律特征;教师权利;教师义务
◆ 教师的经济待遇;教师的政治待遇
◆ 教师职称评审制度;师德评价
◆ 专业发展组织;虚拟教研室

2. 领会
◆ 教师权利与义务的相辅相成性
◆ 提高教师社会地位的意义
◆ 师德奖惩的意义与价值
◆ 教师参与教师专业发展组织的意义与价值

3. 应用
◆ 结合实际,分析教师应该履行的义务
◆ 结合实际,分析当今小学教师的待遇和社会地位
◆ 结合实际,谈谈国内优秀教师评定的基本标准
◆ 结合实际,谈谈网络学习共同体的基本特征

建议学时

6 学时

案例导读

我们到底需要什么样的教师管理?实际上,存在着两种管理的方式,一种是"掌舵式管理",另一种是"划桨式管理"。如果教育管理者放弃掌舵不管,却要手把手地教教师们怎样去划桨,甚至手拉手地拽着教师划桨,那肯定达不到优良的管理效果,也无法真正实现素质教育的目标。

山东青岛山东路小学所实行的民主管理就是一种掌舵式管理。其基本做法就是尊重教师、尊重学生、尊重家长,让他们做学校的主人。在管理过程中,时任校长李全慧建立了"分权、公开、自治和合作治理"的学校民主管理体系,让青岛山东路小学这所有着悠久历史的老校重新焕发了青春。民主开放、和谐共生的教师团队建设,密切了干群关系,增进了教师间的沟通。学生自管会的组建、美好未来课程的构建,让更多的孩子找到了适合自己发展需要的平台,学生的民主意识不断得以培养。而三级家委会的建立与运行,拓展了学校与家庭沟通合作的空间和内容,彼此的尊重和信任形成了学校更坚强的教育合力。师生、家长们普遍认为:民主、人文已经成为山东路小学最大的变化。学校平稳驶入了快速发展的轨道。

在内涵上,掌舵式的管理要把单一的领导变为主动提供服务;把严厉的管束变为对学校和教师的理解和信任;把过分的控制变为更多的交流和对话;把过于集中的教

育教学权分散给学校和教师;不是刻意压抑教师的教学个性,而是想方设法扶植多元化的教学,鼓励有教学创意的教师脱颖而出。这样的教育管理才是有效的管理、有远见的管理和成熟的管理。

管理需要激发管理对象的活力与创造力。小学教师管理涉及对小学教师权利的保障,包括保障其政治待遇、经济待遇,以及与之密切相关的教师社会地位。除了权利保障,小学教师还必须履行相关义务。对小学教师的管理既通过学校这一组织机构,也通过职称评审制度与师德评价等来实现。

第一节　教师的权利和义务

教师权利与义务是教师依法享有的权利与应尽的义务,其具体内容由《中华人民共和国教师法》予以规定。2021 年 11 月,为贯彻落实习近平总书记关于教育的重要论述特别是关于教师队伍建设的重要指示批示精神,教育部在深入调研基础上,研究形成了《中华人民共和国教师法(修订草案)(征求意见稿)》(以下简称《教师法(征求意见稿)》),并面向社会公开征求意见。

一、教师的法律特征

《教师法(征求意见稿)》指出,教师是指在各级各类学校和其他教育机构中专门从事教育教学工作的专业人员。该法第三条规定:教师承担着为党育人、为国育才,立德树人,培养德智体美劳全面发展的社会主义建设者和接班人、提高民族素质的崇高使命。教师应当为人师表,有理想信念、有道德情操、有扎实学识、有仁爱之心,忠诚于党和人民的教育事业。这是教师的法律概念。这一概念包含以下几层含义。

(一)教师是专业人员

教师是承担教育教学任务的专业人员,这是就教师的身份特征而言的。如同医生、律师一样,教师是一种从事专门职业活动的专业技术人员。《教师法(征求意见稿)》第十三条还指出了教师的"特别身份",公办中小学教师是国家公职人员,依据规范公职人员的相关法律规定,享有相应权利,履行相应义务。

(二)教师的使命是为党育人、为国育才,立德树人

立德树人强调了"德"在人的素质中的核心地位和德育在学校各项工作中的首要地位,教学、科研、管理都要服务于"立德"。"立德树人"还强调了"立德"是"树人"的一种方式,树人需要立德,立德才能树人。当下我国强调的"立德树人",说到底就是"立"社会主义之"德","树"社会主义事业的建设者和接班"人",提高民族素质,为党育人,为国育才。中国式现代化宏伟事业需要培养德智体美劳全面发展的社会主义建设者和接班人,这是青少年健康成长和全面发展的关键,也是我国社会主义现代化建设顺利发展并取得成功的关键。

(三)"四有"好老师是教师的重要标准

"四有"好老师出自 2014 年第 30 个教师节前夕,习近平总书记视察北京师范大学时勉励广大师生的讲话,是指有理想信念、有道德情操、有扎实学识、有仁爱之心的好老师。"理想信念"是好老师的人格基石。一个有理想信念的好老师,是社会主义核心价值观的带头践行者和传播者。"道德情操"是好老师践行教育使命的核心品质。一个有道德情操的好老师,把敬业爱生作为教育工作的根本准则。"扎实学识"是好教师的重要保障,教师应具备精深的学科知识、灵活的教育教学知识以及广博的文化知识。"仁爱之心"是好老师的实践素养。这种爱包括呵护学生、尊重学生、关爱学生,满怀欣喜地期待学生健康成长。

二、 教师的基本权利

《教师法(征求意见稿)》第九条规定教师享有 7 项基本权利。

(一) 自主开展教育教学活动权

教师可以根据学校的教学计划、时间安排等具体要求,结合自身的教学特点,自主地组织课堂教学活动,并获得相应设备支持和资源保障。教师可按照教学大纲、教科书要求,自主确定教学进度和教学内容。教师可根据不同教育对象,自主确定教育形式和教学方法,以更有利于学生的学习和发展。教师可依法排除对自己正常履行教育教学工作职责构成障碍的不适当的干扰和影响。

(二) 科研学术权

教师可在完成规定的教育教学任务的前提下,自主进行有利于教学改革的实验和研究。教师可以自主参加学术交流,发表自己的研究成果;教师可以参加专业的学术团体,参加团体活动,提高研究能力。

(三) 指导学生学习和发展权

教师可根据有关要求,对学生的品行和学业成绩做出尽可能客观公正的发展性评价。教师可以对学生进行表扬、奖励、批评以及教育惩戒等。没有惩罚的教育是不完整的、脆弱的、不负责任的教育。科学惩戒是一种教育方式,但在本质上同期望、激励、表扬等方式一样,都指向学生的进步。2020 年,教育部颁布的《中小学教育惩戒规则(试行)》将教育惩戒纳入法治轨道。

(四) 按时获取工资报酬与相关待遇权

《教师法(征求意见稿)》对于教师带薪休假的表述原封不动地保留了,依然是"按时获取工资报酬,享受国家规定的福利待遇以及寒暑假期的带薪休假"。这意味着国家对于该项权利高度认可。众多调查研究表明,我国中小学教师工作时间普遍较长,大多处于超负荷工作状态,没有多少闲暇时间。在寒暑假放假期间要配合学校进行教研的各种任务,完成培训等工作,还要和家长加强沟通,监督学生完成学习任务,甚至还有学校值班任务等。因此,按时获取工资报酬与相关待遇权是教师的基本权利。

(五) 参与学校的民主管理权

教师参与管理学校,对学校教育教学、管理工作享有知情权、参与权、表达权和监督权,通过教职工代表大会或者其他合法方式参与学校的民主管理。教师参与管理既是学校民主管理的需要,也是学校健康发展的需要。现代社会是一个民主的社会,学校也应该是一个民主的学校,因此学校管理必须尊重教师的权益,让他们主动充分参与管理,成为学校管理的主体。教育部 2011 年印发的《学校教职工代表大会规定》指出,学校教职工代表大会是教职工依法参与学校民主管理和监督的基本形式。教职工代表大会在中国共产党学校基层组织的领导下开展工作。教职工代表大会的组织原则是民主集中制。

（六）科研成果转化权

教师在开展课程与教学资源研发，以及开展科学研究过程中，可能会产生具有创新性、应用性的研究成果，教师可以对科研成果进行转化。教育科研成果转化是指把教育科研成果运用于教育实践并融入教育实践，进而成为理念创新、方法改进、政策制定、制度完善等实践成果。科研成果转化具有多重价值，如教育价值、实践价值、决策价值和经济价值等，教师可以获得相应利益。这就构成了教育科研成果转化的四种驱动力：经济驱动力、学术驱动力、教育驱动力和决策驱动力。这四种驱动力构成了科研成果转化的利益指向，这是教师应该享有的权利。

（七）参加进修培训权

进修培训权是教师不断接受教育，获得自我充实和提高的基本权利和必要手段。其主要内容包括：首先，教师有权参加进修和接受其他多种形式的培训，以提高自己的思想品德和业务素质，从而保障教育教学的质量；其次，教师有权参加达到法定学历标准和达到高一级学历水平的进修或以拓宽知识为主的继续教育培训等。

三、教师的权利保障

《教师法（征求意见稿）》对教师权利提供了履职保障、申诉制度，以及法律责任认定。

（一）教师履职保障

教师履职保障要求各级人民政府、教育行政部门及有关部门，或者学校和其他教育机构应当履行职责，为教师履职提供以下保障。

（1）提供符合要求的教育教学设施、设备以及相关资源。

（2）保障教师在教育教学、教学研究、科学研究中的自主权以及创造性开展工作的权利。

（3）维护教师依法执教的职业权利，保障教师实施教育惩戒、制止学生违法违规行为、制止侵害学生合法权益行为的职权。

（4）保障教师的人格尊严和人身权利，对侮辱、诽谤、暴力伤害等侵害教师合法权益的行为，及时进行处理，依法追究责任。

（5）保障教师潜心教书、静心育人。除特殊、紧急情况外，不得安排教师到与教育教学无关场所开展相关工作，不得安排教师从事学校以外的执法、执勤或者其他与教师职责无关的工作。

这对于教师各项权利都提供了有力的保障。

（二）教师申诉制度

对于教师权利可能受到的侵害，《教师法（征求意见稿）》也指出，教师认为当地人民政府有关行政部门侵犯其根据本法规定享有的权利的，可以自知道权益受损之日起六十日内向同级人民政府或者上一级人民政府有关部门提出申诉，同级人民政府或者上一级人民政府有关部门应当作出处理。教师可以采用校内救济和外部救济的方式保障自身权利。校内救济是学校或机构内的救济，要求学校或者其他教育机构应当设立由学校相关负责人、教师代表、有关专业人员组成的教师申诉处理委员会，负责处理教师提起的申诉并做出决定。外部救济是指教师向学校的主管教育行政部门提出申诉，或者向同级综合人事管理部门申请人事争议仲裁。

（三）法律责任认定

教师还可以通过法律责任认定来保障自身权利。其中，政府责任是指地方人民政府履行教师投入、待遇和履职保障等教育职责不到位，严重影响本地区教育发展的，应当依法对主要负责人、直接责任人追究相应的行政责任。侮辱、诽谤、殴打教师或者以其他非法手段侵害教师合法权益的，学校、教育行政部门及有关主管部门应当及时予以制止；造成损害的，责令消除影响、恢复名誉、赔礼道歉、赔偿损失；构成违反治安管理处罚规定的，由公安机关依法给予治安管理处罚；情节严重，构成犯罪的，依法追究刑事责任。对正在履行职务的教师进行侵害或者侵害行为产生恶劣影响的，应当依法从重处理。

四、 教师的法定义务

教师的权利和义务是统一的、不可分割的。教师在享有一定权利的同时，必须履行一定的义务。教师的义务是指教师依照《中华人民共和国教育法》《中华人民共和国教师法》及其他有关法律、法规，从事教育教学工作而必须履行的责任，表现为教师在教育教学活动中必须做出一定行为或不得做出一定行为的约束。它由法律规定，并以国家强制力保障其履行。

（一）遵守宪法、法律和职业道德的义务

教师应该遵守宪法、法律法规和职业道德、社会公德，不断提高思想政治素质和个人修养，践行社会主义核心价值观。教师要教书育人、为人师表，更应当模范地遵守宪法和法律，自觉培养学生的民主意识和法治观念，使其成为遵纪守法的公民。

（二）完成教育教学工作的义务

教学工作是教师的本职工作，所以，教师在教育教学活动中，必须贯彻国家的教育方针，落实立德树人根本任务，遵守职业行为准则，执行课程标准，履行岗位职责，潜心教书育人，完成教育教学工作任务。

（三）进行思想品德教育的义务

教师在教育活动中应继承和弘扬中华优秀传统文化、革命文化和社会主义先进文化，对学生进行爱国主义、铸牢中华民族共同体意识和国家安全教育，进行思想品德和法治教育，以及进行科学文化、环境保护、卫生健康等方面的教育，组织、带领学生开展有益的社会活动；教师应自觉地结合自己教育教学的业务特点，将德育工作落实在教育教学工作的全过程中，对学生进行思想品德教育。这不仅是政治思想品德课教师的职责，也是每个教师应该承担的义务。

（四）促进学生全面发展的义务

教师在教育教学活动中，应关心爱护全体学生，尊重学生的基本权利和人格尊严，促进学生德智体美劳全面发展。教师要树立尊重学生人格尊严的法治观念，不歧视学生，更不能侮辱、体罚学生。

（五）保护学生合法权益，促进学生健康成长的义务

教师有义务制止有害于学生的或者侵犯学生合法权益的行为，批评和抵制有害于学生健康成长的现象。教师应当在学校工作和与教育教学工作相关的活动中，对侵犯学生合法权益的违法行为予以制止，保护学生的合法权益不受侵犯，也应当对社会上出现的有害于学生身心健康成长的不良现象进行批评和抵制，这既是全社会的责任，

也是教师义不容辞的义务。

(六) 科学管理学生的义务

教师应依法依规履行公共教育服务职责,公正评价、平等对待、科学管理学生。这一方面要求教师要以公正、平等的态度去面对儿童,平等地看待每一个儿童,在教学过程中聆听和欣赏每一个儿童,给予每一个儿童提问与对话的权利,并以公正平等的方式评价每一个儿童,"每一个"也是教学公正的体现。另一方面,儿童在公正、平等的教学情境中学习,可以在潜移默化的实践探索中形成公正、平等的品质和意识。

(七) 不断提高思想政治觉悟和教育教学水平的义务

教师应不断提高自己的思想政治觉悟和教育教学水平。教育教学工作是一项专业性较强的工作,担负着提高民族素质的使命。随着社会的进步,科技的发展,知识的更新速度不断加快,教师要想胜任工作,适应时代要求和技术变革,就必须更新教育观念,创新教育教学方法,不断提高教书育人能力,成为终身学习的倡导者、践行者。

除了以上基本义务,教师还应履行特别义务。《教师法(征求意见稿)》第十二条指出,幼儿园、中小学教师在履行职责时,应当注重保护未成年学生的人身安全和合法权益,制止学生欺凌和其他有害于学生的行为;发生自然灾害、事故灾难、公共卫生事件等突发事件或者学生伤害事故,应当积极保护、救助学生;应当与学生父母或者其他监护人相互配合,加强对家庭教育的指导,促进家校协同育人。

第二节　教师的待遇和社会地位

一、教师待遇

教师待遇一般是指教师获得的物质上的报酬或政治上的待遇,也就是经济待遇和政治待遇。

(一) 教师的经济待遇

"百年大计,教育为本"。而教育的发展,教师又是根本。但在市场经济条件下,教师在教育岗位上实际劳动的供给,即付出多大的精力教学,在一定程度上取决于从事教育事业和付出教育劳动所能得到的报酬,也取决于对其过去人力投资的收益。《关于教师地位的建议》中写道,应当承认,改善教师的社会及经济地位,改善他们的生活与工作条件,改善他们的就业条件和职业前途,是解决缺乏有能力、有经验教师等所有问题的最佳途径,是使完全合格的人进入教师职业或回到教师职业中来的最好办法。

在我国,一段时间以来,尽管教师享有"灵魂工程师""人民教师"等荣誉,形象不可谓不高大,但人们在选择职业时对教师却敬而远之。其原因很简单,教师待遇太低,职业缺乏吸引力。因此,加强教师队伍的建设,关键是要改善和提高教师的经济待遇。为了改善和提高教师的经济待遇,2006年,人事部、财政部、教育部结合高等学校、中小学、中等职业学校的特点和具体情况,印发了《高等学校、中小学、中等职业学校贯彻〈事业单位工作人员收入分配制度改革方案〉三个实施意见的通知》,决定在高等学校、中小学、中等职业学校实行岗位绩效工资制度。岗位绩效工资由岗位工资、薪级工资、绩效工资和津贴补贴四部分组成。其中岗位工资和薪级工资合称为基本工资。

1. 基本工资

我国中小学校实行岗位管理。按照我国事业单位岗位设置管理制度，义务教育学校岗位分为管理、专业技术和工勤技能三类。管理岗位设置了从一级至十级的十级职员岗位。专业技术岗位分高级、中级、初级，高级岗位分七个等级，即一级至七级，其中正高级的岗位包括一级至四级，副高级的岗位包括五级至七级；中级岗位分三个等级，即八级至十级；初级岗位分三个等级，即十一级至十三级，其中十三级是员级岗位（实习）。工勤技能岗位包括技术工岗位和普通工岗位，其中技术工岗位从一级至五级，共五个等级；普通工岗位不分等级。实际上，义务教育学校没有设置管理岗位，绝大多数岗位为专业技术岗位，还有少量的工勤技能岗位。每个岗位都有对应的工资级别和标准，对于自下而上的岗位晋升也有相应的规定。薪级工资主要体现工作人员的工作表现和资历。对专业技术人员和管理人员设置 65 个薪级，每个薪级对应一个工资标准。对不同岗位规定不同的起点薪级。教师根据工作表现、资历和所聘岗位等因素确定薪级，执行相应的薪级工资。

岗位工资和薪级工资合并为基本工资。基本工资执行国家统一的政策和标准。中等职业学校教师、中小学教师的岗位工资和薪级工资标准，在新的专业技术人员基本工资标准的基础上分别提高 10%。

2. 绩效工资

绩效工资主要体现工作人员的实绩和贡献。国家对事业单位绩效工资分配进行总量调控和政策指导。事业单位在核定的绩效工资总量内，按照规范的程序和要求，自主分配。依照《关于义务教育学校实施绩效工资的指导意见》，绩效工资分为基础性和奖励性两部分。基础性绩效工资主要体现地区经济发展水平、物价水平、岗位职责等因素，占绩效工资总量的 70%，具体项目和标准由县级以上人民政府人事、财政、教育部门确定；奖励性绩效工资主要体现工作量和实际贡献等因素，在考核的基础上，由学校确定分配方式和办法。

3. 津贴补贴

事业单位津贴补贴，分为艰苦边远地区津贴和特殊岗位津贴补贴。艰苦边远地区津贴主要是根据自然地理环境、社会发展等方面的差异，对在艰苦边远地区工作生活的工作人员给予适当补偿。艰苦边远地区的事业单位工作人员，执行国家统一规定的艰苦边远地区津贴制度。实施艰苦边远地区津贴所需经费，属于财政支付的，由中央财政负担。例如，江西省 2015 年将边远地区农村中小学教师特殊津贴标准由每人每月 210 元提高到每人每月 300 元，最边远地区农村中小学教师特殊津贴标准由每人每月 360 元提高到每人每月 500 元。特殊岗位津贴补贴主要体现对事业单位苦、脏、累、险及其他特殊岗位工作人员的政策倾斜。国家对特殊岗位津贴补贴实行统一管理。例如，班主任津贴和特殊教育津贴等就是对那些在特殊岗位工作的教师的一种报酬补偿。

（二）教师的政治待遇

良好的政治待遇包括丰富的政治活动阵地、畅通的政治发声渠道、参与重要会议和活动的机会。通过提高政治待遇发挥更大的政治作用，是提升教师政治地位的重要手段。一是教师获取更多参政比例。政治参与是提高政治地位的最直接手段，参政比例的提高有助于教师群体在政治生活中占据更多话语权,充分发挥知识分子在政治生活中的作用。二是教师担任更多政治职务。通过在教育系统之外的政府部门担任各级职务,教师能拥有更大的对政治事务和社会事务的决策影响力。三是教师获取并有效利用更多政治资源。教师取得与其所发挥作用相匹配的声誉、决策权、提拔机会等,合法合理地取得更多资源,促进教育更好更快发展。①

二、 教师的社会地位

《中国教育现代化 2035》将"努力提高教师政治地位、社会地位、职业地位"作为建设高素质专业化创新型教师队伍的重要内容。党的十八大以来,党中央始终高度重视教育事业发展,对提高教师政治地位十分关注。因此,提高教师政治地位成为各方关注的焦点。2018 年 1 月,《中共中央 国务院关于全面深化新时代教师队伍建设改革的意见》强调,教师地位"特别重要",需要"提升教师的政治地位、社会地位、职业地位,吸引和稳定优秀人才从教"。2018 年 9 月,习近平总书记在全国教育大会上强调,努力提高教师政治地位、社会地位、职业地位,让广大教师享有应有的社会声望,在教书育人岗位上为党和人民事业作出新的更大的贡献。

(一)提高教师的社会地位,使教师职业真正成为人们认可的职业

教师职业作为开展教育教学活动的关键角色,是社会不可替代的职业,然而在现实社会中,教师职业并未得到普遍认可,诋毁教师形象的言论和损坏教师形象的行为时常出现,威胁着教师的社会地位。因此,需要从法律和政策的角度维护教师的形象,保障教师的社会地位,将教师应有的社会地位落到实处。此外,随着信息技术的不断进步,教师的"一言一行"都可能出现在人们面前。优秀教师评选得到全球各国、各类组织的关注,如瓦尔基环球教育集团(Varkey Gems)基金会组织评选的"全球教师奖",美国的"年度教师"评选,我国的"最美教师"等评选。评选优秀教师的目的除了发挥典型示范作用,还可以增进社会对教师职业的了解,增强社会对教师成长过程的认识,以此提高社会对教师职业的认可程度。因此,大力宣传优秀教师的典型事迹,不仅有利于促进其他教师的专业成长,还有利于提高教师的职业声望,使教师受到全社会的认可和尊敬。

(二)赋予教师足够的政治地位,使教师职业真正成为人们尊重的职业

政治地位指的是个人或团体在政治关系中所处的位置或具有的重要性,具体表现为政治参与情况、在政治结构中的作用、在政治生活中的社会评价等。我国教师承担着教书育人、培养社会主义建设者和接班人、提高民族素质的使命,必须赋予其足够的政治地位。

第一,教师享有基本的政治权利。教师群体作为我国公民的重要组成部分,依法享有宪法规定的公民基本政治权利,这是提高教师政治地位的先决条件和重要保障。新中国成立以来,"人民教师"地位的确立,"教育大计、教师为本"理念的形成,以及相关教育法律的出台,都为教师享有基本政治权利、提高政治地位奠定了一定基础。

第二,教师具备良好的政治形象。② 政治形象指的是外界对某个群体政治作用的

---

① 吴晶,葛亮.提高教师政治地位的困境及路径选择[J].教学与管理,2020,(18):50-52.
② 吴晶,葛亮.提高教师政治地位的困境及路径选择[J].教学与管理,2020,(18):50-52.

总体观感和评价,是该群体政治地位的集中体现。社会各界对教师群体参与政治生活的能力和作用的看法及认可程度,是教师政治地位的重要反映。取得更高的社会认可度,能有效促进教师在政治生活中发挥更大的作用。现阶段提高教师政治地位,除了要关注教师自身政治权利的行使情况,也要考察社会对教师政治地位的评价。

(三) 增加教师的经济收入,使教师职业真正成为人们向往的职业

为了吸引优秀的人才加入教师队伍,增加教师的经济收入和福利待遇依然是最直接、最简单的途径。并且,需要保证教师获得工资和福利待遇的权益得到切实维护,只有这样,教师才能够放心地投入教育教学活动中。

(四) 提升教师的专业地位,使教师职业真正成为人们信任的职业

提高教师专业地位是使教师职业成为一种不可替代的职业的关键。教学是教师专业地位的集中体现,因此,教师只有在教学活动中表现得足够专业,才能真正得到人们的信任,人们才会相信教师能够实施良好的教育。那么,如何提高教师的教学专业性成为提升教师专业地位的关键问题。第一,应制定符合时代要求的教师专业标准,在我国,"核心素养"导向的课程建设要求教师能够培养学生的核心素养,换而言之,"核心素养"应当成为制定新时代教师专业标准的指导思想。第二,应组织有针对性的教师教育和培训,培养达到专业标准的教师。由于基于核心素养的课程建设具有全新的理念,开展有针对性的教师教育和培训能帮助教师理解这种全新的理念,帮助其掌握开展基于核心素养课程教学的能力。给教师实践提供专业指导,不仅可以防止教师偏离正确的教学理念,还可以提高教师的专业性,从而培养学生的核心素养,使教师真正成为人们信任的职业。

资料链接

芬兰严格选拔师范生,保证优质的教师来源

师范生的生源在某种程度上影响教师的质量。有学者指出芬兰的教师地位高于其他国家,立志做教师的人多于立志做医生、律师、工程师等职业的人。芬兰大学录取率是 31.4%,师范专业竞争激烈,录取率仅为 10%,于韦斯屈莱大学 2005 年度师范专业录取率为 6.3%,落榜的学生需到教学一线做助教,积累经验,第二年再考。在芬兰,教师职业备受尊重,一批最优秀的高中毕业生选择了师范专业,保证了良好的师范生生源。另外,芬兰高考是两轮选拔,先是根据高中毕业会考成绩、高中毕业证书和相关工作经验进行选拔,择优录取;然后各个师范大学根据自行制定的标准进行第二次选拔。为了保证未来教师的能力和责任心,每个师范大学在第二次选拔时都注重考察学生对教师职业的认识和倾向性。总之,芬兰在招生制度上,严格选择师范生,保证了优质的教师来源。

第三节　小学教师的职称与奖惩制度

一、 小学教师职称制度

中小学教师职称制度是评价中小学教师工作质量、激励中小学教师晋升、提升中小学教师工作效率、优化中小学教师队伍的基础。我国中小学教师职称制度自 1986

年确立以来,在 2009 年、2015 年和 2017 年都进行了改革。2022 年教育部等八部门印发的《新时代基础教育强师计划》强调要充分考虑不同地域、不同学段、不同学科的特点和要求,进一步完善教师职称评价标准,深化教师职称改革。中小学教师职称设置的改革表现为三方面:一是将中学教师和小学教师独立的职称制度体系改为统一的中小学职称制度;二是统一职级和名称,充分尊重中小学教师的专业地位和社会声望;三是教师职称与事业单位专业技术岗位等级相对应。1986 年和 2015 年中小学教师职称设置比较见表 9-1。

表 9-1　1986 年和 2015 年中小学教师职称设置比较

1986 年中小学教师职称设置		2015 年中小学教师职称设置				
职称等级	名称	职称等级	名称	与原有职称对比		专业技术岗位等级
高级	高级教师	高级	正高级	正高级教师	—	—	一级至四级
			副高级	高级教师	原中学高级教师	—	五级至七级
中级	一级教师	中级	中级	一级教师	原中学一级教师	原小学高级教师	八级至十级
初级	二级教师	初级	助理级	二级教师	原中学二级教师	原小学一级教师	十一级至十二级
	三级教师		员级	三级教师	原中学三级教师	原小学二、三级教师	十三级

资料来源:根据 1986 年《中学教师职务试行条例》《小学教师职务试行条例》和 2015 年《关于深化中小学教师职称制度改革的指导意见》整理。

中小学教师职称制度的评价标准大多是围绕专业知识、学习经历、教育教学、班级管理、科研、工作实绩、影响力 7 个维度,从 1986 年和 2015 年的职称评价标准比较来看,不同职级教师职称标准逐渐增高,在不同阶段,同一维度的要求逐渐增高。中小学教师职称评审的烦琐程序时常被中小学教师诟病,在个人申报、考核推荐、专家评审、学校聘用环节中提交诸多材料,使许多中小学教师身心俱疲。因此,简明化、人性化、透明化的评审过程是中小学教师职称制度的改革方向。《教师法(征求意见稿)》中指出,教师初级职务和中级职务不受岗位比例限制,根据教师履行职务的年限和要求,依照规定晋升。这既是评价标准的改革,也是评审程序上的简化,一定程度上规避以往晋升名额受限、评定标准游离、评定程序不公开等问题。

中小学教师水平评价基本标准条件包括教师必须拥护党的领导,胸怀祖国,热爱人民,遵守宪法和法律,贯彻党和国家的教育方针,具备相应的教师资格、专业知识和教育教学能力,身心健康。同时还针对正高级教师、高级教师、一级教师、二级教师的具体要求做出了规定(见表9-2)。三级教师一般具备大学专科学历,并在小学、初中教育教学岗位见习1年期满并考核合格;或者具备中等师范学校毕业学历,并在小学教育教学岗位见习1年期满并考核合格,就直接根据其教育教学情况、胜任情况等给予评定。职称晋升从三级教师一步步向二级、一级、高级和正高级晋升。

表9-2 小学教师职称评审基本条件

条件要求	正高级教师	高级教师	一级教师	二级教师
职业道德与信念	具有崇高的职业理想和坚定的职业信念,长期工作在教育教学第一线,教书育人成果突出	能有效进行思想道德教育,积极引导学生健康成长,教书育人成果比较突出	正确开展思想道德教育,有比较丰富的工作经验,并较好地完成任务	比较熟练地掌握教育学生的原则和方法,能够胜任工作,教育效果较好
教育教学业绩	教育教学业绩卓著,教学艺术精湛,形成独到的教学风格	教学经验丰富,教学业绩显著,形成一定的教学特色	独立掌握所教学科的课程标准、教材、教学原则和方法,教学经验比较丰富	具有所教学科必备的专业知识,能够独立掌握所教学科的教学大纲、教材,正确传授知识和技能
教育研究能力	具有主持和指导教育教学研究的能力,在教育思想、课程改革、教学方法等方面取得创造性成果	具有指导与开展教育教学研究的能力,在课程改革、教学方法等方面取得显著的成果	具有一定的组织和开展教育教学研究的能力,并承担一定的教学研究任务	掌握教育教学研究方法,积极开展教育教学研究和创新实践
指导研究能力	在指导、培养一级、二级、三级教师方面做出突出贡献,在本教学领域享有较高的知名度	胜任教育教学带头人工作,在指导、培养二级、三级教师方面发挥了重要作用,取得了明显成效	在培养、指导三级教师提高业务水平和教育教学能力方面做出一定成绩	无要求
学历资历	一般应具有大学本科及以上学历,并在高级教师岗位任教5年以上	博士学位+一级岗位两年;硕士、学士、本专科+一级岗位5年以上	博士学位;硕士+二级岗位2年以上;学士、本专科+一级岗位4年以上;中专+二级师岗位5年以上	硕士学位;学士或本科+见习1年考核合格;大专+三级岗位2年;中专+三级岗位3年

中小学教师职称制度虽然有变化,但是核心内容是必须在职称评审时坚持的。[①]

---

① 马永全,李秀云.我国中小学教师职称制度改革:历程、特征与启示[J].中国教师,2022(12):10-14.

（一）以师德为先的地位不动摇

教师职称评审制度实行师德"一票否决制"，师德是每一位教师都应坚守的底线和不可触碰的红线。无论中小学教师职称制度怎样改革，都将对师德的要求与考量置于教师职称制度的首位。

（二）秉持教育公平的理念不改变

中小学教师职称制度的改革实则体现着教育公平的理念。在教师职称制度的试点选取上，兼顾东、中、西地区。从教师职称制度的覆盖群体上看，对于乡村教师有一定倾斜。2015年相关文件中指出，在乡村学校任教（含城镇学校教师交流、支教）3年以上、经考核表现突出并符合具体评价标准的教师，在同等条件下优先评聘。同时，要求加大对一线教师特别是偏远地区教师职称评审的支持，对其放宽学历要求，不作论文、职称外语和计算机应用能力要求，侧重考察其工作实绩、工作年限。乡村中小学教师可按规定"定向评价、定向使用"，这种倾斜是站在乡村教师立场、站在偏远地区广大教师的立场思考的结果，努力实现教育资源公平和均衡。

（三）坚持能力优先的原则不改变

中小学教师职称评审制度注重教育教学能力和工作业绩，切实改变重论文、唯学历的倾向。《教师法（征求意见稿）》规定，副高级以上职务，通过评审等方式竞争性获得；教育行政部门应当会同有关部门科学、合理制定中小学岗位设置指导意见；中小学副高级以上岗位设置应当平衡考虑教师的学科教学能力和师德育人能力。换言之，副高级以上职称的比例、指标不再像过去那样呆板，教师教学能力达到一定水平，业绩突出就可以扩大比例、增加指标，让"能者上"。副高级以上岗位的教师要以"年限+表现"综合判断，通过竞争方式获得。这种"能力优先"的原则，体现出国家对教学能力和育人能力的重视。

（四）坚守潜心育人的初衷不改变

中小学教师职称评审应以潜心育人为基本立场，教学工作是中小学教师的本职工作，坚守教学本职工作，能够在一定程度上规避职称评审中唯学历、唯论文的弊端，尊重教师一线教学的本职工作，也就是尊重教师的劳动成果，尊重教师的专业地位。对于已经评上职称的不同职级教师而言，仍要以教学为重，发挥自身特长，保持育人初衷不动摇。

除了职称评审，在各地区中小学，还存在着名师、骨干教师、教坛新秀等的评选，这些不是职称等级，但作为荣誉称号，对教师也存在着激励与专业引领作用。

资料链接

××地区小学首席名师、名师、骨干教师、教坛新秀评选方案

为全面推进学校教育教学改革、全面提高教师师德修养和课堂教学水平，造就一支在教育教学实践中发挥示范带动作用的名师和骨干教师队伍，进一步加大名师和骨干教师培养的力度，以"让教师与时代一起进步，让教师与学生共同成长"为培养目标，遵循名师和骨干教师成长的规律，采取全方位、多途径的培养措施，建设一支具有现代教师素质和创新精神的新型教师队伍，为学校教育教学的持续发展奠定基础，特制定《××地区小学首席名师、名师、骨干教师、教坛新秀评选方案》。

一、目的和意义

实行"首席名师、名师、骨干教师、教坛新秀"的评选,是实现"让教师与学生共同成长、共同发展"的现代教育理念的需要。通过评选活动,让老师们努力朝着"三年教坛新秀,五年骨干,八年名师,力争首席名师"的方向进取,使每一位教师都有自我发展目标,激励他们不断追求更高的专业层次,从而逐步打造一支师德高尚、业务精湛、结构合理、富有活力的师资队伍,实现办学水平的全面提高。

二、待遇与义务(略)

三、名师分类及申报条件

(一)名师称号分为首席名师、名师。名师类型包括教学业务型名师、班主任名师。

(二)申报条件

1. 教学业务型名师

(1)有较高的知名度和影响力,有县级以上(含县级)教学能手或学科带头人、十佳教育工作者、教坛新星称号。

(2)教学成绩突出。

(3)有市级以上教学刊物上发表的论文,或有县级以上(含县级)教研部门组织的获奖论文。

(4)近三年以来获得县级以上优质课,或辅导的年轻教师获县级优质课二等奖以上。

(5)教师满意度达85%以上。

(6)学科后进生转化成绩突出,转化率高。

(7)上学年(两个学期)考试、考查学科教学成绩均居同系列前1/3的教师直接认定为骨干教师,均居同系列前15%的教师直接认定为名师。课程中心提供成绩,学校根据教学成绩直接认定。(不占指标)

2. 班主任名师

(1)班级管理思路明确、方法科学,形成了良好的班风、学风。

(2)班级德育常规管理居前列。

(3)班级教学成绩突出。

(4)学困生成绩转化突出。

(5)学生评教满意度高。

具体评选办法由学生成长中心制定。

二、 小学教师奖惩制度

小学教师奖惩制度主要包括对教师的师德评价奖惩和专业评价奖惩。

(一)师德评价奖惩

教师道德(简称"师德")素养作为教师核心素养之一,在促进教师自身专业发展、保障学生享受公平优质教育、落实国家立德树人根本任务方面具有统帅作用。党的二十大报告指出:加强师德师风建设。实际上党和国家一直高度重视师德建设。从1993年颁布的《中华人民共和国教师法》,到2018年颁布的《关于全面深化新时代教师队伍建设改革的意见》，再到 2022 年的《新时代基础教育强师计划》等，普遍重视师德建设。《关于全面深化新时代教师队伍建设改革的意见》强调"强化师德考评，体现奖优罚劣"。与此同时，师德也以专项政策的形式受到重点关注。2019 年，教育部等七部门印发《关于加强和改进新时代师德师风建设的意见》。

2018 年，教育部印发《新时代高校教师职业行为十项准则》《新时代中小学教师职业行为十项准则》《新时代幼儿园教师职业行为十项准则》，表明新时代对广大教师落实立德树人根本任务提出新的更高要求，也更加明确师德底线。这十项准则既有倡导的道德理想，也有要遵守的道德原则，还有要坚守的道德底线。道德理想有坚定政治方向、自觉爱国守法、传播优秀文化。道德原则在于要潜心教书育人、关心爱护学生、加强安全防范、坚持言行雅正、秉持公平诚信、坚守廉洁自律、规范从教行为。道德底线包括：不得在教育教学活动中及其他场合有损害党中央权威、违背党的路线方针政策的言行；不得损害国家利益、社会公共利益，或违背社会公序良俗；不得发表、转发错误观点；不得违反教学纪律，敷衍教学，或擅自从事影响教育教学本职工作的兼职兼薪行为；不得歧视、侮辱学生，严禁虐待、伤害学生；不得在教育教学活动中遇突发事件、面临危险时，不顾学生安危，擅离职守，自行逃离；不得与学生发生任何不正当关系；不得在招生、考试、推优、保送及绩效考核、岗位聘用、职称评聘、评优评奖等工作中徇私舞弊、弄虚作假；不得向学生推销图书报刊、教辅材料、社会保险或利用家长资源谋取私利；不得组织、参与有偿补课，或为校外培训机构和他人介绍生源、提供相关信息。

近些年来，在师德奖励方面，国家及各级政府采用各种形式奖励教师。在我国开展的寻找最美教师大型公益活动就是师德奖励的典型。该活动作为每年教师节宣传庆祝活动的一项重要内容，旨在深入学习贯彻习近平总书记关于教育的重要论述，发掘宣传基层优秀教师典型，展示广大教师时代风采，大力弘扬尊师重教良好风尚。

资料链接

中央宣传部、教育部发布 2023 年"最美教师"先进事迹[①]

为深入学习贯彻习近平新时代中国特色社会主义思想和党的二十大精神，充分展现新时代新征程高质量教师队伍建设的突出成就和广大教师立德树人、自信自强的精神风貌，大力弘扬尊师重教的社会风尚，在第 39 个教师节到来之际，中央宣传部、教育部向社会公开发布 2023 年"最美教师"先进事迹。

10 位"最美教师"、1 位特别致敬人物和 1 个"最美教师团队"，都是扎根一线的优秀教师和群体。他们有的心怀大我，面向国家重大需求开展科研攻关，在国防建设、粮食安全方面做出重大贡献；有的坚持推广国家通用语言文字，传承弘扬中华优秀传统文化；有的积极探索办学模式改革，将"薄弱学校"打造为"优质学校"；有的传承工匠精神，潜心研究技能技术教育，创新职业教育实践教学；有的助力乡村教育，或践行青少年阅读，或以信息技术共享优质教育教学资源；有的投身国家乡村振兴重点帮扶县教育人才"组团式"帮扶，整体提升欠发达地区教育质量，充分展示了新时代教师良好精神风貌，是广大人民教师的优秀代表和杰出典范。

---

① 资料来源：教育部网站，2023 年 9 月 12 日。

发布仪式在中央广播电视总台举行,现场播放了"最美教师"先进事迹的视频短片,从不同侧面采访讲述了他们的工作生活感悟。中央宣传部、教育部负责同志为他们颁发"最美教师"证书。

"最美教师"获得者表示,他们将牢记为党育人、为国育才的初心使命,树立"躬耕教坛、强国有我"的志向和抱负,带头弘扬和践行教育家精神,潜心教书育人、培根铸魂,为国家培养德智体美劳全面发展的社会主义建设者和接班人,造就更多可堪大用、能担重任的栋梁之材。广大师生表示,这些"最美教师"坚守三尺讲台,一辈子奉献教育、创新教学,用大爱托起学生成才梦想,充分展示了新时代教师的良好精神风貌,是广大教师的优秀代表和杰出典范。要以教育家精神为引领,以"最美教师"为榜样,以对教育事业的忠诚与热爱,立足本职岗位,践行立德树人使命,常怀仁爱之心,守护学生健康成长,培养社会主义合格建设者和可靠接班人,为加快推进教育现代化、建设教育强国、办好人民满意的教育作出新的更大贡献。

在对教师开展师德奖励的同时,对于教师的惩罚也并行不悖。《教师法(征求意见稿)》第四十八条规定,教师有违反法定义务和教师职业道德、行为准则等行为的,所在学校或者其他教育机构应当及时制止、责令改正并进行批评教育,并视情节,按照法律法规、国家有关规定或者合同约定分别给予调整岗位、暂停教学工作、降低职务等级、限制评奖评优、解除聘用合同等处理或者依据事业单位人员管理相关规定给予处分。2014年,教育部印发《中小学教师违反职业道德行为处理办法》,并于2018年进行修订。对教师的处理措施包括:

(1)警告和记过处分,公办学校教师由所在学校提出建议,学校主管教育部门决定。民办学校教师由所在学校决定,报主管教育部门备案。

(2)降低岗位等级或撤职处分,由教师所在学校提出建议,学校主管教育部门决定并报同级人事部门备案。

(3)开除处分,公办学校教师由所在学校提出建议,学校主管教育部门决定并报同级人事部门备案。民办学校教师或者未纳入人事编制管理的教师由所在学校决定并解除其聘任合同,报主管教育部门备案。

(4)给予批评教育、诫勉谈话、责令检查、通报批评,以及取消在评奖评优、职务晋升、职称评定、岗位聘用、工资晋级、申报人才计划等方面资格的其他处理,按照管理权限,由教师所在学校或主管部门视其情节轻重作出决定。

(二)专业评价奖惩

对教师的专业评价就是对教师的教育教学能力开展的考核与评定,并以此为依据对教师进行奖惩。当前对教师的专业评价主要为"绩效管理型教师评价",即将教师评价等同于教师业绩考核,而教师工作业绩最常被简化为教师的教学成绩特别是学生考试的分数。究其原因,一是学生学业成绩在很大程度上确实能反映教师的教育产出;二是学业成绩作为基本的教育统计变量往往较容易获得;三是与应试教育实践与评价观有莫大的关系。业绩考核对教师质量的僭越,窄化、扭曲了教师质量的内涵,消减了教师评价的内在引领与激励价值,也无法照应到教师水平提升的阶段性、连续性、终身性等内在特征。因此,教师专业评价应当从崇尚绩效主义的教师业绩考核转向教师专业发展评价。

应采用形成性评价和终结性评价相结合的方式,既关注教师的工作业绩,又重视教师与学生将来的发展;既着眼现在,又面向未来,这种奖惩式的评价更有助于教师专业的发展和提高。具体来说,开展发展性评价应该注重以下策略。[①]

1. 下放自主发展权,提高发展自觉

教师专业发展评价是促进教师自主发展的重要外在力量,强调教师主体内在专业发展动机的激发,而不是产生外部考核督导的压力。小学教师专业发展评价与奖惩要适当挂钩,但不能以奖惩来促评价,要以评价促进发展,否则就会导致教师自主专业发展变为"速成型"被动发展,消解了教师专业发展的内驱力。因此,教育管理部门和学校要赋予教师专业自主发展权,要让教师有权"做正确的事",以此唤醒教师自我意识的觉醒及履责的自觉,进而提高教师主体内在驱动力,提升教师的自我专业发展能力。

2. 赋予教师话语权,强化发展意向

当前,我国对教育战略地位的认识逐步提高,社会上尊师重教的风气越来越浓,教师的话语不断受到人们的关注。尊重小学教师在专业发展上的话语权,要求教育管理部门和学校在确定评价方案时能够重视专家型小学教师的意见;在评价时能形成以专家型小学教师的评价为主导、其他评价主体起协助作用的评价体系。如此一来,小学教师的话语权便能得到强化,他们就能从"局外人"变为"局内人",促进人的自我实现和主体性提高。

3. 重视教师发展权,建立科学完善的评价标准

《小学教师专业标准(试行)》对小学教师的理念与师德、知识与能力等专业素养提出了要求。教师专业素养的提升是一个持续的过程,这决定着教师专业发展评价应注重人的发展过程和成长意义。小学教师专业评价在关注教师专业标准的基础上,还要开展针对不同发展程度、不同性格特征的小学教师分层评价,关注每一位教师的专业发展需求。教师评价以小学教师的可持续专业发展为目的,引导小学教师开展反思、制订生涯规划,并从中收获成就感,推动小学教师建立专业自信,促进自我效能的增长。如此一来,每一位小学教师的专业发展状况能通过有针对性的评价反映出来,故而有利于从整体上推动小学教师专业发展。

第四节　教师专业发展的专业组织

教育改革、教师专业发展一定要有教师专业组织的参与,教师专业组织是教师群体共同应对教育难题的权威仲裁机构,是介于社会与教师之间的一个缓冲组织,能最广泛地代表始终站在教育改革与发展最前线的广大教师,为教师与学校、社会、政府之间的对话搭建桥梁。组织可根据不同的标准分类,按组织规范程度及满足组织成员心理需要的不同,可以将组织分为正式组织和非正式组织两类。两种组织最大的区别是:正式组织以效率逻辑为行动标准,而非正式组织则以感情逻辑为行动标准。非正式组织对正式组织成员的情绪、干劲以及工作效率有很大的影响。本节主要围绕正式

---

① 余丹琼.小学教师专业发展评价机制构建路径:基于赋权增能的视角[J].教师教育论坛,2022,35(02):21-24.

组织展开讨论。同时随着网络的发展,现在也存在着在线行动学习的教师专业组织。

一、 正式教师专业发展组织

凡有正式结构的组织即为正式组织。它具有如下特征:有明确的组织目标;有正式设计的组织结构和组织功能;组织内有权威系统存在,上级可以指挥下级;讲求效率,追求"整体大于部分之和"的效果;有明确的行为规范,借助于各种规章制度约束个人和组织行为,以求达到组织的同一性。教师专业发展的正式组织有国家与地方教育行政部门组建的组织、学校组织、学科教研室、年级组等。

(一)国家与地方教育行政部门组建的组织

教育行政组织是依据国家制定的教育方针、政策、法令以及规章制度等,领导和管理教育事业的机构。教育行政组织有以下几个主要特征:第一,教育行政组织是国家性质的社会组织,为国家权力所支持,其全部活动内容体现着国家的教育意志。第二,教育行政组织是运用国家权力,行使行政权,管理教育事业的机构。第三,教育行政组织具有严密的体系性。

世界各国虽然国家体制不尽相同,但都形成了从中央政府到地方政府,依宪法和法律规定,上下沟通、密切配合的层阶式组织体系。教育行政组织也不例外。这是由于每个教育行政组织都有一定的职权范围,承担一定的任务,在整个教育行政组织系统中占有一定的地位,同时每一个教育行政组织在实现其职能时,需要同上下左右的组织进行沟通与协调。教育部是国务院主管教育事业的组成部门,是国家层面的教育行政部门。各省(自治区、直辖市)政府主管本省(自治区、直辖市)教育工作的组成部门是根据国务院批准设置的教育厅。在市县一级则有教育局。

教研室是地方教育行政部门设置的承担教育科研、教学研究、教学评价和学科教学业务管理的事业机构。各级教研室在当地教育行政部门的领导下开展工作,同时接受上级教研部门的业务指导。在现阶段,省市级教研机构的建设有两种基本形式。第一种是教科所和教研室单独建制,即教研、科研分开。教科所属于纯粹的教育科研单位,主要负责教育科学课题研究和对当地教育科研工作的管理;教研室主要负责对所管辖区域教学研究工作的宏观指导和教学业务的宏观管理。第二种是教科所和教研室合一建制,负责对本管辖区域内的中小学教育科研、教学研究的宏观指导和教学业务的宏观管理。部分省(自治区、直辖市)、市(地)和县(区)教研室大都采用教研、科研合一建制。从目前教研工作实践来看,市(地)和县(区)级教研机构还是采取教研、科研合一的建制比较好。教研与科研结合,从本质上说,就是把大面积教学实践、中层次的教学指导、高层次的教育科学研究相结合,促成科研服务于教育教学,教育教学依靠科研的良性循环。

名师工作室是近年来比较常见的专业组织。名师工作室是由名师领衔、同一学科领域优秀骨干教师组成,以先进的教育教学理念为指导,以鲜明的教学主张为纽带,以促进中青年骨干教师专业成长、创新培养模式为目标,集教育科研、培养培训和成果推广于一体的教学名师发展共同体。通过名师工作室建设,为名师自我提升、发挥作用、施展才能提供专业平台,为中青年骨干教师的成长创造良好的专业环境。名师工作室一般由1名领衔名师和5~7名团队成员组成。一般而言,领衔名师除了有较强的教育科研能力之外,还应具有较强的团结协作精神、奉献精神和相应的组织、管理能力,在所任教的学科领域有较高的知名度和影响力,有较丰富的培养指导青年骨干教师的经验。

(二)学校组织

学校组织是在一定环境条件下,维系学校组织成员内部关系的、按一定形式和层次组成的机构体系,同时,又与外部的特定机构体系相连接,形成有机结合的活动功能系统。

有效的学校组织具有以下基本特点:具有明确的职权划分和清晰的职权关系;具有高效率的信息沟通网络;具有有效和协调的合作系统;具有不断创新的学校组织结构;具有灵活性与适应性;有利于人力资源的发挥和发展。需要明晰的是,学校组织不仅要有利于学生发展,还要有利于发展和发挥广大教职工的积极性和潜能,促进教师的专业发展。良好的组织,不仅可以满足人们的心理归属需要、安全需要、认同和交往的需要,使人员产生自信心和力量;还要促使成员在组织内的专业成长。因此,学校组织结构要给每个人提供更多的发展机会,给教师创造良好的专业发展环境,为教师专业发展提供支持,促进教师专业成长。

(三)学科教研组

学科教研组是一个学习共同体,是学校开展学科教学、提高学科教学质量和推进教师专业发展的基本单位,是全面开展校本教研、落实课程改革目标的保证,是每一位学科教师专业成长的摇篮。在这里,全体教师学习研究有关课程标准、教材、教学理论和专业知识,总结交流教学经验,进而改进教学方法,促进学科素养及教学素养的发展和提升。加强教研组建设是学校的一项重要工作,是建立校本教研制度的重要基础,对提高教师素质、教学质量、教科研水平都具有极其重要的作用。①

学科教研组要根据教育行政部门与业务部门的教学工作要求,结合学校实际,建立并贯彻教师备课规范、教师课堂教学规范、教师作业布置与批改规范、教师命题与评卷规范、教师质量分析规范、教师拓展课与探究课教学规范、教师课外辅导学生规范、教师教学反思规范等。学科教研组要引导全组教师以终身学习者的意识进行教育教学理论、经验与技术的学习,以学习者的角色不断反思并优化自身的教育教学行为,将教研组建设成为具有主动发展与进取意识的优秀学习型团队。

在传统教研活动中,教师只是单纯的"教书匠",教学研究的取向大多停留在对教材教法的探讨与交流上,而校本教研特别注重共同营造合作研究、平等对话、知识共享的学习氛围,关注教师在活动过程中的体验与感悟、情绪与情感。校本教研可以促进教师专业水平的提高,实现教师的自我价值,培养教师成长的自信心。教师发展了,学校自然也随之发展。

(四)年级组

年级组是中小学校按年级设置的教学、教育组织。由该年级的各任课教师和班主任组成,负责全年级的教学、思想政治教育工作,可以统一组织全年级的各门学科教学和思想政治教育工作,以达到相互配合,协调进行的目的。我国有相当一部分学校设有该组织。有的学校在设此组织的同时,还有按课程和学科设置的教研组,前者侧重

---

① 陈金华.关于加强学科教研组建设的思考[J].天津教育,2020,(16):39-40.

于该年级的思想政治教育工作及研究,后者则侧重于教学工作及研究。年级组因为面对的是同一个年级,可以针对小学生的年级特点开展教研,因而也有促进教师专业发展的功能,是教师专业发展组织之一。

二、 非正式教师专业发展组织

所谓非正式教师专业发展组织,是相对于经过行政安排的"正式"组织而言的;是指学校教师群体中因习惯、共同爱好、相互依赖等,自发形成的人际组织。① 美国心理学家和社会学家梅奥通过其著名的"霍桑实验",提出了组织管理人际关系理论。他认为在组织中不仅存在着有严格的规则和等级制度的正式组织,还存在着另一类组织,即非正式组织,组织成员之间共同的兴趣爱好、共同的生活习惯、相互合作、共同发展的需要构成了非正式组织存在的基础和纽带。在一个学校群体中,伴随着正式组织的存在,往往同时会有各式各样的非正式组织团体存在。

非正式组织依据取向可以分为发展取向、兴趣取向、情感取向。发展取向组织主要是学习型组织。其组建目的是教师专业发展,可以通过组建教师读书沙龙、教师语言社团等灵活多样的学习方式促进教师专业发展。兴趣取向组织是基于工作生活中共同的兴趣和爱好而形成的组织,比如喜欢烹饪、插花、农艺、收纳等爱好的教师会集聚在一起形成组织。情感取向组织以情感为基础,成员之间在彼此了解和信任的基础上结成,一般通过非正式休闲聚会联络感情。与学校正式教师组织相比,学校中的非正式教师组织具有以下特征。

(1)吸引力大。非正式教师组织成员具有共同的爱好、相同的兴趣、欲望和愿景,并且成员中核心人物具有明显高于其他成员的能力,因而对其他成员有很强的吸引力。他们之间能相互吸引,相互作用,实现资源共享,各个体的作用得到认同,产生人际归属感和活动成就感。

(2)结群性强。情感和爱好是维系非正式教师组织的纽带。同行之间情感相融、志同道合使非正式群体的凝聚力增强,行为一致性程度高。群体意志趋同,一经形成,不会轻易解体。

(3)沟通效率高。非正式教师组织由于成员间志趣、爱好相同,专业语言一致,联系的思想基础好,集体性强,沟通的效率往往很高。

因此,学校管理者在依靠正式组织开展工作的同时,还要加强对各种非正式组织的关注和研究,巧妙引导,达成和谐共生的学校目标。

三、 在线学习的教师专业组织

随着信息技术的飞速发展,在线学习逐渐成为人们获取知识最便利、最快速的学习方式之一,形成了各种非正式的教师专业组织。

(一)在线学习共同体

信息技术的普及也打破了教师进行学习的时间和空间限制,使得人员、时空都固定的"学习共同体"逐渐流动到"网络空间",形成了在线学习共同体。当前不同区域的教师可通过网络平台构成主体多样的"在线学习共同体"或"网络学习共同体"。在

---

① 王延东.论学校非正式组织对学校管理的影响及对策[J].素质教育大参考,2004,(12):24-26.

线学习共同体是指在基于网络的虚拟环境里,一个由学习者(群体)及其助学者(包括教师、专家、辅导者等)共同构成的学习团体。[①] 与传统学习共同体、个别化网络学习环境相比,网络学习共同体内部成员来自多个地区,在线的时间也不确定。另外,在网络学习共同体中出现了许多新的学习方式,如通过论坛进行离线协商讨论,通过网络会议进行在线演讲,通过协作软件进行在线协同编撰电子书等。

当前在高校开启了基于网络空间的虚拟教研室建设。虚拟教研室不打乱原来的教研室格局,不影响原有的教学团队和教研室成员,在此基础上,若干教研室中在同一方面较擅长,或为解决某一问题有共同意愿的教师组成虚拟的教研室,他们为自己追求的目标而在一起共同商讨和活动,形式上如同一个教研室,他们同时为某一课题为研究生或本科生开出具有较高层次的课程。在小学阶段,也可以通过网络构建一种虚拟教研室组织,促进教师的专业发展。

(二)在线学习保障

网络研修作为传统教科研的有益补充,能够有效整合多种资源,突破时空的局限,为群体教师创造和谐、开放、主动、协作、互动的研修平台,为教师提供长期、持续、高效的专业化成长路径。要想构建基于网络研修活动的在线教师学习共同体,关键就在于通过资源设计、内部保障和技术支撑等来构建"共同体的内部联系",从而促进共同体成员间的深度探讨、协作与反思,培养他们的高阶思维能力。资源设计是指进行实地调研,促进理论与实践相结合,设计具有实效性和针对性的资源,这是保障网络研修活动顺利进行的内容载体。内部保障是建立动力机制,激励教师深度、持续参与教师在线学习共同体。此外,还要提供技术支撑,完善助学平台,建立发展性的评价机制,构建运作良好的网络研修平台,这些都是有效开展网络研修的物质技术保障。

本章小结

本章通过情境导入、知识讲解、案例解析等多种方式,帮助学习者理解教师的权利与义务,以及权利与义务的相辅相成性。当今教师的社会地位受到专业地位、政治地位、经济地位等的影响,学习者应基本了解教师的经济待遇与政治待遇状况。明晰教师职称评审制度与评价制度,有助于学习者明晰当今小学的评价逻辑,把握师德评价有助于师德建设。此外,学习者还应当明晰教师专业发展的正式与非正式专业组织,以及在线学习共同体的基本特征,助力自身专业发展。

第九章
思考题

第九章
思考题参考答案

---

① 王栋,盛佳飞.基于在线行动学习的教师专业发展共同体构建[J].教学与管理,2020,(36):56-59.

后 记

经全国高等教育自学考试指导委员会同意，由教育类专业委员会负责高等教育自学考试《小学教师专业发展》教材的审定工作。

《小学教师专业发展》自学考试教材由首都师范大学刘慧教授、魏戈副教授担任主编。

参加本教材审稿会并提出修改意见的有北京师范大学宋萑教授、北京师范大学黄嘉莉教授、陕西师范大学常亚慧教授。全书由刘慧教授、魏戈副教授修改定稿。

编审人员付出了大量努力，在此一并表示感谢！

全国高等教育自学考试指导委员会

教育类专业委员会

2023 年 12 月

读者意见反馈

为收集对教材的意见建议,进一步完善教材编写并做好服务工作,读者可将对本教材的意见建议通过如下渠道反馈至我社。

咨询电话　400-810-0598

反馈邮箱　gjdzfwb@pub.hep.cn

通信地址　北京市朝阳区惠新东街 4 号富盛大厦 1 座
　　　　　高等教育出版社总编辑办公室

邮政编码　100029

防伪查询说明

用户购书后刮开封底防伪涂层,使用手机微信等软件扫描二维码,会跳转至防伪查询网页,获得所购图书详细信息。

防伪客服电话　(010)58582300